基督教文化研究丛书

主编 何光沪 高师宁

八编 第 13 册

《天主實義》漢意英三語對觀（中）

利瑪竇 著 梅謙立 漢注
孫旭義、奧覓德、格萊博基 譯

花木兰文化事业有限公司

國家圖書館出版品預行編目資料

《天主實義》漢意英三語對觀（中）／利瑪竇 著、梅謙立
漢注；孫旭義、奧覓德、格萊博基 譯 -- 初版 -- 新北市：花
木蘭文化事業有限公司，2022〔民 111〕
目 2+214 面；19×26 公分
（基督教文化研究叢書 八編 第 13 冊）
ISBN 978-986-518-702-6（精裝）
1.CST：天主實義 2.CST：天主教 3.CST：神學
240.8　　　　　　　　　　　　　　　110022056

ISBN-978-986-518-702-6

基督教文化研究叢書
八編　第十三冊　　　　　　　　　ISBN：978-986-518-702-6

《天主實義》漢意英三語對觀（中）

作　　者	利瑪竇 漢注 梅謙立　譯者 孫旭義、奧覓德、格萊博基
主　　編	何光滬 高師寧
執行主編	張 欣
企　　劃	北京師範大學基督教文藝研究中心
總 編 輯	杜潔祥
副總編輯	楊嘉樂
編輯主任	許郁翎
編　　輯	張雅淋、潘玟靜、劉子瑄　美術編輯 陳逸婷
出　　版	花木蘭文化事業有限公司
發 行 人	高小娟
聯絡地址	台灣 235 新北市中和區中安街七二號十三樓
	電話：02-2923-1455 ／傳真：02-2923-1452
網　　址	http://www.huamulan.tw 信箱 service@huamulans.com
印　　刷	普羅文化出版廣告事業
初　　版	2022 年 3 月
定　　價	八編 16 冊（精裝）台幣 45,000 元　　版權所有‧請勿翻印

《天主實義》漢意英三語對觀(中)

利瑪竇 著　梅謙立 漢注
孫旭義、奧覓德、格萊博基 譯

目
次

上　冊

序　言　對觀・迴環・間距——對《〈天主實義〉漢
　　　　意英三語對觀》一書的感性認知　李正榮

序　言　韓大輝

前　言　全基於自然理性的一本書——耶穌會在
　　　　中國傳教大背景下的利瑪竇的要理書
　　　　柯毅林

導　言　《天主實義》的神學　奧覓德

天主實義引 …………………………………………………… 1

上　卷　燕貽堂較梓 ……………………………………… 13

首　篇　論天主始製天地萬物而主宰安養之 ……… 15

第二篇　解釋世人錯認天主 …………………………… 57

第三篇　論人魂不滅大異禽獸 ………………………… 105

中　冊

第四篇　辯釋鬼神及人魂異論，而解天下萬物不
　　　　可謂之一體 …………………………………… 157

下　卷 ……………………………………………………… 235

第五篇　辯排輪迴六道、戒殺生之謬說，而揭齋
　　　　素正志 ………………………………………… 237

第六篇　釋解意不可滅，並論死後必有天堂地獄
　　　　之賞罰，以報世人所為善惡 …………………… 291

下　冊

第七篇　論人性本善，而述天主門士正學 ……… 371

第八篇　總舉大西俗尚，而論其傳道之士所以
　　　　不娶之意，並釋天主降生西土來由 …… 449

天主實義序 …………………………………………………… 509

天主實義重刻序 …………………………………………… 513

重刻天主實義跋 …………………………………………… 517

四庫全書總目子部雜家類存目提要 ………………… 519

物宗類圖 ……………………………………………………… 521

跋　語　朱理道 …………………………………………… 525

Chapter 4: A discussion on spiritual beings and the soul of man, and an explanation as to why the ten thousand beings under heaven cannot be described as if they were one

第四篇　辯釋鬼神及人魂異論，而解天下萬物不可謂之一體

Capitolo IV: Una disputa sugli esseri spirituali e sull'anima dell'uomo, e una spiegazione sul perché i diecimila esseri sotto il cielo non possono essere descritti come se fossero una cosa sola

170.

The Chinese Scholar says: After taking leave of you, yesterday I reflected on what you had taught me and, assuredly, I discovered truth in it. I do not understand why the scholars of my country should attack the existence of spiritual beings; do they believe that they are on the right path?

中士曰：昨吾退習大誨，果審其皆有真理，不知吾國迂儒，何以攻折鬼神之實為正道也？

Il Letterato Cinese dice: Dopo aver preso commiato da Lei, ieri ho riflettuto su quanto mi ha insegnato, e sicuramente vi ho trovato del vero. Non capisco perché gli studiosi del mio paese attacchino l'esistenza degli esseri spirituali; credono di essere sul retto cammino?

171.

The Western Scholar replies: I have examined in detail the classic texts of your great country. They all consider the offering of sacrifices to the spirits as one of the most important functions of the Son of Heaven and the feudal lords; they revere the spirits as if they were above them, and all around them.[1] How could they act deliberately in such a deceitful way, knowing that the spirits do not exist?

西士曰：吾遍察大邦之古經書，無不以祭祀鬼神，為天子諸侯重事[2]。故敬之如在其上，如在其左右，[3]豈無其事而故為此矯誣哉？

Il Letterato Occidentale replica: Ho esaminato in dettaglio i testi classici del Suo grande paese. Tutti considerano l'offerta di sacrifici agli spiriti come una delle funzioni più importanti dei figli del Cielo e dei signori feudali; li riveriscono come se fossero sopra di loro, e attorno a loro.[4] Com'è possibile che agiscano deliberatamente in modo falso, pur sapendo che gli spiriti non esistono?

1　See *Doctrine of the Mean*, XVI, 3.

2　無不以祭祀鬼神，為天子諸侯重事，FJ 本作「無不以神道設教，雖人魂，亦實神體。」

3　如在其上，如在其左右，出自《中庸》第十六章：「使天下之人齊明盛服，以承祭祀。洋洋乎如在其上，如在其左右。」

4　Cf. *Dottrina del Mezzo*, XVI, 3.

172.

Pan Geng says: "Were I to be wrong in political judgment, and the present confusion to continue for long, the sovereign my predecessor would certainly chide me, saying: 'Why do you oppress my people ?'"[5] And again: "Currently I have ministers who are just trying to make a career and accumulate wealth. Your fathers will at once appear before the sovereign my predecessor, saying: 'Punish severely our descendants.' Then my predecessor, at their request, will send down great calamities."[6] After Xi Bo had conquered the state of Li the minister Zu Yi warned King Zhou, saying: "Son of Heaven, Heaven is bringing to an end the destiny of our Yin Dynasty; those who know the will of Heaven have divined, by the turtles, that there is no auspicious omen for it. This does not happen because your predecessors are unwilling to help, but because of your debauchery and entertainments, O King, by which you are leading yourself and your dynasty to ruin."[7]

《盤庚》曰：「失於政，陳於茲，高后丕乃崇降罪疾，曰何虐朕民？」又曰：「茲予有亂政同位，具乃貝玉。乃祖乃父丕乃告我高后，曰作丕刑於朕孫，迪高后丕乃崇降弗祥。」[8]《西伯戡黎》祖伊諫紂曰：「天子，天既訖我殷命，格人元龜，罔敢知吉。非先王不相我後人，惟王淫戲用自絕。」[9]

Pan Geng dice: "Se sbagliassi nel giudizio politico e questa confusione durasse a lungo, il sovrano mio predecessore di certo mi rimprovererebbe, dicendo: "Perché opprimi il mio popolo ?"[10] E ancora: "Attualmente ho ministri

---

5 *Book of History*, IV, VII, 11-12. 盤庚 Pán Gēng was the nineteenth king of the 商 Shāng dynasty; he reigned, approximately, from 1290 to 1263 AD.

6 *Book of History*, IV, VII, 14.

7 *Book of History*, IV, X, 2. 西伯 Xībó, the "Western Leader", is King 文 Wén of 周 Zhōu; in his attempts to overthrow the 商 Shāng dynasty, he conquered the state of 黎 Lí. The 殷 Yīn dynasty is the same 商 Shāng dynasty (about 1600-1046 BC). King 紂 Zhòu (1075-1046 BC) was intelligent and strong, but corrupt and dissolute; he was the last ruler of this lineage.

8 見《尚書·盤庚》。

9 見《尚書·西伯戡黎》。

10 *Libro della Storia*, IV, VII, 11-12. 盤庚 Pán Gēng è stato il diciannovesimo re della dinastia 商 Shāng; regnò, approssimativamente, dal 1290 al 1263 d.C.

che cercano soltanto di fare carriera e di accumulare ricchezze. I vostri padri si presenteranno subito al sovrano mio predecessore, dicendo: "Punisci duramente i nostri discendenti". Allora il mio predecessore, su loro richiesta, farà scendere grandi calamità"[11] Dopo che Xi Bo ha conquistato lo stato di Li, il ministro Zu Yi avverte il re Zhou, dicendo: "Figlio del Cielo, il Cielo sta ponendo fine al destino della nostra dinastia Yin; chi conosce la volontà del Cielo ha divinato, per mezzo delle tartarughe, che non c'è nessun presagio fausto per essa. Ciò non accade perché i tuoi predecessori non vogliono aiutarci, ma perché con la tua dissolutezza e i tuoi svaghi, o re, stai conducendo te stesso e la tua dinastia alla fine"[12]

173.

Pan Geng was a descendant in the ninth generation of King Tang, the Victorious, after about four hundred years.[13] However, he still sacrificed for him, feared him, and believed that he could send down calamities and misfortune as a warning to him and as an encouragement to the people. Obviously he believed that the soul of Tang still existed, and had not been destroyed. Zu Yi, who succeeded Pan Geng, asserted that the previous kings of the Yin Dynasty, after their departure, were able to help their descendants, thus claiming that the souls of the dead exist forever and are indestructible.

盤庚者，成湯九世孫，相違四百禩而猶祭之，而猶懼之，而猶以其能降罪、降不詳，勵己勸民，則必以湯為仍在而未散矣。祖伊在盤庚之後，而謂殷先王既崩，而能相其後孫，則以死者之靈魂，為永在不滅矣。[14]

---

11 *Libro della Storia*, IV, VII, 14.

12 *Libro della Storia*, IV, X, 2. 西伯 Xībó, il "Capo dell'Occidente", è il re 文 Wén di 周 Zhōu; il quale nei suoi tentativi di abbattere la dinastia 商 Shāng conquistò lo stato di 黎 Lí. La dinastia 殷 Yīn è la stessa dinastia 商 Shāng (circa 1600-1046 a.C.). Il re 紂 Zhòu (1075-1046 a.C.), intelligente e forte ma corrotto e dissoluto, fu l'ultimo sovrano di questa stirpe.

13 King 湯 Tāng, who ruled from 1675 to 1646 BC, was the founder of the 商 Shāng dynasty.

14 孫尚揚這樣分析：「我們之所以說這種引儒經以證靈魂不朽是附會性的，原因在於利瑪竇對祭祖的解釋與他對西方人的介紹不盡相符，在《基督教進入中國》中，他認為中國人祭祖只是『意志思慕』的禮儀，這裡，為了論證靈魂

Pan Geng era un discendente di nona generazione del re Tang, il Vittorioso, dopo circa quattrocento anni.[15] Tuttavia faceva ancora sacrifici per lui, lo temeva, e credeva che potesse inviare calamità e sfortuna come monito a lui e come incoraggiamento al popolo. Ovviamente credeva che l'anima di Tang tuttora esistesse, e non fosse stata distrutta. Zu Yi, succeduto a Pan Geng, affermava che i precedenti re della dinastia Yin, dopo la propria dipartita, erano in grado di aiutare i propri discendenti, sostenendo così che le anime dei defunti esistono in eterno e sono indistruttibili.

174.

In the *Golden Casket* the Duke of Zhou says: "If I were benevolent and pious towards my ancestors, I would possess many skills and talents and could serve spiritual beings,"[16] and continues: "If I did not exercise the regency, I could not have words to respond to the king my predecessor."[17] In the *Letter to the Duke of Shao* he says: "Heaven has already refused to confirm the mandate in favour of the great state of Yin, putting an end to it regardless of the many wise kings of Yin who are in Heaven. Then He abandoned the next king and his people."[18] In the *Book of Odes* he says: "King Wen is up there, bright in Heaven... King Wen ascends and descends, is always on the side of the Supreme Ruler."[19]

《金縢》周公曰：「予仁若考，能多才多藝，能事鬼神。」又曰：「我之弗辟，我無以告我先王。」[20]《召誥》曰：「天既遐終大邦殷命，茲殷多

不朽，利瑪竇卻不失原意地認為祭祀對象（祖）能『罪降、勵民勸民』」（《一八四〇年之前的中國基督教》，第 158 頁）。其實，我本人認為，利瑪竇向中國與西方人的解釋沒有矛盾，因為在這裡，他並不想肯定成湯真正地有了能力「罪降、勵民勸民」，而只是想證明古人相信那樣。因此，利瑪竇的這種證明不是絕對的，而是要說明這一種可能。也參見下文 186。

15 Il re 湯 Tāng (che governò dal 1675 al 1646 a.C. circa) è stato il capostipite della dinastia 商 Shāng.

16 *Book of History*, V, VI, 6.

17 *Book of History*, V, VI, 13.

18 *Book of History*, V, XII, 10.

19 *Book of Odes*, III, I, 1.

20 見《尚書·金縢》。

哲王在天，越厥後王後民。」²¹《詩》云：「文王在上，於昭於天」，「文王
陟降，在帝左右。」²²

Nello *Scrigno d'oro* il duca di Zhou dice: "Se io fossi benevolo e avessi
pietà verso i miei antenati, possederei molte abilità e talenti e potrei servire gli
esseri spirituali",²³ e continua: "Se io non esercitassi la reggenza non potrei
avere parole per rispondere al nostro re predecessore"²⁴ Nella *Lettera del duca
di Shao* si dice: "Il Cielo ha già rifiutato di confermare il mandato in favore del
grande stato di Yin, ponendo fine ad esso malgrado i molti sapienti re di Yin che
sono in cielo. Ha poi abbandonato il re successivo e la sua gente"²⁵ Nel *Libro
delle Odi* si dice: "Il re Wen è lassù, luminoso nel cielo... Il re Wen ascende e
discende, sta sempre al fianco del Sovrano Supremo"²⁶

175.

What kind of people were the Dukes of Zhou and Shao ? Both claimed
that, after their deaths, the two kings Tang and Wen continued to exist in
Heaven, ascending and descending, being able to protect the nation; that is to
say, after death their souls were not destroyed. Your noble country regards the
Dukes of Zhou and Shao as two saints; can one consider their assertions as
being deliberately misleading ?

周公、召公何人乎？其謂成湯、文王既崩之後，猶在天陟降，而能
保祐國家，則以人魂死後為不散泯矣。貴邦以二公為聖，而以其言為誑，
可乎？²⁷

Che genere di persone erano i duchi di Zhou e di Shao ? Entrambi
sostenevano che, dopo la loro morte, i due re Tang e Wen avevano continuato a
esistere in Cielo, ascendendo e discendendo, e che potevano proteggere la

---

21 見《尚書‧召誥》。清阮元校勘本稍異，其為：「天既遐終大邦殷之命，茲殷
　多先哲王在天，越厥後王後民。」
22 見《詩‧大雅‧文王》。
23 *Libro della Storia*, V, VI, 6.
24 *Libro della Storia*, V, VI, 13.
25 *Libro della Storia*, V, XII, 10.
26 *Libro delle Odi*, III, I, 1.
27 利瑪竇的主要目的並不是證明祭祀是否正確，而是要證明中國古人相信靈魂
　不滅。

nazione; tutto ciò implica che, dopo la morte, le loro anime non fossero state distrutte. Il Suo nobile paese considera i duchi di Zhou e di Shao come due santi; si possono considerare volutamente ingannevoli le loro affermazioni ?

176.

False doctrines flourish everywhere defrauding and deceiving the people; it is difficult to attack and destroy them in order to eradicate them completely. What must the followers of the orthodox school of Confucianism do today ? They must make use of reason to condemn these heresies, and to explain the nature of spiritual beings as clearly as possible.

異端熾行，譸張為幻，難以攻詰，後之正儒其奈何？必將理斥其邪說，明論鬼神之性，其庶幾矣。

Le false dottrine fioriscono ovunque, frodando e ingannando le persone; è difficile attaccarle e distruggerle in modo da sradicarle completamente. Che cosa devono fare oggi i seguaci della scuola ortodossa del confucianesimo ? Devono usare la ragione per condannare queste eresie, e spiegare il più chiaramente possibile la natura degli esseri spirituali.

177.

The Chinese Scholar says: Nowadays, when talking about spiritual beings, everyone has their own point of view. Some argue that there are no such things as spiritual beings between heaven and earth; others say that they exist if you believe in them, and do not exist if you do not believe in them; others again say that it is incorrect both to say they exist and to say they do not exist, and that the only thing to be said is that they, at the same time, exist and do not exist.

中士曰：今之論鬼神者，各自有見。或謂天地間無鬼神之殊；或謂信之則有，不信之則無；或謂如說有則非，如說無則亦非，如說有無，則得之矣。[28]

Il Letterato Cinese dice: Attualmente, quando si discute sugli esseri spirituali, ognuno ha la propria visione. Alcuni sostengono che non esistono

---

28 三個立場分別為：極端的無神論；心理上的主觀主義；無立場的包容。

esseri spirituali tra il cielo e la terra; altri dicono che esistono se ci si crede, e non esistono se non ci si crede; altri ancora affermano che non è corretto sostenere né che esistano né che non esistano, e che l'unica cosa da dirsi è che essi, al tempo stesso, esistono e non esistono.

178.

The Western Scholar replies: All three of these statements attack spiritual beings, without anyone thinking that such attacks might be wrong. They are eager to condemn the followers of Buddhism and Daoism, but unintentionally betray the main ideas of the ancient saints. Moreover, spiritual beings were classified as spirits of hills and streams, spirits of ancestral temples, spirits of heaven and earth, and so on. They bore different names and played different roles, thus not being on an equal footing. The so-called "two primary energies," the "fingerprint of nature", the "fluctuations of qi" are not the spiritual beings referred to in the classic texts.[29]

西士曰：三言一切以攻鬼神，而莫思其非。將排詆佛老之徒，而不覺忤古聖之旨。且夫鬼神，有山川、宗廟、天地之異名異職，則其不等，著矣。[30]所謂二氣良能、造化之迹、氣之屈伸，非諸經所指之鬼神也。[31]

Il Letterato Occidentale replica: Tutte e tre queste affermazioni attaccano gli esseri spirituali, senza che nessuno pensi quanto tali attacchi possano essere sbagliati. Vogliono condannare i seguaci del buddhismo e del daoismo, ma

---

29 See *Mencius*, VII, I, 15. The "two primary energies" (二氣良能 èr qì liáng néng) are the dual co-principles 陰 yīn and 陽 yáng. The expression "fingerprint of nature" (造化之 ? zàohuà zhī jì) refers to the innate abilities of human beings. The character 氣 qì can be literally translated as "puff", "breath", "steam"; it indicates the vital energy, understood as the animating principle of the cosmos. The "fluctuations of qi" (氣之屈伸 qì zhī qū shēn), therefore, point to the appearance and disappearance of phenomena.

30 有山川、宗廟、天地之異名異職，則其不等，著矣，FJ 本作「雖弗見聞，而有德有情狀，其為無形靈體，著矣。」

31 張載《張子全書·正蒙·太和》：「鬼神者，二氣之良能也。」程子：「鬼神，造化之跡，雖非不正，然非窮理之至，有未易明者，故亦不輕以語人也。」張載：《張子全書·正蒙·神化》：「鬼神，往來屈伸之義。」利瑪竇排斥當時儒家關於鬼神的物質上或心理上的解釋。相反，他要肯定古代儒家對鬼神的信仰。

inconsciamente tradiscono le idee fondamentali degli antichi santi. Inoltre, gli esseri spirituali erano classificati come spiriti delle colline e delle correnti, spiriti dei templi aviti, spiriti del cielo e della terra, e così via. Essi portavano nomi differenti e avevano ruoli diversi, non trovandosi così su un piano di parità. Le cosiddette "due energie primarie", le "impronte della natura", le "fluttuazioni del qi" non sono gli esseri spirituali a cui si riferiscono i testi classici.[32]

179.

Can a belief on unbelief in spiritual beings determine their existence ? Maybe it can, if we are talking in dreams; but how can we refer to the One who is supremely worthy of honour in heaven and earth using the words which are muttered in dreams ? For example: lions exist in the West and the wise believe in their existence, while the foolish refuse to believe in them. Since lions really exist, can those who refuse to believe in their existence make them cease to exist ? And how much more must this be true, with regard to spiritual beings ?

吾心信否，能有無物者否？講夢則或可，若論天地之大尊，奚用此恍惚之辭[33]耶？譬如西域獅子[34]，知者信其有，愚人或不信，然而獅子本有，彼不信者，能滅獅子之類哉？又況鬼神者哉？

Il fatto che ci crediamo o meno può determinare l'esistenza degli esseri spirituali ? Forse parlando nei sogni sì; ma come possiamo riferirci a Colui che è supremamente degno di onore nel cielo e nella terra utilizzando le parole che si borbottano nel sogno ? Ad esempio: i leoni esistono in Occidente e i sapienti credono nella loro esistenza, mentre gli stupidi rifiutano di credervi. Dal momento che i leoni esistono realmente, chi si rifiuta di credere alla loro

---

32 Cf. *Mencio*, VII, I, 15. Le "due energie primarie" (二氣良能 èr qì liáng néng) sono i coprincìpi 陰 yīn e 陽 yáng. L'espressione "impronte della natura" (造化之？ zàohuà zhī jì) si riferisce alle abilità innate dell'essere umano. Il carattere 氣 qì può essere tradotto letteralmente con "respiro", "soffio", "vapore", e indica l'energia vitale intesa come principio animatore del cosmo; le "fluttuazioni del qi" (氣之屈伸 qì zhī qū shēn) indicano, pertanto, l'apparire e lo scomparire dei fenomeni.

33 辭，底本作「亂」，BC 本、FJ 本作「辭」，據 BC 本、FJ 本改。

34 中國本土不產獅子，獅子乃西域之貢品，西域向中國進貢獅子始自漢章帝（見《後漢書》）。利類思 1675 年翻譯有《獅子說》。

esistenza può farli smettere di esistere ? E quanto più questo vale, riguardo agli esseri spirituali ?

180.

Things either exist or do not exist. When ignorant people are in doubt about the existence of spiritual beings they turn to well-educated scholars, so that their doubts are dispelled. If the answer were "they both exist and do not exist," would it not perhaps increase the doubts of the ignorant ? The synthesis of all their arguments is nothing more than this: "If they existed, you would see them; because you do not see them, they do not exist." These words are not worthy of educated scholars, but are the nonsensical thought of the untutored. One can see colourless and invisible things with the physical eye, as one can enjoy the taste of meat and fish with the ear. Who can see the Five Constant Virtues with the eyes of the body ? Who has ever seen the soul of a living being ? Who has ever seen the wind ?

凡事物，有即有，無即無。蓋小人疑鬼神有無，因就學士而問以釋疑。如答之以有無，豈非愈增其疑乎？諸言之旨無他，惟曰：「有，則人見之；人莫見之，則無矣。」然茲語非學士者議論，乃郊野之誕耳。無色形之物，而欲以肉眼見之，比方欲以耳啖魚肉之味，可乎？誰能以俗眼見五常[35]乎？誰見生者之魂乎？誰見風乎？[36]

Le cose o esistono o non esistono. Quando le persone ignoranti sono in dubbio sull'esistenza degli esseri spirituali si rivolgono ai letterati ben istruiti, affinché i loro dubbi vengano dissipati. Se la risposta fosse "esistono e non esistono", non aumenterebbe forse i dubbi dell'ignorante ? La sintesi di tutti i

---

35 五常：1. 指舊時的五種倫常道德，即父義、母慈、兄友、弟恭、子孝。《書·泰誓下》：「今商王受，狎侮五常。」孔穎達疏：「五常即五典，謂父義、母慈、兄友、弟恭、子孝，五者人之常行。」2. 謂金、木、水、火、土五行。《禮記·樂記》：「道五常之行，使之陽而不散，陰而不密。」鄭玄注：「五常，五行也。」《雲笈七籤》卷三五：「夫稟五常之氣，有靜有燥。」3. 謂仁、義、禮、智、信。漢董仲舒《賢良策一》：「夫仁、義、禮、智、信五常之道，王者所當修飭也。」4. 即五倫。

36 關於鬼神，利瑪竇已經否定掉主觀主義和無立場的包容，接下來他要討論無神論。

loro discorsi non è altro che questa: "Se esistono, li si vedrebbe; siccome non si vedono, non esistono" Queste parole non sono degne di letterati istruiti, ma assurdità inventate degli ignoranti. Si possono vedere con gli occhi fisici le cose prive di colore e quelle invisibili, come con le orecchie si può gustare il sapore della carne e del pesce. Chi può vedere le cinque virtù fondamentali con gli occhi del corpo ? Chi ha mai visto l'anima di un essere vivente ? Chi ha mai visto il vento ?

181.

It is better to observe things by means of reason rather than through the eyes, because the eyes can be mistaken, whereas reason cannot. When people look at the sun the foolish claim, using only their own eyes, that it is not larger than the bottom of a jar; the educated, calculating with their reason that the sun is very high and far from the earth, know that it is bigger than the whole world. If a straight stick is half dipped in clear water it appears bent to the eye; but if looked at with reason it appears as straight as ever, because it has never been bent. If one looks at the shadows of things with one's own eyes, one tends to consider them as if they were the real things, and to say that they could both move and be still; but if one carefully examines them with reason, one understands that shadows are only due to a lack of light and have no concrete existence. How, then, could they move ?

以目覩物，不如以理度之。夫目或有所差，惟理無謬也。觀日輪者，愚人測之以目，謂大如甕底耳；儒者以理而計其高遠之極，則知其大，乃過於普天之下也。置直木於澄水中而浸其半，以目視之，如曲焉；以理度之，則仍自為直，其木非曲也。任目觀影，則以影為物，謂能動靜；然以理細察，則知影實無光者耳已，決非有物，況能動靜乎？

È meglio osservare le cose per mezzo della ragione piuttosto che con gli occhi, poiché gli occhi possono cadere in errore, mentre la ragione non può. Quando si osserva il sole lo stupido afferma, utilizzando esclusivamente i propri occhi, che non è più grande del fondo di un orcio; l'uomo istruito, calcolando con la propria ragione che il sole è altissimo e lontanissimo dalla terra, sa che è più grande del mondo intero. Se un bastone dritto è immerso per metà in acque limpide appare storto agli occhi; ma se lo si osserva con la ragione il bastone risulta dritto come sempre, perché non è stato piegato. Se si osservano le ombre delle cose con i propri occhi, si è portati a considerarle esse stesse cose, e a dire che potrebbero sia muoversi sia star ferme; ma se le si esamina attentamente con la ragione, si capisce che esse sono dovute solamente alla mancanza di luce e non hanno un'esistenza concreta. Come potrebbero muoversi ?

182.

The academies of the West have a maxim: "The perceptions of the ears, eyes, mouth, nose, and four limbs must be weighed by reason, and only if they accord with it can they be said to be true; if they do not accord with reason they should be abandoned in its favour."[37] If man wishes to understand the principles of things, he has no other way: from what appears on the outside he can deduce what is hidden inside, from the effect he knows the cause. For example: seeing smoke ascending from the roof of a house one understands that there must be a fire inside it.

故西校公語曰：「耳目口鼻四肢所知覺物，必揆之於心理。心理無非焉，方可謂之真；若理有不順，則捨之就理可也。」人慾明事物之奧理，無他道焉，因外顯以推內隱，以其然驗其所以然。[38]如觀屋頂煙騰，而屋內之必有火者可知。[39]

Nelle accademie dell'Occidente c'è un detto comune: "Le percezioni delle orecchie, degli occhi, della bocca, del naso, e dei quattro arti devono essere soppesate dalla ragione, e solo se si accordano con essa possono dirsi vere; se sono in disaccordo con la ragione devono essere abbandonate in suo favore"[40] Se l'uomo vuol comprendere i princìpi delle cose, non ha altre strade:

---

37 See *STh*, I, 85, 1.

38 這是理性主義的認識論，強調理性在感覺之上。參見 *ST* Ia, q.85, a.1：「所以，物質之被領悟，是由於它從物質及物質的像中被抽出，而物質的像即心象。」（《神學大全》第三冊，第 163 頁）

39 羅明堅提到這個很常見的比喻：「亦猶見其室上煙騰，雖未嘗親至室中，自然知其室中之有火矣」（《天主實錄》，第 18 頁）。

40 Cf. *STh*, I, 85, 1.

dall'esterno si deduce ciò che è nascosto all'interno, dall'effetto si conosce la causa. Ad esempio: vedendo il fumo salire dal tetto di una casa, si capisce che ci dev'essere un fuoco all'interno di essa.

183.

Previously we proved the existence of the Lord of Heaven and earth and the ten thousand beings by the fact that such beings actually exist. We also inferred the immortality of the human soul from its faculties. The same method applies when one intends to prove the existence of spiritual beings. It has been said that, following a man's death, his body is destroyed and his spirit is scattered to the wind, leaving no trace behind. This is merely the chatter of a few individuals, and has no foundation in reason; how could it be used to confute the words of saints and people of learning ?

昔者因天地萬物而證其固有天地萬物之主也，因人事而證其有不能散滅之靈魂也。[41]則以證鬼神[42]之必有，亦無異道矣。如云「死者形朽滅，而神飄散，泯然無迹」[43]，此一二匹夫之云，無理可依，奈何以議聖賢之

41　利瑪竇不是從聖經或神學出發，而是從「人事」出發。不過，「人事」有很廣泛的含義，指代在生活中的經驗及我們所能推理的道理，包括哲學。

42　鬼神，FJ 本作「神體」。

43　或為朱熹之語。然在《朱子語類》中未曾檢索到，卻在《卍續藏》中檢索到。《歸元直指》大約是明末著作，屬於淨土宗的經典，有意思的是，利瑪竇在《天主實義》中所批判的一些觀點，其中也曾批判過，且二者有些段落文字相似。茲將《歸元直指集‧辨明鬼神之情狀》附錄於此：辨明鬼神情狀　四一　太原曰：橫渠謂鬼神二氣之良能，程子謂鬼神造化之跡，晦庵謂鬼神氣之屈伸，三人之說，皆是一氣之造化也，此言實否？空谷曰：夫此一氣，包羅天地，初無缺少，充塞天地，只此一氣，更無兩箇一氣。曰陽曰陰者，只是此一氣展縮而得名也。鬼神既只是此一氣，則盡天地間只是一氣故也，然則何故有天神乎，地祇乎，五嶽之神乎，四瀆之神乎，山川之神乎，社稷之神乎，無祀鬼神乎，歷代封禪乎，古今祭祀乎？鬼神如是之多也，較夫三人之說則不侔矣。禮記曰：太皞為春帝，勾芒為神；炎帝為夏帝，祝融為神；少皞為秋帝，蓐收為神；顓頊為冬帝，玄冥為神。若據三人所謂二氣良能、造化之跡、氣之屈伸，然則何必太皞等為四時之帝乎？何必勾芒等為四時之神乎？關尹子曰：鬼者，人死曰變。《中庸》子：曰鬼神之為其德盛矣乎！楊子曰：天地神明，不測者也。皆與三人之說大不侔矣！晦庵謂死者形朽滅神飄散，泯然無跡。然則太皞等何以為四時之帝乎？勾芒等以何為四時之神乎？此又不侔之極也。《理學類編》有問：人死魂魄便散否？晦庵答曰：散矣！又問：子

所既按乎哉？

In precedenza abbiamo provato l'esistenza del Signore del cielo, della terra e dei diecimila esseri, dal fatto che questi ultimi esistono. Abbiamo anche provato l'immortalità dell'anima umana, a partire dalle sue facoltà. Lo stesso metodo si applica quando si vuol dimostrare l'esistenza degli esseri spirituali. È stato detto che, in seguito alla morte di un uomo, il suo corpo viene distrutto e lo spirito si disperde nel vento, non lasciando tracce dietro di sé. Questa è una mera chiacchiera di pochissimi individui, e non ha fondamento nella ragione; come la si potrebbe usare per confutare le parole dei santi e dei sapienti ?

184.

The Chinese Scholar says: In the *Commentaries to the Spring and Autumn Annals* it is written that, following the Count of Zheng's[44] death, he appeared as a spirit.[45] This means that there exists a perceptible spirit. The invisible human soul can become visible: we are faced with something that reason is not able to explain. If he, when alive, was not different from the other people, how could he

---

孫祭祀卻有感格如何？晦庵答曰：子孫是祖先之氣，所以感格。若據晦庵之說，則祭五嶽、四瀆、山川、社稷，無祀鬼神者。既非其子孫皆無感格耶，嗚呼！姜源踏人跡而生后稷，簡狄吞鳥卵而生殷契，伊尹生於空桑，志公生於鷹巢。是誰之氣耶？以誰為祖先耶？晦庵又曰：死則氣散，泯然無跡。有記生者，是偶然聚得不散，又去湊著那生氣，亦能再生。既謂形朽滅神飄散，泯然無跡，何物湊著生氣，而再生乎？此等語言，晦庵自相矛盾，莫能解釋也。禮記曰：鷹化為鳩，雀化為蛤。至於蒙求等書，鮑靚記井羊怙識環等事，皆與晦庵極相違戾。從文正公，與諸經史則悖晦庵，從晦庵則悖文正公。與諸經史令人疑惑，從何而得定理於戲此事洞明始得抵當安可世間之心猜疑而說也，爭如孔子曰：未能事人，焉能事鬼？未知生，焉知死？一句推開卻無過咎，《理學類編》張、程、晦庵等皆屑屑然以孔子原始反終，推而廣之，以論鬼神。此又事極計生也，大凡事務不知則已，何苦欲沽虛譽強而言之，縛住後學，迷塞其心，不復求明也，悲哉。

44 The state of 鄭 Zhèng, a vassal of the 周 Zhōu dynasty, had a very great influence during the Spring and Autumn period (春秋時代 Chūnqiū shídài, 771-476/403 BC).

45 See *Spring and Autumns Annals* (春秋 Chūnqiū), X, VII, 4. The *Annals* (also known as 麟經 Línjīng) belong to the Five Classics. According to the tradition there were five great ancient commentaries, only three of which survived. They were brought together in a single text, to which Ricci probably refers: 春秋三傳 Chūnqiū sān zhuàn, *Three commentaries to the Spring and Autumn Annals*.

have superior powers after his death? If all those who die continue to have consciousness, then would a dead mother, who had deeply loved her son, not watch over the beloved child at home?

中士曰：《春秋》傳載：鄭伯有為厲，必以形見之也。[46]人魂無形，而移變有形之物，此不可以理推矣。夫生而無異於人，豈死而有越人之能乎？若死者皆有知，則慈母有深愛子，一旦化去，獨不日在本家，顧視向者所愛子乎？

Il Letterato Cinese dice: Nei *Commentari* agli *Annali delle Primavere e degli Autunni* è scritto che, dopo la sua morte, il conte di Zheng[47] apparve come spirito.[48] Ciò significa che esiste uno spirito percepibile. L'anima umana invisibile può diventare visibile: siamo di fronte a qualcosa che la ragione non è in grado di spiegare. Se egli da vivo non era diverso dalle altre persone, come poteva da morto avere poteri superiori? Se tutti quelli che muoiono continuano ad avere coscienza, allora una madre, che ama profondamente suo figlio, non veglierebbe in casa sul figlio amato anche da morta?

185.

The Western Scholar replies: Since the *Commentaries to the Spring and Autumn Annals* state that the Count of Zheng appeared as a spirit following his death, it is clear that in ancient times, during the Spring and Autumn period, people believed in the immortality of the human soul. Are the mediocre scholars therefore, committed to despise spiritual beings, not condemned by *Spring and Autumn Annals*? When speaking of man's death, one does not mean the death of

---

46 《左傳‧昭公七年》：「鄭人相驚以伯有，曰伯有至矣，則皆走，不知所往。」杜預注：「襄三十年，鄭人殺伯有。言其鬼至。」

47 Lo stato di 鄭 Zhèng, vassallo della dinastia 周 Zhōu, fu uno dei più influenti durante il periodo delle Primavere e degli Autunni (春秋時代 Chūnqiū shídài, 771-476/403 a.C.).

48 Cf. *Annali delle Primavere e degli Autunni* (春秋 Chūnqiū), X, VII, 4. Gli *Annali* (conosciuti anche come 麟經 Línjīng) appartengono ai *Cinque Classici*. La tradizione ricorda cinque grandi commentari antichi, dei quali rimangono solo tre; a loro volta riuniti in un unico testo, al quale probabilmente si riferisce Ricci: 春秋三傳 Chūnqiū sān zhuàn, i *Tre commentari agli Annali delle Primavere e degli Autunni*.

the soul, but only the death of the body. While man is alive his soul is like a prisoner in chains; after his death it is like those who leave the darkness of prison and are freed from their shackles. He understands the principles of things more clearly, his knowledge and power are even greater; it is not strange that they are superior to those of ordinary people, still alive in the world. The noble man understands this truth, and therefore does not consider death an evil or something to be feared; rather, he leaves this world with joy, saying that he returns to his homeland.

西士曰：《春秋》傳既言伯有死後為厲，則古春秋世亦已信人魂之不散滅矣。而俗儒以非薄鬼神為務，豈非《春秋》罪人乎？[49]夫謂人死者，非魂死之謂，惟謂人魄耳，人形耳[50]。靈魂者，生時如拘縲絏中，既死，則如出暗獄而脫手足之拲，益達事物之理焉。[51]其知能當益滋精，踰於俗人，不宜為怪。君子知其然，故不以死為凶懼，而忻然安之，謂之歸於本鄉[52]。

Il Letterato Occidentale replica: Visto che i *Commentari* agli *Annali delle Primavere e degli Autunni* affermano che il conte di Zheng apparve come spirito dopo la morte, è chiaro che nei tempi antichi, durante il periodo delle Primavere e degli Autunni, si credeva all'immortalità dell'anima umana. I letterati mediocri, che si impegnano nel disprezzare gli esseri spirituali, non sono forse condannati dal periodo delle Primavere e degli Autunni ? Quando si parla della morte dell'uomo non si intende la morte dell'anima, ma solo la morte del corpo. Mentre l'uomo è in vita la sua anima è come un prigioniero in catene; dopo la sua morte è come chi abbandona l'oscurità di una prigione e si libera dai ceppi. Egli comprende più chiaramente i princìpi delle cose, la sua conoscenza e il suo potere sono ancora più grandi; non è strano che siano superiori a quelli delle

---

49 與那時的知識分子一樣，利瑪竇認為《春秋》是孔子寫的。

50 人魄耳，人形耳，FJ 本作「人之形體而已」。

51 參見柏拉圖《理想國》中的洞穴比喻。也參見下面 418。

52 天主教認為人的靈魂是由上帝創造的，死後靈魂回歸天堂與上帝同在被稱為歸本鄉。《畸人十篇》謂天堂有六福，一謂聖城，二謂太平域，三謂樂地，四謂天鄉，五謂定吉界，六謂壽無量山。天鄉居其一。「人類本天民，其全福獨在彼耳。客流於他界，故常有本鄉之望，常歎息之。」

persone comuni, viventi ancora nel mondo. L'uomo nobile comprende tale verità, e quindi non considera la morte un male o qualcosa da temere; anzi, lascia questo mondo con gioia, dicendo di ritornare alla propria patria.

186.

The Lord of Heaven creates the ten thousand beings and gives each its place;[53] if this were not so, the world would be in chaos. If the soul of a deceased person remained in his home, how could you call this person dead ? Looking at the stars in the heavens, we see that they are not allowed to descend to earth to mingle with the grass and trees; we also notice that the grass and trees on earth are unable to ascend to the heavens to mingle with the stars. Thus, the ten thousand beings have been assigned to their place, and they cannot move from there. For example: the fish in water that die of hunger cannot climb the banks to eat, even if there were tasty bait on shore. Although the soul of a deceased person may long for his wife and his children, how could he return home ? If there are souls which return to this world it is only because the Lord of Heaven so permits, in order to persuade people to do good or to restrain them from doing evil.[54] They serve as proof of the survival of the soul after death, and they are different from the sensitive souls of animals; which, after being dissolved, never return again.

　　天主製作萬物，分定各有所在，不然則亂。[55]如死者之魂，仍可在家，豈謂之死乎？且觀星宿居於天上，不得降於地下而雜乎草木；草木生於地下，亦不得陞於天上而雜乎星宿。萬物各安其所，不得移動，譬水底魚饑將死，雖有香餌在岸，亦不得往而食之。人之魂雖念妻子，豈得回在家中？凡有回世界者，必天主使之，或以勸善，或以懲惡，以驗人死之後，其魂猶存，與其禽獸魂之散而不回者異也。[56]

53　See *Qo* 16:24.
54　See *STh*, I, 89, 8.
55　參見《德訓篇》十六 26：「太初，上主造化了萬物；在創造時，分別了萬物的
　　種類。」
56　利瑪竇的目的不是要肯定伯有死之後是否變成幽魂，只是要肯定中國古人相
　　信有幽魂，提出這一種可能。其實，利瑪竇本身相信天主有這個權柄來派遣
　　幽魂。阿奎那也肯定幽魂的存在：*ST* Ia, q.89, a.8：「亡者顯現給活人，或是由

Il Signore del Cielo crea i diecimila esseri e assegna a ciascuno il suo posto;[57] se così non fosse, il mondo sarebbe nel caos. Se l'anima di una persona defunta rimanesse nella propria dimora, come si potrebbe definire morta tale persona ? Osservando le stelle in cielo vediamo che non è permesso loro di scendere sulla terra per mescolarsi con l'erba e con gli alberi; notiamo altresì che l'erba e gli alberi sulla terra non possono salire in cielo per mescolarsi con le stelle. Così, ai diecimila esseri è stato assegnato il loro posto, e non possono muoversi di lì. Ad esempio: i pesci che in acqua muoiono di fame non possono arrampicarsi sulla riva per mangiare, anche se a terra ci fosse un'esca gustosa. Per quanto l'anima di un defunto possa desiderare ardentemente sua moglie e i suoi figli, come potrebbe ritornare a casa ? Se ci sono anime che tornano a questo mondo è solo perché il Signore del Cielo lo permette, al fine di persuadere le persone ad agire bene o di trattenerle dall'agire male.[58] Esse servono come prova della sopravvivenza dell'anima dopo la morte, e sono diverse dalle anime sensitive degli animali; le quali, dopo essersi dissolte, non ritornano mai più.

187.

The soul is essentially invisible, and if it appears to people, it must do so by assuming a visible figure; which is not difficult. The Lord of Heaven wants people to know that the soul continues to exist after death, and He clearly shows it in this way. Nevertheless, there are some who have no scruples about lying, and have no scruples about teaching others in a misleading way. They are ignorant themselves, claiming absurdly that after a person dies his soul is

---

於天主的特別措施，使之干涉活人的事情，這算是一種奇蹟。」（《神學大全》第三冊，第 228 頁）《天主實義》的這個段落來源於《天主實錄》：「或曰：人死之後，魂既不滅。何故不在本家，而照顧妻子與？答曰：天主製作萬物，分定各有所在。不然，則其事亂矣。且不謂之死矣，且觀星宿居於諸天之上，不得降於地下而雜乎草木；草木生於地下，亦不得陞於天上而雜乎星宿；魚鱉之在水者，不得往於山林而雜乎禽獸。故言萬物各安其所，不得而妄動也。譬如水底魚飢將死，雖有香餌在岸，亦不得往而食之。是以吾言人之魂靈雖念妻子，亦不得回在家中矣」（第 44～45 頁）。

57 Cf. *Qo* 16,24.
58 Cf. *STh*, I, 89, 8.

destroyed without leaving a trace. This talk is unreasonable, arbitrary, and unworthy of reply; not only that, but the soul of those who speak so carelessly, when in its turn quits the world, will certainly receive punishment proportionate to the foolishness of their claims. How can one not be cautious about this topic ?

魂本無形，或有著顯於人，必托一虛像而發見焉。此亦不難之事，天主欲人盡知死後魂存，而分明曉示若此。而猶有罔詆無忌，亂教惑民，以己所不知，妄云人死魂散，無復形跡，非但悖妄易辯，且其人身後之魂，必受妄言之殃矣。可不慎乎？

L'anima è essenzialmente invisibile, e se appare agli uomini deve farlo assumendo una figura visibile; il che non è difficile. Il Signore del Cielo vuole far conoscere alle persone che l'anima continua ad esistere dopo la morte, e lo mostra chiaramente in questo modo. Tuttavia ci sono uomini che non hanno scrupoli a mentire, e che non hanno riguardo a insegnare agli altri in modo ingannevole. Essendo loro stessi ignoranti, affermano assurdamente che dopo la morte di una persona la sua anima viene distrutta senza lasciar traccia. Questo discorso è irragionevole, arbitrario, e indegno di replica; non solo, ma l'anima di chi parla con tanta leggerezza, quando a sua volta abbandonerà il mondo, riceverà di certo una punizione proporzionata alla stoltezza delle sue affermazioni. Come si può non essere prudenti su tale argomento ?

188.

The Chinese Scholar says: Those who assert that the soul is snuffed out and dissolved after death consider it simply as *qi*. The dispersal of *qi* can either be slow or fast. If a person dies prematurely, his *qi* continues to hold together and is not immediately dispersed. Only after a long period of time it gradually dissolves; the Count of Zheng is an example of this.

中士曰：謂人之神魂死後散泯者，以神為氣耳。[59]氣散有速漸之殊，

---

59 前面（36，138）利瑪竇提出「氣」來介紹西方的四元素說。這裡，利瑪竇採用西方傳統的二元論，把「氣」看作物質。不過，在中國古代思想，「氣」不僅僅是物質性的，也是精神性的，並且，在宋朝，張載（1020～1078）要把「神」作為「氣」的能動的性能，如此說：「一物兩體，氣也。一故神（自注：兩在故不測），兩故化（自注：推行於一），此天之所以參與也」《正蒙‧

如人不得其死，其氣尚聚，久而漸泯，鄭伯有是也。

Il Letterato Cinese dice: Chi afferma che l'anima si estingue e viene dissolta dopo la morte la considera semplicemente come *qi*. La dispersione del *qi* può essere lenta o rapida. Se una persona muore anzitempo, il suo *qi* continua a rimanere unito e non si disperde immediatamente. Solo dopo il trascorrere di un lungo periodo di tempo esso gradualmente si dissolve; il conte di Zheng ne è un esempio.

189.

Besides, there are two types of *qi*, *Yin* and *Yang*, which are the essence of all things and are present everywhere. There is nothing in the world that is not *Yin* or *Yang*, and so there is nothing which is not spiritual. If what your revered religion calls "spiritual beings" and "human soul" is of this kind, then there is no great difference between it and what we are used to consider.

又曰：陰陽二氣為物之體，而無所不在。天地之間，無一物非陰陽，則無一物非鬼神也。如尊教謂鬼神及人魂如此，則與吾常所聞，無大異焉。

Inoltre, ci sono due tipi di *qi*, lo *yin* e lo *yang*, che sono la sostanza di tutte le cose e sono presenti ovunque. Non c'è cosa al mondo che non sia *yin* o *yang*, e quindi non c'è nulla che non sia spirituale. Se ciò che la Sua riverita religione chiama "esseri spirituali" e "anima umana" è di tal genere, allora non c'è grande differenza tra di essi e ciò che noi siamo abituati a considerare.

190.

The Western Scholar replies: Those who believe that *qi* is the same as spiritual beings and the human soul confuse the names by which the kinds of things are known.[60] Those who try to establish their own teaching as a guide to others should provide appropriate names for each kind of being. In the ancient classic books different words are used to define *qi* and spiritual beings; therefore, their meanings are also different. We have heard of sacrifices offered

---

參兩》。相反，利瑪竇認為必要把「神」與「氣」嚴格地區分開來，不同意把「氣」作為世界的本源。

60 See *STh*, I, 75, 1.

to spiritual beings, but never to *qi*; why are these terms today confused with one another ? If one argues that *qi* can gradually dissolve, it is obvious that one no longer follows reason, and every word one says is absurd. Let me ask you: when is *qi* totally dissolved ? What disease causes it to be dissolved ? Animals often die prematurely: their *qi* dissolves gradually, or immediately ? Why do they not come back to life ? Thus, it is not clear at all what happens after death; how can one talk about it arbitrarily ?

西士曰：以氣為鬼神靈魂者，紊物類之寔名者也。立教者，萬類之理當各類以本名。古經書云氣、云鬼神，文字不同，則其理亦異。有祭鬼神者矣，未聞有祭氣者，何今之人紊用其名乎？云氣漸散，可見其理已窮，而言之盡妄。吾試問之：夫氣何時散盡？何病疾使之散？鳥獸常不得其死，其氣速散乎？漸散乎？何其不回世乎？則死後之事，皆未必知之審者，奚用妄論之哉？

Il Letterato Occidentale replica: Chi ritiene che il *qi* sia uguale agli esseri spirituali e all'anima umana confonde i nomi attraverso i quali i generi delle cose sono conosciuti.[61] Chi cerca di stabilire il proprio insegnamento come guida per gli altri dovrebbe fornire nomi appropriati per tutti i generi degli esseri. Nei libri classici antichi sono usate parole differenti per definire il *qi* e gli esseri spirituali; perciò anche i loro significati sono diversi. Abbiamo sentito parlare di sacrifici offerti agli esseri spirituali, mai al *qi*; perché oggi questi termini vengono confusi tra di loro ? Se si sostiene che il *qi* possa disperdersi gradualmente, è ovvio che non si segue più la ragione, e ogni parola è assurda. Mi permetta di chiederLe: quando si dissolve totalmente il *qi* ? Quale malattia lo fa dissolvere ? Gli animali spesso muoiono anzitempo: il loro *qi* si dissolve gradualmente o immediatamente ? Perché non ritornano in vita ? Perciò, non si comprende del tutto che cosa accada dopo la morte; come si può parlarne arbitrariamente ?

191.

The *Doctrine of the Mean* says: "Spiritual beings generate and nourish all

---

61 Cf. *STh*, I, 75, 1.

things, proving to care for them and to be present everywhere."[62] If one carefully considers these words, one will be able to understand their meaning. With them Confucius affirms that spiritual beings generate and nourish all that exists, and that their virtue is magnificent; but he does not intend to say that spiritual beings are things. Besides, there is a great difference between the way in which spiritual beings reside among things and the way in which the soul resides in man.

《中庸》謂：「體物而不可遺」[63]，以辭迎其意可也。蓋仲尼之意，謂鬼神體物，其德之盛耳，非謂鬼神即是其物也。[64]且鬼神在物，與魂神在人，大異焉。

La *Dottrina del Mezzo* dice: "Gli esseri spirituali generano e nutrono tutte le cose, dimostrando di avere premura verso di esse e di essere presenti ovunque"[65] Basterebbe considerare queste parole per capire il loro significato. Con esse Confucio vuol dire che gli esseri spirituali generano e nutrono tutto ciò che esiste, e che la loro virtù è veramente grande; ma non intende affermare che gli esseri spirituali siano cose. Inoltre, c'è una grande differenza tra il modo in cui gli esseri spirituali sono tra le cose, e il modo in cui l'anima è nell'uomo.

192.

The soul is an integral part of man and is one with the body; therefore, the human being is able to reason and you can attribute the intellectual nature to him.[66] The presence of spiritual beings among things, on the contrary, is like to a boatman on a ship. Spiritual beings are not an integral part of the ship but are distinct from it, because the ship and spiritual beings are two different

---

62 *Doctrine of the Mean*, XVI, 2.

63 見《中庸》第十六章：「子曰：『鬼神之為德，其盛矣乎！視之而弗見，聽之而弗聞，體物而不可遺。』」鄭玄注：「體，猶生也；可，猶所也。」孔穎達疏：「言鬼神之道生養萬物無不周徧，而不有所遺；言萬物無不以鬼神之氣生也。」非利瑪竇所理解之體物也。不過，利氏通過重新詮釋此概念，達到了批駁後儒的目的。

64 利瑪竇認為《中庸》也是孔子寫的。

65 *Dottrina del Mezzo*, XVI, 2.

66 See *STh*, I, 71, 6.

substances. Thus, although spiritual beings can be present in some things, these latter should not be included among intellectual substances. But the Lord of Heaven sometimes commands spiritual beings to guide what has no understanding or perception, so that everything should keep its own place. This is the meaning of "providing for all beings:" acting like a wise emperor, who rules the nation with his spirit. If this were not so, nothing under heaven would be devoid of an intellectual nature.

魂神在人，為其內本分，與人形為一體，故人以是能論理，而列於靈才之類。彼鬼神在物，如長年[67]在船，非船之本分者，與船分為二物，而各列於各類。[68]故物雖有鬼神，而弗登靈才之品也。但有物自或無靈，或無知覺，則天主命鬼神引導之，以適其所，茲所謂體物耳矣，與聖君以神治體國家同焉。不然，是天下無一物非靈也。

L'anima è parte integrante dell'uomo ed è tutt'uno con il corpo; per questo motivo l'essere umano è in grado di ragionare, e gli si può attribuire la natura intellettiva.[69] La presenza degli esseri spirituali tra le cose, invece, è simile ad un barcaiolo in nave. Gli spiriti non sono parte integrante della nave ma sono distinti da essa, in quanto la nave e gli spiriti sono due sostanze diverse. Perciò, anche se gli esseri spirituali possono essere presenti in alcune cose, queste non vanno annoverate tra le sostanze intellettuali. A volte però il Signore del Cielo ordina agli esseri spirituali di guidare ciò che non ha intelletto o percezione, affinché ogni cosa conservi il proprio posto. È questo il significato di "provvedere a tutti gli esseri": agire allo stesso modo di un imperatore sapiente, che governa la nazione con il suo spirito. Se così non fosse, nulla sotto il cielo dovrebbe essere privo della natura intellettiva.

---

67 長年：船工。宋戴埴《鼠璞·篙師》：「海壖呼篙師為長年……蓋推一船之最尊者言之。」明孫蕡《下瞿塘》詩：「長年敲板助船客，破浪一擲如飛梭。」

68 在《理想國》（488e）中，柏拉圖用船長與船這個比喻來討論人的靈魂與身體之間的關係。在《論靈魂》中，亞里士多德質疑這個說法。利瑪竇不跟著柏拉圖，而跟著亞里士多德：人魂與他的身體為一體，使人的全部賦予理性。不過，鬼神從外面控制東西，如同一個船長從外面控制它的船一樣。這裡，利瑪竇主要駁斥將世界作為一個大靈魂的觀念。

69 Cf. *STh*, I, 71, 6.

193.

Some say that everything under heaven has a spiritual essence, and that every spiritual being is of intellectual nature; but how can we say that things like grass, trees, metal and stone have intellect ? There is nothing to wonder about if the people living under the reign of King Wen, grateful to him for the favours he bestowed them, called his tower "The Spirit Tower," and his pond "The Spirit Lake;"[70] but if today the towers and lakes of Jie and Zhou were named "Spirit Lakes and Towers," would that not recklessly confuse the category of things ?

　　蓋彼曰天下每物有鬼神，而每以鬼神為靈，如草木金石，豈可謂之靈哉？彼文王之民，感君之恩，謂其臺曰靈臺，謂其沼曰靈沼，[71]不足為奇；今桀紂之臺沼，亦謂之靈矣，豈不亦混亂物之品等而莫之顧耶？

Alcuni dicono che ogni cosa sotto il cielo ha un'essenza spirituale, e che ogni essere spirituale è di natura intellettiva; ma come si può affermare che cose come l'erba, gli alberi, il metallo e la pietra possiedano l'intelletto ? Non c'è nulla da meravigliarsi se le persone viventi sotto il regno del re Wen, a lui grate per i favori che elargiva loro, chiamassero la sua torre "Torre dello Spirito", e il suo laghetto "Lago dello Spirito";[72] ma se oggi si chiamassero le torri e i laghi di Jie e di Zhou "Torri e Laghi dello Spirito", ciò non confonderebbe in modo scriteriato i generi delle cose ?

194.

When the learned of your noble country divide things in different genera, they say that there are material things, such as metals and stones; that there are living things, such as grass and trees; that there are beings endowed with perception, such as birds and animals; that there are even more perfect beings endowed with understanding, such as human beings.

　　分物之類，貴邦士者曰：或得其形，如金石是也；或另得生氣而長大，如草木是也；或更得知覺，如禽獸是也；或益精而得靈才，如人類

---

70 See *Mencius*, I, I, II.
71 靈臺、靈沼，出自《詩·大雅·靈臺》：「經始靈臺，經之營之。⋯⋯王在靈沼，於牣魚躍。」
72 Cf. *Mencio*, I, I, II.

是也。[73]

Quando gli uomini istruiti del Suo nobile paese dividono le cose in generi diversi, essi dicono che ci sono esseri materiali, come i metalli e le pietre; che ci sono esseri viventi, come l'erba e gli alberi; che ci sono esseri dotati di percezione, come gli uccelli e gli animali; che ci sono esseri ancor più perfetti dotati di intelletto, come l'essere umano.

195.

The learned of the West divide beings even more in detail; please look at the following Table.[74] The distinctions of accidents are the most numerous, there are so many that it is difficult to list them exhaustively; I have therefore provided a general summary, only making a brief reference to the nine major categories.

吾西庠之士猶加詳焉，觀後圖可見。但其倚賴之類最多，難以圖盡，故略之，而特書其類之九元宗云。

Gli uomini istruiti d'Occidente suddividono gli esseri ancor più in dettaglio; Lei può guardare la Tavola che segue.[75] Le distinzioni degli accidenti sono le più numerose, così tante che è difficile elencarle esaurientemente; ho provveduto perciò a una sintesi generale, facendo solo un breve riferimento alle nove categorie principali.

196.

Although there are ten thousand different species of beings, each of them belongs to a distinct genus; some belong to the genus of the intellectual, other to that of the non-intellectual. If I were to inform foreign scholars that, according to some disciples of Confucius in China, animals, vegetation, metals and stones have an intellectual nature and belong to the same genus as human beings,

---

73 參見《荀子・王制》：「水火有氣而無生，草木有生而無知，禽獸有知而無義，人有氣、有生、有知，亦且有義，故最為天下貴也。」中國古代思想的等級觀跟亞里士多德有類似之處，不過後來宋明理學，特別是心學，沒有強調人與物之間的差異性。

74 See Appendix I.

75 Cf. l'Appendice I.

would this not cause a considerable surprise ?

凡此物之萬品，各有一定之類，有屬靈者，有屬愚者。如吾於外國士，傳中國有儒，謂鳥獸草木金石皆靈，與人類齊，豈不令之大驚哉？

Malgrado vi siano diecimila specie diverse di esseri, ognuna di esse appartiene a un genere determinato; alcune appartengono a quello intellettivo, altre a quello non intellettivo. Se dovessi raccontare ai letterati stranieri che secondo alcuni discepoli di Confucio in Cina gli animali, la vegetazione, i metalli e le pietre sono di natura intellettiva e appartengono allo stesso genere degli esseri umani, ciò non causerebbe una grande sorpresa ?

197.

The Chinese Scholar says: Some in my country state that the nature of animals is the same as that of man; the animal nature, however, would be oblique, whereas the human nature would be upright. Although animals have intelligence, it turns out to be very small; man instead has a great intelligence, therefore he belongs to a different species.

中士曰：雖吾國有謂鳥獸之性同乎人，但鳥獸性偏，而人得其正。雖謂鳥獸有靈，然其靈微緲，人則得靈之廣大也。是以其類異也。[76]

Il Letterato Cinese dice: Alcuni nel mio paese affermano che la natura degli animali è la stessa di quella umana; la natura animale però sarebbe obliqua, mentre quella umana sarebbe retta. Nonostante gli animali abbiano intelligenza, essa si rivela molto ridotta; l'uomo invece ha una grande intelligenza, e per questo appartiene a una specie diversa.

---

76 朱熹有言「人之所以生，理與氣合而已。……自一氣而言之，則人物皆受是氣而生；自精粗而言，則人得其氣之正且通者，物得其氣之偏且塞者。惟人得其正，故是理通而無所塞；物得其偏，故是理塞而無所知。……物之間有知者，不過只通得一路，如鳥之知孝，獺之知祭，犬但能守禦，牛但能耕而已。人則無不知，無不能。人所以與物異者，所爭者此耳。」中士不贊成告子的立場，並表達宋明理學的立場：人與動物之間有程度上的差別，這使得他們屬於兩個不同的宗類。不過，利瑪竇跟隨亞里士多德的觀念，他認為，程度上的差別無法構成兩個不同的宗類。這個問題要等到第七卷才展開。

198.

The Western Scholar replies: The qualities of uprightness or obliquity, of greatness or smallness cannot serve as criteria for defining species, but only to distinguish the different subspecies of a given species. Whether mountains are upright or oblique, large or small, they are always mountains. The intellect of the wise is great, that of the fool is small, the intellect of the good is upright, that of the depraved is oblique; but how could you say that they belong to different species ? If greatness, smallness, obliquity and uprightness were considered specific criteria of division, then the single species of the human beings could be divided into many others because of different degrees of the intellect's greatness, smallness, obliquity and uprightness.

西士曰：夫正偏小大，不足以別類，僅別同類之等耳。正山偏山，大山小山，並為山類也。智者獲靈之大，愚人獲靈之小，賢者得靈之正，不肖得靈之偏，豈謂異類者哉？如小大偏正能分類，則人之一類，靈之巨微正僻，其類甚多。

Il Letterato Occidentale replica: Le qualità della rettitudine o dell'obliquità, della grandezza o della piccolezza non possono servire come criteri per delimitare le specie, ma solo per distinguere le diverse classi di una determinata specie. Le montagne dritte od oblique, grandi o piccole, sono pur sempre montagne. L'uomo saggio ha l'intelletto grande, l'uomo stupido ha l'intelletto piccolo, l'uomo buono ha l'intelletto retto, l'uomo depravato ha l'intelletto obliquo; ma come si potrebbe dire che appartengono a specie diverse ? Se la grandezza, la piccolezza, l'obliquità e la rettitudine fossero considerate criteri specifici di divisione, allora l'unica specie dell'essere umano potrebbe essere divisa in numerose altre a causa dei differenti gradi di grandezza, piccolezza, rettitudine e obliquità dell'intelletto.

199.

If you examine the Table of Categories you will see that there are only two aspects to consider when we distinguish between the various genera of substance: the "existence" and the "non-existence." I will try to explain: if what is material belongs to a genus, what is immaterial belongs to another; if what has life falls into a genus, what is lifeless falls into another. Only man is capable of reasoning, therefore no other of the ten thousand species under heaven can be compared to him.

　　苟觀物類之圖，則審世上固惟「有」「無」二者，可以別物異類焉耳。試言之：有形者為一類，則無形者異類也；生者為一類，則不生者異類也；能論理者惟人類本分，故天下萬類無與能論也。[77]

　　Se Lei osserva la Tavola delle Categorie, vedrà che ci sono solo due aspetti da considerare quando si distingue tra i vari generi di sostanza: l' "esistenza" e la "non esistenza" Provo a spiegarLe: se ciò che è materiale appartiene a un genere, ciò che è immateriale appartiene a un altro; se ciò che ha vita è in un genere, ciò che è senza vita è in un altro. Soltanto l'uomo è in grado di ragionare, perciò nessun'altra delle diecimila specie sotto il cielo è paragonabile a lui.

200.

Man's reason may be upright or oblique, great or small; but it always belongs to the species of reasonable beings, only different in refinement or coarseness. If one were to assert that the nature of animals is intellectual, it, despite its obliquity and smallness, would be equal to the nature of man. But one should not confuse appearance with reality, or transcendence with immanence; for example, when seeing a copper hourglass which is able to mark the hours, would it be right to say that the water which it contains is endowed with intellect ? Thanks to the clever strategy of the military commander his troops defeat the enemy, because the soldiers, following his orders, advance or retreat, lay ambush or attack in order to win. But who could say that the wisdom of the soldiers does not derive from their commander ?

　　人之中，論有正偏小大，均列於會論之類，而惟差精粗。如謂鳥獸之性本靈，則夫其偏其小，固同類於人者也，但不宜以似為真，以由外來者

---

77 利瑪竇介紹「特異性」（*differentia*）的區分：只有某些「特異性」能成立另外一類。比如說，在「動物」這宗（genus）上，「具有理性」這種「特異性」成立「人類」。參見 *Isagoge philosophica*，第 48 頁。

為內本。譬如因見銅壺之漏能定時候，即謂銅水本靈，可乎？將軍者有智謀，以全軍而敗敵，其士卒順其令，而或進、或退、或伏、或突，以成其功，誰曰士卒之本智，不從外導者乎？[78]

La ragione degli uomini può essere retta o obliqua, grande o piccola; tutti però appartengono alla specie degli esseri ragionevoli, differenti solo per finezza o grossolanità. Se si sostiene che la natura degli animali è intellettiva, essa, malgrado la sua obliquità e piccolezza, sarebbe uguale a quella dell'uomo. Ma non si deve confondere l'apparenza con la realtà, o la trascendenza con l'immanenza; ad esempio, vedendo una clessidra di rame in grado di scandire le ore, sarebbe giusto affermare che l'acqua in essa contenuta sia dotata di intelletto? Grazie all'astuta strategia del comandante militare le sue truppe sconfiggono i nemici, perché i soldati, seguendone gli ordini, avanzano o si ritirano, stanno in agguato o attaccano per riportare la vittoria. Ma chi potrebbe dire che la saggezza dei soldati non provenga dal loro comandante?

201.

When one knows the different genera of substance and observes the operations of each of them, one can predict their behaviour; one understands that animals are secretly guided by the spiritual beings so as to do the Supreme Ruler's will, and they act necessarily, without knowing the reason and lacking freedom. All of us human beings can instead make decisions freely, when we act according to our will.

明於類者，視各類之行動，熟察其本情，而審其志之所及，則知鳥獸者，有鬼神為之暗誘，而引之以行上帝之命，[79]出於不得不然，而莫知其然，非有自主之意。吾人類則能自立主張，而事為之際，皆用其所本有之靈志[80]也。

---

78 參見 *ST*, IIa IIae, q.44, a.6：「軍隊的將領下令士兵出擊。那出戰而打敗敵人，如同將領所預期的，是完善地遵守了命令。」(《神學大全》第八冊，第 298 頁）

79 有鬼神為之暗誘，而引之以行上帝之命，FJ 本作「其性制於天主，稟賦之初，引翼以趨其向」。

80 靈志，傳統用法中指天意。《隋書‧音樂志上》：「俯休皇德，仰綏靈志。百福具臻，嘉祥允洎。」然此處實乃利瑪竇之生造詞，指自由意志。

Quando si conoscono i diversi generi di sostanza, osservando le operazioni di ciascuno di essi, se ne può prevedere il comportamento; si capisce che gli animali sono guidati segretamente dagli esseri spirituali per compiere la volontà del Sovrano Supremo, e che agiscono necessariamente, senza conoscerne la ragione e privi di libertà. Noi tutti esseri umani possiamo invece prendere decisioni libere, nei momenti in cui agiamo di nostra volontà.

202.

The Chinese Scholar says: Although it is said that heaven, earth, and the ten thousand beings share the same *qi*, things have different appearances; for this reason they are divided into a variety of genera. The human body can merely appear as a physical body, but both inside and outside of it there is the *qi* of *Yin* and *Yang*, which fills heaven and earth. *Qi* creates all things, divided into a plurality of genera; as in the case of fish, the water outside of it is the same as the water inside of it. The water that is in the stomach of a Chinese perch is the same that fills the stomach of a carp; only the appearance of the fish is different, because they belong to different species. Therefore one has only to look at the ten thousand appearances under heaven to know the ten thousand species.

中士曰：雖云天地萬物共一氣，然物之貌像不同，以是各分其類。如見身只是軀殼，軀殼內外，莫非天地陰陽之氣，氣以造物，物以類異。如魚之在水，其外水與肚裏之水同，鱖魚肚裏之水，與鯉魚肚裏之水同，獨其貌像常不一，則魚之類亦不一焉。故觀天下之萬象，而可以驗萬類矣。[81]

---

81 此語源於《朱子語類》第三卷，問：「鬼神便是精神魂魄，如何？」曰：
「然。且就這一身看，自會笑語，有許多聰明知識，這是如何得恁地？虛空
之中，忽然有風有雨，忽然有雷有電，這是如何得恁地？這都是陰陽相感，
都是鬼神。看得到這裡，見一身只是箇軀殼在這裡，內外無非天地陰陽之
氣。所以夜來說道：『「天地之塞，吾其體；天地之帥，吾其性」，思量來只是
一箇道理。』」又云：「如魚之在水，外面水便是肚裏面水。鱖魚肚裏水與鯉
魚肚裏水，只一般。」仁父問：「魂魄如何是陰陽？」曰：「魂如火，魄如
水。」中士離開倫理領域，要冒險談論本體論，不過，這主要反映出利瑪竇
的誤解：將「太極」看作「原初物質」（materia prima）。如同利瑪竇向耶穌會
總會長所說：「我認為太極不過是我們哲學家所說的原初物質」；參見謝和耐
《中國文化與基督教的衝撞》，第 175 頁。

Il Letterato Cinese dice: Malgrado sia detto che il cielo, la terra e i diecimila esseri condividono lo stesso *qi*, le cose hanno apparenze differenti; per questo vengono divise in una varietà di generi. Il corpo umano può apparire semplicemente un corpo fisico, ma sia all'interno sia all'esterno di esso si trova il *qi* dello *yin* e dello *yang*, che riempie il cielo e la terra. Il *qi* crea tutte le cose, suddivise in una pluralità di generi; come nel caso del pesce, l'acqua all'esterno di esso è uguale a quella nel suo interno. L'acqua che si trova nel ventre di un persico cinese è la medesima che riempie il ventre di una carpa; soltanto l'apparenza dei pesci è diversa, cosicché essi appartengono a specie differenti. Perciò basta osservare le diecimila apparenze sotto il cielo per conoscere le diecimila specie.

203.

The Western Scholar replies: To classify things on the basis of appearances is not a criterion to distinguish their genera and species, but only to describe their external look. Appearances are not substance; if things are distinguished according to their appearance rather than on the basis of their essence, then the nature of dogs should be similar to that of oxen, and the nature of dogs and oxen should be similar to that of man. That would be the case of a new Philosopher Gaozi, after the death of Gaozi![82] If a tiger and a man are moulded out of clay, one can rightly say that they are only dissimilar in appearance; but it would be quite inappropriate to state that a living tiger and a living man are only dissimilar in appearance. If one distinguishes things by their appearances, which are similar under many respects, it would be impossible to place them in different genera and species. And yet a clay tiger and a clay man, despite the great diversity of their appearances, have both the substance of clay.

西士曰：設徒以像分物，此非分物之類者也，是別像之類者耳。像固非其物也。以像分物，不以性分物，則犬之性猶牛之性，犬牛之性，猶人

---

82 See *Mencius*, VI, I, 1-4. According to 告子 Gàozǐ (about 420-350 BC), a Chinese philosopher contemporary of Mencius (孟子 Mèngzǐ), human nature is neither good nor bad.

之性歟？是告子[83]之後，又一告子也。以泥塑虎、塑人，二者惟以貌像謂之異，宜也；活虎與活人，謂止以其貌異焉，決不宜矣。以貌像別物者，大槩相同，不可謂異類。如以泥虎例泥人，其貌雖殊，其為泥類則一耳。

Il Letterato Occidentale replica: Classificare le cose in base alle apparenze non è un criterio per distinguerne i generi e le specie, ma solo per descriverne l'aspetto esteriore. L'apparenza non è la sostanza; se si distinguono le cose secondo l'apparenza, piuttosto che in base all'essenza, allora la natura del cane dovrebbe essere simile a quella dei buoi, e le nature dei cani e dei buoi simili a quella dell'uomo. Sarebbe il caso di un nuovo filosofo Gaozi, dopo la morte di Gaozi![84] Se si plasmano una tigre e un uomo con l'argilla, giustamente si può dire che essi sono dissimili solo in apparenza; ma sarebbe decisamente inappropriato sostenere che una tigre e un uomo viventi siano dissimili solo in apparenza. Distinguendo le cose secondo le apparenze, che si assomigliano sotto molti aspetti, sarebbe impossibile suddividerle in generi e specie differenti. E invece una tigre e un uomo di argilla, malgrado la notevole diversità delle loro apparenze, hanno comunque ambedue la sostanza dell'argilla.

204.

If one considers *qi* as spirit and as the basis of life, how could living creatures die ? After death they continue to be immersed in *qi* and surrounded by it; where could they go to escape from it ? How could they fear death were it not a deprivation of *qi* ? So, *qi* is not the foundation of life. Tradition says: "A difference of a hair's breadth can lead to an error of a thousand *li*." Not knowing that *qi* is one of the Four Elements they consider it as equal to spiritual beings or to the soul; if they had known that *qi* is an element, it would not have been difficult to explain its essence and its functions.

---

83 《孟子・告子上》：「告子曰：『生之謂性。』孟子曰：『生之謂性也，猶白之謂白與？』曰：『然。』『白羽之白也，猶白雪之白；白雪之白，猶白玉之白歟？』曰：『然。』『然則犬之性猶牛之性，牛之性猶人之性歟？』」

84 Cf. *Mencio*, VI, I, 1-4. Secondo 告子 Gàozǐ (circa 420-350 a.C.), filosofo cinese contemporaneo di Mencio (孟子 Mèngzǐ), la natura umana non è né buona né cattiva.

若以氣為神，以為生活之本，則生者何由得死乎？物死之後，氣在內外猶然充滿，何適而能離氣？何患其無氣而死？故氣非生活之本也。[85]《傳》云：「差毫釐，謬千里。」[86]未知氣為四行之一，而同之於鬼神及靈魂，亦不足怪；若知氣為一行，則不難說其體用矣。

Se si considera il *qi* come spirito e fondamento della vita, in che modo le creature viventi potrebbero morire ? Dopo la morte esse continuano a trovarsi immerse nel *qi* e circondate da esso; dove potrebbero andare per sfuggirgli ? Come si potrebbe essere preoccupati che muoiano a causa della privazione di *qi* ? Quindi, il *qi* non è il fondamento della vita. La tradizione dice: "una differenza dell'ampiezza di un capello può portare a un errore di migliaia di *li*" Non sapendo che il *qi* è uno dei quattro elementi lo si considera pari agli esseri spirituali o all'anima; se si fosse saputo che il *qi* è un elemento, non sarebbe stato difficile spiegare la sua essenza e le sue funzioni.

205.

Qi, together with the elements water, fire and earth, is the matter of the ten thousand beings. It is the inner part of man, the master of the body, which causes it to inhalate and exhalate; because humans and animals live in air, they all make use of breathing to cool the fire of the heart. They continually breathe, expelling heat and drawing in coolness, in order to change their air and so to live. Fish live in water, and the nature of water is to be cold; since the coldness can enter into fish from outside, thereby regulating their internal heat, they probably do not need to breathe in order to facilitate this process.

且夫氣[87]者，和水火土三行，而為萬物之形者也；而靈魂者，為人之內分、一身之主，以呼吸出入其氣者也。蓋人與飛走諸類，皆生氣內，以便調涼其心中之火。是故恒用呼吸，以每息更氣，而出熱致涼以生焉。魚

85　這裡，利瑪竇考慮到，「氣」也許不是物質，而是精神性的，不過，根據他的推論，「氣一元論」無法解釋死亡的原因。

86　「失之毫釐，差以千里」出自《太史公自序》。司馬遷說這是《易》中之語。可是，在通行本《易傳》和帛書《易傳》中都找不到這句話。而《大戴記·禮察篇》、《禮記·經解篇》並云：「易曰：君子慎始，差若毫釐，謬以千里。」可見，此語確出自《易傳》。

87　氣，底本作「萬」，BC 本、FJ 本作「氣」，據 BC 本、FJ 本改。

潛水間，水性甚冷，能自外透涼於內火，所以其類多無呼吸之資也。[88]

Il *qi*, insieme agli elementi acqua, fuoco e terra, costituisce la materia dei diecimila esseri. Il soffio è la parte interna dell'uomo, il signore del corpo che ne causa l'inspirazione e l'espirazione; dal momento che uomini e animali vivono nell'aria, tutti utilizzano il respiro per raffreddare il fuoco del cuore. Essi continuamente respirano, espellendo il caldo e immettendo il freddo, al fine di cambiare l'aria e quindi di vivere. I pesci vivono nell'acqua, e la natura dell'acqua è di essere fredda; dal momento che il freddo può entrare nei pesci dall'esterno, regolando così il loro calore interno, probabilmente ad essi non serve la respirazione per agevolare tale processo.

206.

Spiritual beings are not material, and belong to the genus of immaterial substances.[89] Their main duty is to carry out the will of the Lord of Heaven, that is, to supervise creation;[90] they do not have the absolute power to rule the world. Therefore Confucius says: "To respect the spirits, but to remain at a distance."[91] Happiness, prosperity and the forgiveness of sins are not within the power of spirits, but they only come from the Lord of Heaven. Nowadays people try to appease the spiritual beings, hoping to obtain their favour, but this is not the way to find what they seek. "To remain at a distance" is the same as saying: "Those who have sinned against Heaven, have no longer a place to pray";[92] how can you interpret "to remain at a distance" in the sense of their non-existence, attributing Confucius with the false charge of denying the reality of spiritual beings, and thereby deceiving people ?

夫鬼神非物之分，乃無形別物之類。其本職惟以天主之命司造化之事，無柄世之專權。故仲尼曰：「敬鬼神而遠之。」[93]彼福祿[94]、免罪，非

---

88 參見亞里士多德《論呼吸》。

89 See *STh*, I, 50, 5.

90 See *STh*, I, 112, 1.

91 *Analects*, V, 20.

92 *Analects*, III, XIII, 2.

93 見《論語‧雍也》：「務民之義，敬鬼神而遠之，可謂知矣。」

94 福祿，FJ 本作「降幅」。

鬼神所能，由天主耳。而時人諂瀆，欲自此得之，則非其得之之道也。夫「遠之」意與「獲罪乎天，無所禱」[95]同，豈可以「遠之」解「無之」，而陷仲尼於無鬼神之惑哉？

Gli esseri spirituali non sono materiali, e appartengono al genere delle sostanze immateriali.[96] Il loro principale dovere è quello di compiere la volontà del Signore del Cielo, cioè di sovrintendere la creazione;[97] essi non hanno il potere assoluto di governare il mondo. Perciò Confucio dice: "rispettare gli spiriti, ma allontanarsi da essi"[98] La felicità, la prosperità e il perdono dei peccati non sono in potere degli spiriti, ma provengono unicamente dal Signore del Cielo. Al giorno d'oggi gli uomini cercano di ingraziarsi gli esseri spirituali sperando di ottenerne il favore, ma non è questa la via per trovare ciò che cercano. "Allontanarsi da essi" equivale a dire: "chi ha peccato contro il Cielo, non ha più un luogo dove poter pregare";[99] come si può interpretare "allontanarsi da essi" nel senso di una loro inesistenza, muovendo a Confucio la falsa accusa di negare gli esseri spirituali, e di ingannare così le persone ?

207.

The Chinese Scholar says: Our ancient scholars clearly knew that the nature of heaven, earth, and the ten thousand beings is good, and that all things have a great and immutable principle. Whether things are large or small, their nature is only one; it is possible, therefore, to say that the Lord of Heaven, the Supreme Ruler, is within all beings and forms a unity with all beings, in order to urge people not to do evil, thereby staining His goodness, not to violate righteousness, thus offending their own reason, not to harm things, thus insulting the Supreme Sovereign who dwells in their hearts. Our ancient scholars also said that, although man and things deteriorate and die, their nature is not destroyed

---

95 見《論語・八佾》：「王孫賈問曰：『與其媚於奧，寧媚於灶，何謂也？』子曰：『不然。獲罪於天，無所禱也。』」利瑪竇把《論語》的兩個段落混合在一起。雖然「遠之」不等於「無之」，但也不等於「敬之」，如同利瑪竇所說。

96 Cf. *STh*, I, 50, 5.

97 Cf. *STh*, I, 112, 1.

98 *Dialoghi*, V, 20.

99 *Dialoghi*, III, XIII, 2.

but returns to the Lord of Heaven. This is a way of saying that the human soul is immortal; but perhaps it does not correspond to your teaching about the Lord of Heaven.

中士曰；吾古之儒者，明察天地萬物，本性皆善，俱有宏理，不可更易，以為物有巨微，其性一體，則曰天主上帝[100]，即在各物之內，而與物為一，故勸人勿為惡以玷己之本善焉，勿違義以犯己之本理焉，勿害物[101]以侮其內心之上帝[102]焉。又曰人物壞喪，不滅本性，而化歸於天主，此亦人魂不滅之謂，但恐於先生所論天主者不合。[103]

Il Letterato Cinese dice: I nostri antichi letterati sapevano chiaramente che la natura del cielo, della terra e dei diecimila esseri è buona, e che tutte le cose hanno un grande e immutabile Principio. Siano grandi o piccole, la natura delle cose è una sola; perciò si può dire che il Signore del Cielo, il Sovrano Supremo, è in ogni essere e forma unità con tutti gli esseri, per esortare gli uomini a non fare il male macchiando la propria bontà, a non violare la rettitudine offendendo la propria ragione, a non portare danno alle cose insultando il Sovrano Supremo che abita nei loro cuori. I nostri antichi letterati dicevano anche che, malgrado gli uomini e le cose diventino cattivi e poi muoiano, la loro natura non viene distrutta bensì ritorna al Signore del Cielo. Questo è un modo per dire che l'anima umana è immortale; forse però non corrisponde al Suo insegnamento riguardo al Signore del Cielo.

208.

The Western Scholar replies: The error that you have just expressed is greater than any I have previously heard; how would I dare to agree ? I do not venture to diminish the dignity of my Supreme Sovereign in this way. In the classical texts of the Lord of Heaven it is written that He created heaven and earth, and all spirits too; and the greatest among them, Lucifer who, aware of his

---

100 天主上帝，FJ 本作「天地主宰」。

101 害物，傷害萬物，語出《世說新語・政事第三》：「德以居全為稱，仁以不害物為名。」

102 上帝，FJ 本作「主宰」。

103 其實，這不是「古之儒」的觀念，而是宋明理學「物物各具一太極」的觀念。

intelligence, arrogantly said: "I am the equal of the Lord of Heaven."[104] Filled with anger, the Lord of Heaven turned him, and tens of thousands of spirits who followed him, into demons, casting them into Hell. From then on, to heaven and earth were added devils and Hell.[105] To claim that what is created is equal to the Creator is to use the arrogant words of the Devil Lucifer; who would dare to speak in this manner ?

西士曰：茲語之謬，比前所聞者愈甚，曷敢合之乎？吾不敢以此簡吾上帝之尊也。天主經有傳：昔者天主化生天地，即化生諸神之彙，其間有一鉅神，名謂輅齊拂兒，其視己如是靈明，便傲然曰：「吾可謂與天主同等矣」[106]。天主怒而並其從者數萬神變為魔鬼，降置之於地獄。自是天地間始有魔鬼，有地獄矣。夫語「物與造物者同」，乃輅齊拂兒鬼傲語，孰敢述之歟？[107]

Il Letterato Occidentale replica: L'errore che Lei ha appena espresso è il più grande di tutti gli altri da me uditi in precedenza; come potrei osare essere d'accordo ? Non ardisco sminuire la dignità del mio Sovrano Supremo in questo modo. Nei testi classici del Signore del Cielo è scritto che Egli creò il cielo e la terra, cioè anche tutti gli spiriti; e con loro il più grande, Lucifero. Questi, consapevole della propria intelligenza, esclamò in modo arrogante: "sono uguale al Signore del Cielo"[108] Pieno d'ira, il Signore del Cielo mutò lui e decine di migliaia di spiriti che lo avevano seguito in demòni, cacciandoli agli inferi. Da quel momento in poi, al cielo e alla terra si aggiunsero i diavoli e l'inferno.[109]

---

104 See *Is* 14:11-15.

105 See *Gn* 3:4; *Ap* 20:10; *STh*, I, 63, 4.

106 參見《創世紀》三 5：「因為天主知道，你們那天吃了這果子，你們的眼就會開了，將如同天主一樣知道善惡。」對利瑪竇而言，泛神論使人與天主同等，這是對天主最大的冒犯。在 17 世紀，中國思想（即宋明理學及中國佛教）的泛神論形象傳到歐洲，歐洲人將其跟斯賓諾莎主義連接起來。

107 參見《若望默示錄》二十 10：「迷惑他們的魔鬼，也被投入那烈火與硫磺的坑中，就是那獸和那位假先知所在的地方；他們必要日夜受苦，至於無窮之世。」另見《天主實錄》：「間有一位總管天人，名曰：『嚕只咈囉』，甚是聰明美貌，尤異於眾天人。乃告管下眾天人曰：『吾得掌握乾坤人物，而與天主同品。』間有天人應之曰：『然。』天主知這天人驕慢犯分，並與眾天人逐出天庭之下而為魔鬼。是以魔鬼常恨乎天主也。」（第 33 頁）

108 Cf. *Is* 14,11-15.

109 Cf. *Gn* 3,4; *Ap* 20,10; *STh*, I, 63, 4.

Affermare che il creato è pari al Creatore equivale a usare le arroganti parole del diavolo Lucifero; chi oserebbe parlare in questo modo ?

209.

Because Buddha's deceitful writings have not been banned, people have unknowingly become infected with his poisonous words. Is it perhaps mentioned, in the teachings of the Duke of Zhou and Confucius or in the ancient writings of your noble country, of someone who intends to show disrespect for the sovereign and claims to be like him ? If an ordinary citizen were to declare that he is equal to the emperor, could he avoid being considered guilty ? And if people in this world are not allowed to compare themselves recklessly with the kings of the earth, how can they regard themselves as equal to the Heavenly Supreme Ruler ? People say to each other: "You are you and I am myself;" but now an insect in a ditch says to the Supreme Ruler: "You are I and I am you." Is this is not an extreme opposition to the truth ?

世人不禁佛氏誆經，不覺染其毒語。[110]周公仲尼之論、貴邦古經書，孰有狎後帝[111]而與之一者？設恒民中有一匹夫，自稱與天子同尊，其能免乎？地上民不可妄比肩地上君，而可同天上帝[112]乎？人之稱人謂曰：「爾為爾，我為我」；而今凡溝壑昆虫與上帝[113]曰：「爾為我，我為爾」，豈不謂極抗大悖乎哉？

Poiché i menzogneri scritti del Buddha non sono stati banditi, ci si è trovati inconsapevolmente contaminati dalle sue parole velenose. Si trova forse citato negli insegnamenti del duca di Zhou e di Confucio, o negli antichi testi del Suo nobile paese, qualcuno che intenda mostrare poco rispetto per il sovrano e sostenere di essere pari a lui ? Se un normale cittadino si dichiarasse pari all'imperatore, potrebbe evitare di essere considerato colpevole ? E se agli

---

110 對利瑪竇而言，「太極」概念來源於佛教：「因為佛教的主張或原理，乃是認為天地萬物之根源與人的本質是一樣的。儒家的學者們漸漸也有接受了這種主張」（《中國傳教史》，第 316 頁）。

111 後帝，FJ 本作「主宰」。

112 上帝，FJ 本作「上主」。

113 上帝，FJ 本作「上主」。

uomini di questo mondo non è consentito paragonarsi avventatamente ai re della terra, com'è possibile che si ritengano uguali al celeste Sovrano Supremo ? Le persone dicono tra di loro: "tu sei te, e io sono me stesso"; ma ora un insetto in un fosso dice al Sovrano Supremo: "tu sei me, e io sono te" Non è questa un'estrema opposizione alla verità ?

210.

The Chinese Scholar says: The Buddha is not inferior to the Supreme Ruler. He gives great value to man, and esteems his virtue; there is much to learn from him. The goodness of the Supreme Ruler is undoubtedly great, but we humans also have great virtues; the Supreme Ruler certainly has an infinite power, but man's mind and heart are able to deal with the ten thousand beings. Let us look at the saints of the past: they were able to regulate the vital energy, to develop projects, to establish doctrines, to express moral teachings, to invent the tilling of the land and the weaving of clothes for the nurture of the people, to build ships and carriages, to amass wealth and transport goods for the benefit of mankind. They laid a good foundation, handing down a magnificent and immutable plan to the successive ten thousand generations, so that the world might long enjoy peace and serenity. I have never heard that the Supreme Ruler despised these saints and established everything by Himself, to the point of exercising directly an absolute control. That being the case, even the Supreme Ruler has no way of transcending human virtues and ability. Who said that the creation of heaven and earth is the work of the Lord of Heaven alone ?

中士曰：佛氏無遜於上帝[114]也。其貴人身，尊人德，有可取也。上帝[115]之德固厚，而吾人亦具有至德；上帝[116]固具無量能，而吾人心亦能應萬事。試觀先聖調元開物，立教明倫，養民以耕鑿機杼，利民以舟車財貨，其肇基經世，垂萬世不易之鴻猷，而天下永賴以安，未聞蔑先聖，而上帝[117]自作自樹，以臻至治。由是論之，人之德能，雖上帝[118]罔或踰焉。

---

114 上帝，FJ 本作「上主」。
115 上帝，FJ 本作「天主」。
116 上帝，FJ 本作「天主」。
117 上帝，FJ 本作「天主」。

詎云創造天地，獨天主能乎？

Il Letterato Cinese dice: Il Buddha non è inferiore al Sovrano Supremo. Dà grande valore all'uomo, e stima la sua virtù; c'è molto da imparare da lui. La bontà del Sovrano Supremo è indubbiamente grande, ma anche noi uomini abbiamo grandi virtù; il Sovrano Supremo ha certamente un potere infinito, ma la mente e il cuore dell'uomo sono in grado di confrontarsi con i diecimila esseri. Osserviamo i santi del passato: seppero regolare l'energia vitale, svilupparono progetti, stabilirono dottrine, espressero insegnamenti morali, inventarono la coltivazione della terra e la tessitura dei vestiti per nutrire i popoli, costruirono navi e carri, ammassarono ricchezze e trasportarono merci a beneficio degli uomini. Essi posero buone fondamenta, tramandando un piano grandioso e immutabile alle diecimila generazioni successive, affinché il mondo potesse godere a lungo di pace e di serenità. Non ho mai sentito dire che il Sovrano Supremo disprezzasse questi santi e stabilisse da solo ogni cosa, fino al punto di esercitare direttamente il controllo assoluto. Stando così le cose, persino il Sovrano Supremo non ha modo di trascendere le virtù e l'abilità umana. Chi ha detto che la creazione del cielo e della terra sia opera solamente del Signore del Cielo ?

211.

Because the man of this world does not understand the wonders of the mind and heart, he says that they are bound to the body. Contemplating their greatness, the Buddha was unwilling to accept such a limit and said: "It is the body, together with heaven and earth and the ten thousand beings, to be contained in the heart." Only the mind and heart are free to go wherever they wish, to ascend to any height, to embrace everything no matter what its size, to penetrate it despite its smallness, to cross it regardless of its hardness. Thus, anyone with a foundation of knowledge should know that the heart, no bigger than a square *cun*, is indwelt by the Lord of Heaven. If the heart were not the Lord of Heaven Himself, how could this happen ?

---

118 上帝，FJ 本作「天主」。

世不達己心之妙，而曰心局身界[119]之內。佛氏見其大，不肯自屈，則謂是身也，與天地萬物咸蘊乎心。是心無遠不逮，無高不升，無廣不括，無細不入，無堅不度，故具識根者，宜知方寸間儼居天主。非天主，寧如是耶？[120]

Poiché l'uomo di questo mondo non comprende le meraviglie della mente e del cuore, dice che questi sono vincolati al corpo. Contemplando la loro grandezza, il Buddha non volle accettare un limite del genere e affermò: "è il corpo, insieme al cielo e alla terra e ai diecimila esseri, ad essere contenuto nel cuore" Solo la mente e il cuore sono liberi di andare dove vogliono, di ascendere a qualsiasi altezza, di abbracciare ogni cosa indipendentemente dalle sue dimensioni, di penetrarla nonostante la sua piccolezza, di attraversarla malgrado la sua durezza. Perciò chiunque abbia un fondamento di conoscenza deve sapere che il cuore, non più grande di un *cun* quadrato, è abitato dal Signore del Cielo. Se il cuore non fosse il medesimo Signore del Cielo, ciò come potrebbe avvenire ?

212.

The Western Scholar replies: The Buddha failed to understand himself, how could he have understood the Lord of Heaven ? He, in his smallness, was illuminated by the light of the Lord of Heaven; but, possessing talent and ability, became conceited and arrogant, and compared himself to Him without restraint. Is this the way to enhance our dignity or to honour our virtues ? Rather is it to belittle man, and to cause him to lose them. Pride is the enemy of all virtues,

---

119 身界，佛教語，謂能覺觸之根，名為身界。（《三藏法數》明一如等撰）

120 「識根」是佛教的術語。陽明學派也用這一術語，見王龍溪（1498～1583）
《意識解‧語錄》。中士表達出唯識宗的立場，即「萬法唯心」。不過，佛教
的目的並不是要讚揚自己的心，而是要斷絕心的所有執著。在《天主教傳入
中國史》，利瑪竇記錄了洪恩在南京說過的類似的話：「宇宙中有一位主宰及
創始者，但並不是怎樣偉大的東西，因而每個人都與他相等，沒有不如他的
地方」（第314頁）。利瑪竇認為這番話冒犯了天主，他需要說明人與天主之
間的明顯區分：人們對人性善有爭論，不過沒有人懷疑天主是全善。如利瑪
竇所述：「誰也不懷疑天地之主是非常善的；如果人性有問題，以致使人產生
人性是善還是是惡的疑問，則三淮〔洪恩〕先生方才怎麼能說人性與天地之
主的性是一樣的呢？」（《中國傳教史》，第316頁）。

because when it is present in the heart all our conduct is corrupted.

　　西士曰：佛氏未知己，奚知天主？彼以眇眇躬受明於天主，偶蓄一材、飭一行，矜誇傲睨，肆然比附於天主之尊，是豈貴吾人身、尊吾人德？乃適以賤人喪德耳。傲者，諸德之敵也，一養傲於心，百行皆敗焉。[121]

Il Letterato Occidentale replica: Il Buddha non ha capito se stesso, come potrebbe comprendere il Signore del Cielo ? Egli, nel suo piccolo, è stato illuminato dalla luce del Signore del Cielo ; ma avendo talento e capacità è divenuto presuntuoso e arrogante, e senza ritegno si è paragonato a Lui. È questo il modo di esaltare la nostra dignità o di onorare le nostre virtù ? Piuttosto, è uno sminuire l'uomo e far sì che egli le perda. La superbia è nemica di tutte le virtù, perché nel momento in cui è presente nel cuore tutto il nostro agire ne viene corrotto.

213.

　　A Western saint once said: "If the heart is devoid of humility, any attempt to cultivate virtue is as impossible as amassing sand against the wind."[122] Saints think highly of humility; if one does not stoop to the Lord of Heaven, how could one stoop to man ? The difference between a proud person and a prudent and discreet saint, who stands in awe of Heaven, places himself after anyone else, and does not boast of his knowledge, is as large as the distance between the sky and the ocean depths, as the difference between water and fire. A saint does not dare regard himself as a saint ; how could a common man compare himself to the Lord of Heaven ?

　　西士聖人有曰：「心無謙而積德，如對風堆沙。」[123]聖人崇謙讓。天主之弗讓，如遜人何哉？其視聖人，翼翼乾乾，畏天[124]明威，身後天下[125]，

---

121 龐迪我的《七克》中將傲列為罪首，《神學大全》中亦將傲列為百罪之根。

122 Gregorius Magnus, *In Evangelia*, I, 7, 4.

123 聖大額我略（Gregorius Magnus）《關於福音書的講道》（Evangelia）：「除非謙虛，你所積累的道德不過是風吹走的塵。」（Qui enim sine humilitate virtutes congregat, in ventum pulverem portat）

124 畏天，FJ 本作「敬畏」。

125 身後，語出老子《道德經》：「是以聖人欲上人，必以言下之；欲先人，必以身

不有[126]其知，殆天淵而水火矣。聖人不敢居聖，而令恒人[127]擬天主乎？[128]

Un santo occidentale ha detto: "Se il cuore è privo di umiltà, ogni tentativo di coltivare la virtù è impossibile come ammassare sabbia controvento"[129] I santi stimano l'umiltà; chi non si abbassa davanti al Signore del Cielo come potrebbe abbassarsi davanti agli uomini ? La differenza tra una persona superba e un santo prudente e discreto, timorato del Cielo, che pone se stesso al di sotto di chiunque altro e non si vanta della propria conoscenza, è grande come la distanza tra il cielo e le profondità dell'oceano, come la differenza tra l'acqua e il fuoco. Un santo non osa considerarsi santo; un uomo comune come potrebbe paragonarsi al Signore del Cielo ?

214.

Virtue is founded on self-improvement, and its fulfillment is at the service of the Supreme Ruler. Thus, the virtue proper to the Zhou dynasty considered, beyond all doubt, the service of the Supreme Ruler as its prime duty. Now, to say that the One who rightly deserves our honour and service is equal to us, is it not utterly preposterous ?

夫德基於修身，成於事上帝[130]。周之德，必以事上帝為務，[131]今以所當凜然敬事者，而曰「吾與同焉」，悖何甚乎？

La virtù si basa sul perfezionamento di se stessi, e il suo compimento è a servizio del Sovrano Supremo. Così, la virtù propria alla dinastia Zhou riteneva, al di là di ogni dubbio, che il suo compito principale fosse porsi a servizio del Sovrano Supremo. Ora, considerare Colui che giustamente merita il nostro onore e servizio come fosse pari a noi non è assurdo in modo estremo ?

後之。」身後天下，乃指居下流而上達，此處極言謙遜。

126 有，FJ 本作「任」。

127 恒人，常人，一般的人。《史記‧田敬仲完世家》：「太史敫女奇法章狀貌，以為非恒人。」

128 除了佛教之外，利瑪竇也針對陽明學派，因為他們把「心」絕對化，與理學不同，不重視「畏天命」。

129 Gregorio Magno, *In Evangelia*, I, 7, 4.

130 事上帝，FJ 本作「昭事」。

131 周之德，必以事上帝為務，FJ 本作「故周家之德，必以昭事為務」。

215.

As for the ability to create, man produces things only using materials created by the Lord of Heaven; he cannot create anything which does not already exist. Let us take, for example, the manufacturing of implements: the blacksmith uses metal and the carpenter uses timber, but both the metal and the timber are already in existence. Who, among people, can create raw materials where they do not already exist ? A person can educate others because they are endowed with human nature, capable of being instructed; he cannot create the human nature out of nothing, and give it as a gift to those who are devoid of it.

至於裁成庶物，蓋因天主已形之物而順材以成之，非先自無物而能創之也。如製器然，陶者以金，斲者以木，然而金木之體先備也。[132]無體而使之有體，人孰能之？人之成人，循其性而教之，非人本無性，而能使之有性也。

Per quel che riguarda la capacità di creare, l'uomo produce cose solo servendosi di materiale creato dal Signore del Cielo; non può creare nulla che già non esista. Prendiamo ad esempio la produzione dei manufatti: il fabbro usa il metallo e il carpentiere usa il legno, ma sia il metallo sia il legno sono materiali già esistenti. Chi, tra gli uomini, può creare materie prime laddove esse non esistono ? Un uomo può educarne altri perché dotati della natura umana, capace di essere istruita; non può creare dal nulla la natura umana, e donarla a coloro che non la posseggono.

216.

As for creation by the Lord of Heaven He, instead, has given existence to what did not exist before; with one word He created all things. He is therefore called omnipotent, quite different from man. Besides, the creation of all things by the Lord of Heaven is like the impression of a crimson seal on paper or silk; it cannot be used to seal anything else, because it is only an imprint. Thus, man's reason is an imprint of the Lord of Heaven; is it not absurd to consider it as the

---

132 阿奎那提到了匠人的比喻，見 *ST* Ia, q.45, a.2：「工匠由自然物來工作，如同由木材與銅，這些自然物並不是由工藝的行為所產生的，而是產生於自然的行動。」（《神學大全》第二冊第 13 頁）

original seal, and to try to impress it on other things ?

若夫天主造物，則以無而為有，一令而萬象即出焉[133]。故曰無量能也，於人大殊矣。且天主之造物也，如硃印之印楮帛[134]，楮帛之印，非可執之為印，斯乃印之蹟耳。人物之理皆天主蹟也，使欲當之原印，而復以印諸物，不亦謬乎？[135]

Per quel che riguarda la creazione da parte del Signore del Cielo, invece, Egli ha dato l'essere a ciò che prima non esisteva; con una sola parola ha creato tutte le cose. Perciò Egli è detto onnipotente, ed è ben diverso dagli uomini. Inoltre, la creazione di tutte le cose da parte del Signore del Cielo è stata come l'impressione di un sigillo cremisi sulla carta o sulla seta; non può essere usata per sigillare nient'altro, perché è soltanto un'impronta. Così, la ragione dell'uomo è un'impronta del Signore del Cielo; non è assurdo considerarla come il sigillo originale, e cercare di imprimerla sulle altre cose ?

217.

The fact that the mind and heart of the wise person can embrace heaven, earth and the ten thousand beings does not mean that heaven, earth and the ten thousand beings are actually contained in his mind and heart. It is only because of raising one's head and stooping to search for them, observing their manifestations, that one can seek their origins and understand their principles, in order to put them into practice; if the eyes did not see anything, the mind and heart would not receive any impression. For example: a pool of pure, still water or a clean and bright mirror can reflect the ten thousand beings; but can one say that the bright mirror or the pure water create heaven and earth, since they reflect them ?

智者之心，含天地，具萬物，非真天地萬物之體也。惟仰觀俯察[136]，

---

133 即出焉三字不清，據 FJ 本補。

134 楮帛，chǔ 舊俗祭祀時焚化的紙錢。

135 跟著奧古斯丁，阿奎那也區分天主在人上與在其他東西上的印跡。見 *ST* Ia, q.93, a.6：「在每種受造物上都多少有與天主的相似，只有在理性或有靈的受造物身上的相似，是以肖像的方式，在其他受造物上是以痕跡的方式。」（《神學大全》第三冊，第 266 頁）

136 見《周易‧繫辭上》：「仰以觀於天文，俯以察於地理，是故知幽明之故。」

鑑其形而達其理，求其本而遂其用耳。故目所未覩，則心不得有其像。若止水、若明鏡影諸萬物，乃謂明鏡、止水均有天地，即能造作之，豈可乎？[137]

La mente e il cuore dei sapienti possono abbracciare il cielo, la terra e i diecimila esseri, ma ciò non significa che il cielo, la terra e i diecimila esseri siano realmente contenuti nella mente e nel cuore. È solo perché si alza il capo per osservare le cose e lo si china per scrutarle, osservando le loro manifestazioni, che se ne possono ricercare le origini e comprendere i princìpi al fine di metterli in pratica; se gli occhi non vedessero nulla, la mente e il cuore non riceverebbero alcuna impressione. Ad esempio: una pozza di acqua pura e immobile, o uno specchio pulito e brillante, possono riflettere i diecimila esseri; ma si può forse dire che uno specchio luminoso o l'acqua pura creano il cielo e la terra, dal momento che li riflettono ?

218.

Words must accord with facts so as to be believed. The Lord of Heaven is the origin of the ten thousand beings, and can generate them. If man were equal to Him, he would be able to produce all things; but what man can produce a mountain or a river here, in this place ?

必言顧行[138]乃可信焉。天主，萬物之原，能生萬物。若人即與之同，當亦能生之，然誰人能生一山一川於此乎？

Le parole devono accordarsi con le azioni per poter esser credute. Il Signore del Cielo è l'origine dei diecimila esseri, e può generarli. Se l'uomo fosse pari a Lui, dovrebbe essere in grado di produrre tutte le cose; ma quale

---

137 影諸萬物的止水或明鏡，這樣的比喻與佛教有關，也與基督宗教的靈秀文學有關。在《天主教傳入中國史》中，利瑪竇記錄了他在南京跟洪恩的類似的對話：「在鏡子裏也有太陽和月亮的形象，只要使之面對這些東西；但是沒有人愚笨到說，鏡子製造了太陽月亮」（《中國傳教史》，第 315 頁）。對佛教而言，明鏡表示心與萬法的融合。相反，對利瑪竇而言，明鏡表示本質與所認識的相之間的距離。利瑪竇針對佛教的批評不是很恰當，因為人心不應該發出任何念頭，也不應該產生一個世界。

138 《中庸》：「庸德之行，庸言之謹；有所不足，不敢不勉，有餘不敢盡；言顧行，行顧言，君子胡不慥慥爾！」

uomo può produrre qui, in questo luogo, una montagna o un fiume ?

219.

The Chinese Scholar says: The so-called Lord of Heaven, the Creator of heaven and earth, who is in Heaven and causes the ten thousand things to exist and nourishes them, is what the Buddha called the Self.[139] From ancient to modern times the Self has always existed, because it is essentially one. But because of the Four Passions[140] man is sunk in darkness, and his condition has changed accordingly. Day by day his vital force has been reduced, his springs of virtue have weakened, and the Self and the Lord of Heaven have decayed together. Thus, the fact that we cannot create and nurture things is not a true indication of our original capabilities; our present state is due to a process of decay. The refulgent pearl is obscured by filth, it no longer shines and its value has decreased. One must rediscover its original state before one can know its true identity.

中士曰：所云生天地之天主者，與存養萬物天上之天主者，佛氏所云「我」也。古與今，上與下，「我」無間焉，蓋全一體也。[141]第緣四大沉淪昧晦[142]，而情隨事移[143]，真元日鑿，德機日弛，而「吾」、天主並溺也；則吾之不能造養物，非本也[144]，其流使然耳。夜光之珠，以蒙垢而損厥值，追究其初體[145]，方[146]可為知也。[147]

Il Letterato Cinese dice: Il cosiddetto Signore del Cielo, creatore del cielo e

---

139 In this context the Self (吾 wú, literally "I" or "mine"), is the ātman, in the positive sense of Mahāyāna Buddhism; in particular, in the sense of *Tathagātagarbha Sūtra*.

140 The Four Basic Passions (四大 dì yuán sìdà) are: love, hate, anger, fear.

141 可以把「我」理解為「大我」，不過，這不一定包含一種本體論，如同中士所說。

142 「四大」指佛教所論的四個元素（地風水火），不過，宇宙墮落在物質中這種說法和佛教不一致。也許利瑪竇按照古代西方諾斯替主義來理解佛教。

143 語出《王陽明全集·靜心錄》：「及其所之既倦，意衡心鬱，情隨事移，則憂愁悲苦隨之而作。」

144 也字不清，據 FJ 本補。

145 體字不清，據 FJ 本補。

146 方，BC 本、底本作「昉」，FJ 本作「方」，據 FJ 本改。

147 中士要明說，隨著時間，人和神都在墮落。利瑪竇從本質主義的立場反駁這種觀念。

della terra, il quale è in Cielo e fa sussistere e nutre i diecimila esseri, è Colui che il Buddha ha chiamato il Sé.[148] Dai tempi antichi a quelli moderni il Sé è sempre esistito, perché è sostanzialmente uno. Ma a causa delle quattro passioni l'uomo è sprofondato nell'oscurità, e la sua condizione è mutata di conseguenza. Giorno dopo giorno la sua forza vitale si è ridotta, le sue fonti di virtù si sono indebolite, e il Sé e il Signore del Cielo sono decaduti insieme. Così, il fatto che noi non riusciamo a creare e a sostentare le cose non è una reale indicazione delle nostre capacità originarie; il nostro stato attuale è dovuto a un processo di decadenza. La perla luminosa è oscurata dalla sporcizia, non brilla più e il suo valore è diminuito. Bisogna riscoprirne lo stato originario prima di poterne conoscere la vera identità.

220.

The Western Scholar replies: Alas! What sadness that people should compete with each other to swallow such poison. Unless one was completely sunk in darkness, who would dare say that the origin of the ten thousand beings, the spirit of heaven and earth, has been obscured by things ? If man's virtue can be so resolute and pure that his character is not changed by persecution; if a material object can be so solid that its conditions are not altered despite its being moved; can He, who is supremely great and worthy of the highest honour, be disrupted and soiled by the human body ? So man would triumph over Heaven, and passion would conquer reason; spirit would become the slave of material things, and emotions would become the roots of human nature. Anyone capable of grasping the truth is able to understand that, even before receiving explanations. Moreover, how can anyone who deals with the Lord of Heaven transcend and circumscribe Him, keeping Him limited by the Four Passions and thus tarnished by them ?

西士曰：吁！咈哉！[149]有是毒唾，而世人競茹之，悲歟！非淪昧之

---

148 Il Sé (吾 wú, letteralmente "io" o "mio"), è qui l'ātman nel senso positivo del buddhismo mahāyāna; in particolare, come viene presentato nel *Tathāgatagarbha Sūtra*.

149 見《尚書・堯典》：「帝曰：『吁！咈哉！方命圮族。』」

極，孰敢謂萬物之原、天地之靈，為物淪昧乎哉？夫人德堅白[150]，尚不以磨涅變其真體；物用凝固，不以運動失其常度。至大無偶、至尊無上，乃以人生幻軀能累及而污惑之？是人斯勝天[151]，欲斯勝理[152]，神為形之役，情為性之根[153]。於識本末者，宜不喻而自解矣。且兩間之比，孰有踰於造物者，能圍之、陷之於四大之中，以昧溺之乎？

Il Letterato Occidentale replica: Ahimé! Quale tristezza che gli uomini gareggino l'uno con l'altro per inghiottire un simile veleno. A meno di non essere completamente ottenebrato, chi oserebbe dire che l'origine dei diecimila esseri, lo spirito del cielo e della terra, sia stato oscurato dalle cose ? Se la virtù dell'uomo può essere talmente risoluta e pura che il suo carattere non viene mutato dalle persecuzioni; se un oggetto materiale può essere talmente solido che le sue condizioni non vengono alterate, malgrado gli spostamenti; Egli, che è supremamente grande e degno di sommo onore, potrà essere perturbato e sporcato dal corpo umano ? In tal modo l'uomo trionferebbe sul Cielo, e la passione conquisterebbe la ragione; lo spirito si farebbe schiavo delle cose materiali, e le emozioni diventerebbero le radici della natura umana. Chiunque sia capace di comprendere la verità capisce questo da solo, anche prima di

---

150 堅白，語出《論語·陽貨》：「不曰堅乎，磨而不磷；不曰白乎，涅而不緇。」何晏集解引孔安國曰：「言至堅者磨之而不薄，至白者染之於涅而不黑。」謂君子雖在濁亂而不能污。後因以「堅白」形容志節堅貞，不可動搖。

151 人斯勝天，FJ 本作「愚反勝靈」。

152 理欲對舉，乃指天理人慾。語出《禮記·樂記》：「人化物也者，滅天理而窮人慾者也」，宋代理欲之辯異常激烈，程頤提出「存天理滅人慾」，理欲之辯到朱熹時，更為深入，朱熹說：「有個天理，便有個人慾。蓋緣這個天理須有個安頓處。才安頓得不恰好，便有人慾出來。人慾便也是天理裏面做出來。雖是人慾，人慾中自有天理」。又說：「天理人慾，正但於其交界處理會，不是兩個。」

153 性、情二範疇，亦是傳統哲學中的重要範疇。《易·乾》：「利貞者，性情也。」孔穎達疏：「性者，天生之質，正而不邪；情者，性之欲也。」同處唐代的李翱亦說「無性則情無所由生矣，是情由性而生，情不自情，因性而情；性不自性，因情以明。」（《復性書》）又說「性者，天之命也，聖人得之而不惑者也；情者，性之動也，百姓溺之而不能知其本者也」（《顏子好學論》）。朱熹進一步發揮，將《中庸》裏的未發已發思想運用於性情關係上，性為未發情為已發：「性情一物，其所以分，只為未發已發之不同耳。若不以未發已發分之，則何者為性，何者為情耶？」（《答何叔京》）並提出性體情用之說，直言「性是體，情是用」。

ricevere spiegazioni. E inoltre, confrontandosi con il Signore del Cielo, chi può trascenderLo e circoscriverLo, chi può far sì che venga limitato dalle quattro passioni fondamentali[154] e così possa esserne offuscato ?

221.

If the Lord of Heaven and the Self were one it would be impossible to distinguish what is clear from what is confused. For example: the spirit in the mind and the spirit in the heart are one, so that when man suffers or is disturbed the spirit in his mind is confused, as well as the spirit in his heart; it is impossible for the one to be befuddled and for the other to be lucid. But the present confusion of my mind and heart cannot disturb the clarity of the eternal Lord of Heaven, and His eternal clarity does not eliminate the confusion of my mind and heart; is this not enough to prove that the Self and the Lord of Heaven are not the same ?

夫天上之天主，於我既共一體，則二之澄澈、混淆無異焉。譬如首上靈神[155]，於心內靈神同為一體也，故適痛楚之遭、變故之值，首之神混淆，心之神鈞混淆焉，必不得一亂一治之矣。今吾心之亂，固不能混天上天主之永攸澄澈；彼永攸澄澈，又不免我心之混淆，則吾於天主非共為一體，豈不驗乎？[156]

Se il Signore del Cielo e il Sé fossero una cosa sola sarebbe impossibile distinguere ciò che è chiaro da ciò che è confuso. Ad esempio: lo spirito della mente e quello del cuore sono una cosa sola, cosicché quando l'uomo soffre o è disturbato lo spirito della mente si sente confuso, così come quello del cuore; è impossibile che l'uno avverta confusione e l'altro chiarezza. Ma la confusione

---

154 Le quattro passioni fondamentali (第緣四大 dì yuán sìdà) sono: amore, odio, ira, paura.

155 靈神：1. 猶神靈，傳統中便有「巨靈神」之稱，在《西遊記》《水滸傳》中多次出現。2. 指人的神，與形相對。3. 佛教又嘗以之稱人死後的存在，《四十二章經》「次為阿那含，阿那含者，壽終，靈神上十九天，證阿羅漢」。在此利瑪竇用以指人之靈魂。

156 利瑪竇說明，與天主不同，人是不完美的，因此，兩者不能合一。利瑪竇跟洪恩用了同樣的說法：「太陽是明亮的，不能是黑暗的，因為太陽是本性就是明亮」《利瑪竇中國傳教史》，第 316 頁。也參見 211 的注釋。

attuale della mia mente e del mio cuore non può turbare la chiarezza eterna del Signore del Cielo, e la Sua chiarezza eterna non elimina la confusione della mia mente e del mio cuore; tutto ciò non basta a provare che il Sé e il Signore del Cielo non coincidono ?

222.

To claim that the Lord of Heaven is identical to all beings, in the sense that all beings are made from Him, and that outside of Him nothing exists; or in the sense that the Lord of Heaven is within all beings, as an inner part of them; or to claim that all beings are there for the Lord of Heaven just as tools are there for the craftsmen – all these expressions distort the truth, and I will now show you why.

夫曰天主與物同：或謂天主即是其物，而外無他物；或謂其在物，而為內分之一；或謂物為天主所使用，如械器為匠之所使用。此三言皆傷理者，吾逐一[157]辯之也。[158]

Affermare che il Signore del Cielo sia identico agli esseri, nel senso che gli esseri sono costituiti da Lui, e che al di fuori di Lui nulla esiste; o nel senso che il Signore del Cielo si trova negli esseri, come una loro parte interna; o che gli esseri sono per il Signore del Cielo ciò che gli attrezzi sono per l'artigiano – tutte queste espressioni distorcono la verità, e ne mostrerò ordinatamente le ragioni.

223.

If you say that the Lord of Heaven is identical to all beings, then, although there are ten thousand of them in the universe, there should only exist one nature; but if there were only one nature, there could not exist ten thousand beings. So, are you not creating confusion between the principles of things ? Besides, all beings seek self-preservation and are not willing to harm

---

157 逐一，BC 本、底本作「逐逐」，FJ 本作「逐一」，據 FJ 本改。

158 從之，利瑪竇要反駁三種泛神論：整個宇宙是神（223～224）；每個事物中有神（225～227）；神決定一切事物的行動（228～229）。這個三個論點是按照范禮安《要理書》（18～20v 頁）。

themselves; however, looking at things under heaven, I find instead that they harm and destroy each other. For example: water extinguishes fire, fire burns wood, big fish eat little fish, strong beasts devour weak beasts. If the Lord of Heaven were one with all things, would this not mean that He harms himself and refrains from protecting Himself ? But there is no reason that the Lord of Heaven should harm himself.

其云天主即是各物，則宇宙之間雖有萬物，當無二性；既無二性，是無萬物，豈不混殽物理？況物有常情，皆欲自全，無欲自害。吾視天下之物，固有相害相殄者，如水滅火，火焚木，大魚食小魚，強禽吞弱禽，既天主即是各物，豈天主自為戕害，而不及一存護乎？然天主無可戕害之理。

Se Lei dice che il Signore del Cielo è identico agli esseri, malgrado nell'universo ce ne siano diecimila dovrebbe esistere una sola natura; ma se ci fosse una sola natura non potrebbero esistere diecimila esseri. In tal modo, non si crea forse confusione tra i princìpi delle cose ? Inoltre, tutti gli esseri vogliono conservarsi e non fare danno a se stessi; tuttavia, osservando le cose sotto il Cielo, trovo invece che si feriscono e si distruggono reciprocamente. Ad esempio: l'acqua estingue il fuoco, il fuoco brucia il legno, il pesce grande mangia quello piccolo, le bestie forti divorano quelle deboli. Se il Signore del Cielo fosse tutte le cose, forse ciò non significherebbe che Egli danneggia se stesso e si astiene dal proteggersi ? Ma non c'è alcuna ragione perché il Signore del Cielo danneggi se stesso.

224.

According to this perspective my body would coincide with the Supreme Ruler; when offering sacrifices to the Supreme Ruler I would give them to myself. But there is no such rite as this! If what you state were true, the Lord of Heaven would be the same as wood, stones, and the like. Does this sound pleasing to the ear ?

從是說也，吾身即上帝[159]，吾祭上帝[160]，即自為祭耳，益無是禮也。

---

159 上帝，FJ 本作「吾主」。

果爾，則天主可謂木石等物，而人能耳順之乎？[161]

Secondo tale prospettiva il mio corpo coinciderebbe con il Sovrano Supremo; offrendo sacrifici al Sovrano Supremo li offrirei a me stesso. Ma non esiste alcun rito del genere! Se quel che Lei afferma fosse vero, il Signore del Cielo dovrebbe essere il legno, le pietre, e cose simili. Le sembra una cosa gradevole da sentire ?

225.

To say that the Lord of Heaven is inside beings, as an inner part of them, implies that He should be smaller than things: since the whole is greater than its parts. A *dou* is greater than one sheng, a *sheng* is only a tenth of a *dou*;[162] what is external embraces what is internal. If the Lord of Heaven is inside things and is a portion of them, then things are larger than the Lord of Heaven and He is smaller than things; is it possible for the origin of the ten thousand beings to be smaller than the beings that He has created ? How could such a thing be possible ?

其曰天主為物之內本分，則是天主微乎物矣。凡全者，皆其大於各[163]分者也。斗大於升，升乃斗十分之一耳。外者包乎內。若天主在物之內，為其本分，則物大於天主，而天主反小也。萬物之原乃小乎其所生之物，其然乎？豈其然乎？[164]

Dire che il Signore del Cielo è negli esseri, come una loro parte interna,

---

160 上帝，FJ 本作「吾主」。

161 耳順，出自《論語・為政》：「六十而耳順。」何晏集解引鄭玄曰：「耳順，聞其言而知其微旨也。」後遂以「耳順」為六十歲的代稱。此處利瑪竇當表示聞其言而欣悅之意，似屬誤用。第一種泛神論將一切看作聖神。利瑪竇認為這種汎神論迴歸到一元論，提出四個反駁：無法解釋天地萬物的多樣性（參見范禮安《要理書》，第 18 頁）；無法解釋宇宙內的破壞現象；崇拜一切等於崇拜自己；把神羞辱為物質。關於最後一點，參見《神學大全》第一集 7 題 1 節：「可是，天主是這一物而不是另一物，因為天主既不是石頭，也不是木頭。所以，依本質來說，天主不是無限的。」（第一冊，第 82 頁）

162 The 斗 dòu is a measure of volume (decalitre). One 斗 dòu equals to ten 升 shēng (litre).

163 各，底本作「名」，BC 本、FJ 本作「各」，據 BC 本、FJ 本改。

164 參見范禮安《要理書》，第 19 頁。

implica che Egli dovrebbe essere più piccolo delle cose: dal momento che il tutto è maggiore delle parti. Un *dou* è maggiore di uno *sheng*, uno *sheng* è solo un decimo di un *dou*;[165] ciò che è esterno abbraccia ciò che è interno. Se il Signore del Cielo è nelle cose ed è una porzione di esse, allora le cose sono più grandi del Signore del Cielo ed Egli è più piccolo; è possibile che l'origine dei diecimila esseri sia più piccola degli esseri che ha creato ? È mai possibile una cosa del genere ?

226.

Let me ask you: if the Lord of Heaven were merely an inner component of man, would He be lord or servant ? It is certainly not fitting that He should be a servant, and obey the commands of the other parts. On the other hand, if He is the lord who dominates the whole body, there should be no evil-doing man under heaven; how is it, then, that there are so many of them ? Since the Lord of Heaven is the source of all goodness, His virtue is perfect and unblemished. If He were the lord of the whole body, how could He be obscured by selfish end evil desires, and how could His virtue be so declined ?

且問天主在人內分，為尊主歟？為賤役歟？為賤役而聽他分之命，固不可也。如為尊主，而專握一身之柄，則天下宜無一人為惡者，何為惡者滋眾耶？天主為善之本根，德純無渣，既為一身之主，猶致蔽於私欲，恣為邪行，德何衰耶？

Mi permetta di chiederLe: se il Signore del Cielo fosse solo una parte interna dell'uomo, sarebbe signore o servo ? Non conviene certo che Egli sia servo, e che obbedisca ai comandi delle altre parti. D'altro canto, se Egli è il signore che domina tutto il corpo, non dovrebbe esistere alcun uomo sotto il cielo che commetta il male; come mai ce ne sono tanti ? Poiché il Signore del Cielo è l'origine di ogni bene, la Sua virtù è perfetta e senza macchia. Se Egli fosse il signore di tutto il corpo, come potrebbe essere oscurato da desideri egoistici e malvagi, e come potrebbe la Sua virtù essere così decaduta ?

---

165 Il 斗 dòu è una misura di volume (decalitro), pari a dieci 升 shēng (litro).

227.

When He created heaven and earth there was nothing out of order. Is there something which He does not regulate, now that He exercises control over the conduct of the body？He is also the source of all moral precepts；if these precepts are not observed, is it because He can do nothing about it？Does He not know？Does He not think？Does He not want？Not at all.

當其製作乾坤，無為不中節[166]，奚今司一身之行，乃有不中者？又為諸戒原，乃有不守戒者，不能乎？不識乎？不思乎？不肯乎？皆不可謂也。[167]

Quando Egli creò il cielo e la terra, non c'era nulla che non fosse ordinato. C'è qualcosa che non regola, ora che esercita il controllo sulla condotta del corpo？Egli è anche l'origine di tutti i precetti morali；se questi precetti non vengono osservati, è perché non può farci nulla？Non conosce？Non pensa？Non vuole？Niente affatto.

228.

To say that beings are like bodies, and that the Lord of Heaven makes use of them as a craftsman makes use of his tools, implies that He is absolutely not identifiable with things. A stonemason is not a chisel, a fisherman is not a net or a boat. If the Lord of Heaven is not the things He has created, how can He be said to coincide with them？Following this concept, beings would not need to take any responsibility for their actions, since all these are performed by the Lord of Heaven；just as the performance of tools refers to the person who uses them. One does not say that a spade ploughs the land, but that a farmer ploughs his field；one does not say that an axe chops wood, but that a woodcutter chops wood；one does not say that a saw cuts a plank, but that a carpenter cuts it.

其曰物如軀殼，天主使用之，若匠者使用其器械，則天主尤非其物

---

166 中節，合乎禮義法度。《禮記・中庸》：「喜怒哀樂之未發謂之中，發而皆中節謂之和。」

167 第二種泛神論將宇宙看作整體，這種泛神論認為每個原子是神。對利瑪竇而言，這一點邏輯上不能成立，而且在倫理上無法解釋惡的來源。范禮安也提出了這種泛神論在倫理方面造成的困惑，使「人們無法進行不正或不恰當的事情」（nihil non rectum et ordinatum possent homines efficere；《要理書》，19v 頁）。

矣。石匠非其鑿，漁者非其網、非其舟。天主非其物，何謂之同一體乎？循此辨焉，其說謂萬物行動，不繫於物，皆天主事。如械器之事，皆使械器者之功：夫不曰耜耒耕田，乃曰農夫耕之；不曰斧劈柴，乃曰樵夫劈之；不曰鋸斷板，乃曰梓人斷之。

Dire che gli esseri sono come corpi, e che il Signore del Cielo ne fa un uso analogo a quello che l'artigiano fa degli attrezzi, implica che Egli non si identifichi assolutamente con le cose. Uno scalpellino non è lo scalpello, un pescatore non è la rete o la barca. Se il Signore del Cielo non è le cose che ha creato, come si può dire che coincida con esse ? Seguendo tale concezione non sarebbe necessario che gli esseri si assumano la responsabilità delle proprie azioni, dal momento che queste sono compiute dal Signore del Cielo; così come le azioni compiute dagli attrezzi rimandano a colui che li utilizza. Non si dice che la vanga ara la terra, ma che il contadino ara il campo; non si dice che l'ascia spacca il legno, ma che il boscaiolo lo spacca; non si dice che la sega taglia la tavola, ma che il falegname la taglia.

229.

Therefore it would not be fire which burns, water which flows, birds which sing; it would not be beasts which walk, people who ride horses and travel in carriages: in all these cases it would be only the Lord of Heaven who acts. The petty man digs tunnels and climbs over walls, robs by force travellers in the wilds: such sins would not be imputable to him, for the Lord of Heaven would cause him to commit crime. Then why should one despise and blame such people, punishing them and putting them to death ? Likewise, if good deeds could not be attributed to the people who perform them, why should they be rewarded ? Nothing is more effective to bring confusion into the world than to believe such teachings.

則是火莫焚，水莫流，鳥莫鳴，獸莫走，人莫騎馬乘車，乃皆惟天主者也。小人穴壁踰牆，御旅[168]於野，非其罪，亦天主使之之罪乎？何以當

---

168 御旅一詞最早見於《荀子・榮辱第四》：「故或祿天下而不自以為多，或監門、御旅、抱關、擊柝而不自以為寡。」意指以武力制服旅人而奪其財貨，

惡怨其人，懲戮其人乎？為善之人，亦悉非其功，何為當賞之乎？亂天下者[169]，莫大於信是語矣。[170]

Quindi non sarebbe il fuoco a bruciare, l'acqua a scorrere, gli uccelli a cantare; non sarebbero le bestie a camminare, gli uomini a cavalcare e a prendere i carri: in tutti questi casi sarebbe solo il Signore del Cielo ad agire. L'uomo meschino scava gallerie e si arrampica sui muri, deruba con la forza i viandanti nelle zone disabitate: questi peccati non sarebbero suoi, poiché il Signore del Cielo lo spingerebbe a commetterli. Allora perché si dovrebbero disprezzare e biasimare tali persone, punendole e mettendole a morte ? Parimenti, se le opere buone non potessero essere attribuite a coloro che le compiono, perché tali uomini dovrebbero essere premiati ? Niente è più efficace nel portare confusione nel mondo che il credere a simili insegnamenti.

230.

If the Lord of Heaven is not a component of all things, when destroyed they do not return to Him but to their constituents. On the other hand, if the Lord of Heaven were a component of all things, when destroyed or dead they would return to Him; that could not be considered a real destruction, but a refinement. Who would not wish to die as soon as possible, so that he might be transformed and return to the Supreme Ruler ? Filial sons make resistant coffins for their parents; why do they not wish their parents to obtain an early transformation into the One who is supremely honoured ?

且凡物不以天主為本分，故散而不返歸於天主，惟歸其所結物類爾

《孟子・萬章下》亦有「今有禦人於國門之外者。」趙岐注：「禦人，以兵禦人而奪之貨。」

169 「亂天下」最早出自《呂氏春秋・仲春紀》：「辯而不當論，信而不當理，勇而不當義，法而不當務，惑而乘驥也，狂而操吳干將也，大亂天下者，必此四者也。」將混淆物類稱為亂天下，最早當為孟子，《孟子・滕文公上》「夫物之不齊，物之情也。或相倍蓰，或相什百，或相千萬。子比而同之，是亂天下也。

170 利瑪竇也從范禮安取得了這三個反駁論點。范禮安的例子很類似：「當瑪走，它被最初原則引導；當房子被燒，它被最初原則被燒；當一個人瘋狂，也是最初原則瘋狂」（第 20 頁）。這種泛神論把動作者與受動者之間的區分否定，使天主是唯一的發動者。這種理論否定人的責任。

矣。如物壞死而皆歸本分，則將返歸天主，不謂壞死，乃益生全，人亦誰不悅速死，以化歸上帝[171]乎？孝子為親厚[172]置棺槨，何不令考妣速化為上尊乎？[173]

Se il Signore del Cielo non fa parte delle cose, quando esse vengono distrutte non ritornano a Lui bensì ai loro elementi costitutivi. Se però il Signore del Cielo facesse parte delle cose, quando esse vengono distrutte o muoiono ritornerebbero a Lui; non si potrebbe considerare ciò come un'autentica distruzione, ma come un perfezionamento. Chi non vorrebbe morire il prima possibile, in modo da poter essere trasformato e ritornare al Sovrano Supremo ? I figli pietosi fanno costruire bare resistenti per i loro genitori; come mai non vogliono che i genitori defunti si trasformino velocemente in Colui che è sommamente onorato ?

231.

I have already proved that the Lord of Heaven is the creator and ruler of the ten thousand beings. His nature is most perfect, and cannot be measured by the nature of things; how could one say that beings are equal to Him ?

嘗證天主者，始萬物而製作之者也。其性渾全成就，物不及測，矧謂之同？

Ho già provato che il Signore del Cielo è il creatore e il reggitore dei diecimila esseri. La Sua natura è perfettissima, e non può essere commisurata a quella delle cose; come si potrebbe dire che gli esseri sono pari a Lui ?

232.

We know that the natures of all beings are good, that their principles are just, and that it is right to consider them as vestiges of the Lord of Heaven; but to say that they are the same as the Lord of Heaven is wrong. For example: when one sees large footprints on the road one infers that the feet of an adult

---

171 上帝，FJ 本作「上主」。

172 厚，FJ 本作「原」。

173 第三種泛神論將神看作一切的動力因。因此，這種決定論否定了人的自由和責任，破壞了人生的社會生活。

man have passed this way; but one cannot consider footprints equal to man. When one looks at a fine painting, one admires the painter and appreciate his outstanding mastery; but one cannot, for this reason, confuse the painter with the painting.

吾審各物之性善而理精者，謂天主之迹可也，謂之天主則謬矣。試如見大跡印於路，因驗大人之足，曾過於此，不至以其跡為大人。觀畫之精妙，慕其畫者，曰高手之工，而莫以是為即畫工。

Sappiamo che tutti gli esseri hanno nature buone, che i loro princìpi sono retti, e che è giusto considerarli vestigia del Signore del Cielo; ma dire che essi sono lo stesso Signore del Cielo è erroneo. Ad esempio: quando si vedono per strada grandi impronte di piedi si capisce che i piedi di un adulto sono passati per di là; ma non si possono considerare le impronte uguali all'uomo. Quando si guarda un bel quadro, si ammira il pittore e si apprezza la sua eccellente perizia; ma non si può per questo confondere il pittore con il quadro.

233.

The Lord of Heaven created the ten thousand beings. When we discover, from His vestiges, that the origin of all things is supremely good and right, we think of it with unceasing admiration. Is it not a great mistake to be bound to a deviated opinion, forgetting the true origin of creation?

天主生萬森之物，以我推徵其原，至精極盛，仰念愛慕，無時可釋。使或泥於偏說，忘其本原，豈不大誤？

Il Signore del Cielo ha creato i diecimila esseri. Quando scopriamo dalle Sue vestigia che l'origine di tutte le cose è supremamente buona e giusta, pensiamo ad essa con incessante ammirazione. Non è forse un grande errore rimanere legati a un'opinione deviata, dimenticando la vera origine della creazione?

234.

This misunderstanding is nothing but the inability to know the causes of beings. There is a kind of cause which is a constitutive part of things, such as the principles *Yin* and *Yang*; there is another kind which is external to them, such as the efficient causes; and so on. The Lord of Heaven, the Creator of all beings, is the universal efficient cause; therefore, He must transcend all things.

夫誤之原非他，由其不能辨乎物之所以然也。所以然者，有在物之內分，如陰陽是也；有在物之外分，如作者之類是也。天主作物，為其公作者，則在物之外分矣。

Tale incomprensione non è altro che l'incapacità di conoscere le cause degli esseri. C'è un tipo di causa che è parte costitutiva delle cose, come i princìpi *yin* e *yang*; ce n'è un tipo che è esterno ad esse, come le cause efficienti; e così via. Il Signore del Cielo, creatore di tutti gli esseri, è la causa efficiente universale; perciò Egli deve trascendere tutte le cose.

235.

There are several ways to describe the Lord of Heaven's relationship to all things. He can be said to reside in them as a man is in a place, for instance at home or in a room. He can be said to be a component of them as a hand or foot is a part of the body, or the principles *Yin* and *Yang* are a part of a person. He can be said to be in connection with them as an accident is related to a substance, for example in the way in which the whiteness in a horse makes it be a white horse, or the coldness in the ice makes it ice-cold. He can be said to lie in them as a cause is in its effects, or as the sunlight is in a shining crystal, or as fire is in hot iron.[174]

第其在物，且非一端：或在物如在其所，若人在家、在庭焉；或在物為其分，若手足在身，陰陽在人焉；或倚賴之在自立者，如白在馬為白馬，寒在冰為寒冰焉；或在物如所以然之在其已然，若日光之在其所照水晶焉，火在其所燒紅鐵焉。

Ci sono più modi di descrivere la relazione del Signore del Cielo con le cose. O Lui risiede in esse come un uomo sta in un luogo, ad esempio in casa o in una sala; o è parte di esse, come una mano o un piede sono parte del corpo, ovvero i princìpi dello *yin* e dello *yang* sono parte di una persona; o è in relazione con esse come l'accidente lo è con la sostanza, ad esempio nel modo

---

174 See *STh*, I, 8, 1.

in cui il colore bianco di un cavallo lo fa essere un cavallo bianco, o la mancanza di calore nel ghiaccio lo rende gelato; o è in esse come la causa è nei suoi effetti, o la luce del sole è nel cristallo illuminato, o il fuoco è nel ferro arroventato.[175]

236.

Coming back from the effects to the cause, one can say that the Lord of Heaven is in all beings. Although light is in the crystal and fire in the iron, each of them has its own nature, unmistakable with any other. Hence, it creates no problem to say that the Lord of Heaven is in things in this way.

以末揆端，可云天主在物者耶。如光雖在水晶，火雖在鐵，然而各物各體，本性弗雜，謂天主之在物如此，固無所妨也。

Risalendo dagli effetti alla causa, si può dire che il Signore del Cielo è in tutti gli esseri. Pur essendo la luce nel cristallo e il fuoco nel ferro, ciascuno di essi ha la propria natura, inconfondibile con tutte le altre. Dire perciò che il Signore del Cielo è nelle cose a questo modo non crea alcun problema.

237.

Crystals can be separated from light, but beings cannot be separated from the Lord of Heaven. He is immaterial, omnipresent; nothing can be completely separated from Him. So one can say that the whole is in the whole, but also that the whole is in individual parts.

但光可離水晶，天主不可離物。天主無形而無所不在，不可截然分而別之。故謂全在於全所，可也；謂全在各分，亦可也。[176]

Il cristallo può essere separato dalla luce, ma gli esseri non possono essere separati dal Signore del Cielo. Egli è immateriale e onnipresente; nulla può essere completamente separato da Lui. Quindi si può dire che il tutto è in ogni

---

175 Cf. *STh*, I, 8, 1.

176 利瑪竇提出了四種天主和人與世界聯繫的方式，不過他主要討論第四種方式，即天主行動的時候怎樣不破壞人與物的本性。利瑪竇接納第四種方式。范禮安只提出了三種方式，第四種對應利瑪竇所說的第四方式，並且范禮安舉了同樣的例子（怎麼太陽把陽光傳達其他東西，怎麼火把火熱傳達金屬（《要理書》，22v 頁）。

cosa, ma anche che il tutto è in ogni sua parte.

238.

The Chinese Scholar says: After listening to your brilliant explanation, any doubts which I had in the past have all been dissolved. Some people, however, assert that man forms a single unit with all beings under heaven. What do you think about it ?

中士曰：聞明論，先疑釋矣。有謂人於天下之萬物皆一，如何？[177]

Il Letterato Cinese dice: Dopo aver ascoltato la Sua brillante spiegazione, ogni dubbio che nutrivo in passato è stato dissolto. Alcune persone, però, sostengono che l'uomo formi una sola unità con tutti gli esseri sotto il cielo. Che cosa gliene pare ?

239.

The Western Scholar replies: To regard man as being the same as the Lord of Heaven is to esteem him too much; but to regard man as being one with all things, as if he were equal to clay, is to abase him too much.[178] Since the first perspective rates man too highly, some people would rather like to be considered as animals; but the second perspective is also overstated, and there are people who would not like to be considered as clay. Do you, Sir, agree in attributing to mankind the same species as clay ? It is not difficult to prove that this argument is untenable.

西士曰：以人為同乎天主，過尊也；以人與物一，謂人同乎土石，過卑也。由前之過，懼有人慾為禽獸；由今之過，懼人不欲為土石。夫率人類為土石，子從之乎？其不可信，不難辯矣。

Il Letterato Occidentale replica: Considerare l'uomo pari al Signore del Cielo è stimarlo troppo; ma considerarlo tutt'uno con le cose, come se fosse uguale all'argilla, è degradarlo troppo.[179] Poiché la prima prospettiva pone

---

177 從這裡開始利瑪竇開始批評「萬物一體」的觀念。利瑪竇的批評也針對佛教和道家，不過，據 BC 本的拉丁文手稿提要，他的批評對象主要是宋明理學。
178 See *STh*, I, 93, 1.
179 Cf. *STh*, I, 93, 1.

l'uomo troppo in alto, alcune persone vorrebbero piuttosto essere considerate animali; ma anche la seconda prospettiva è esagerata, e ci sono persone che non vorrebbero essere considerate argilla. Lei, Signore, concorda nell'attribuire l'uomo alla stessa specie dell'argilla ? Non è difficile mostrare come questo argomento sia insostenibile.

240.

In the universe many beings are similar. There are things which have the same name, but are essentially different: for example, the constellation of the Willow and the willow tree.[180] There are things which belong to the same group, gathered together in unity: for example, every sheep in a corral is a part of the same flock, every soldier of an army is a part of the same armed force. There are different things which have a similar meaning: for example, the root of a tree, a spring, and the heart, because the root of a tree is the basis of the one hundred branches, a spring is the source of the one hundred streams, the heart is the source of the one hundred veins. Beings belonging to these three genera are considered similar; in fact, however, each of them is different from the others.

　　寰宇間凡為同之類者，多矣。或有異物同名之同，如柳宿[181]與柳樹是也；或有同群之同，以多口總聚為一，如一僚之羊皆為同群，一軍之卒皆為同軍是也；或有同理之同，如根、泉、心三者相同，蓋若根為百枝之本，泉為百派之源，心為百脈之由是也。此三者姑謂之同，而實則異。

Nell'universo molti esseri sono simili. Ci sono cose che hanno lo stesso nome, ma sono essenzialmente diverse: ad esempio, la costellazione del Salice e l'albero del salice.[182] Ci sono cose che appartengono allo stesso gruppo, radunate insieme in unità: ad esempio, le pecore in un recinto fanno parte del

---

180 The Willow (柳宿 liǔ xiù) is one of the twenty-eight houses in the Chinese constellation system; it corresponds to the constellation of Hydra in the Western classification.

181 柳宿：1. 星宿名，二十八宿之一，南方朱雀七宿的第三宿，有星八顆。後人常引以詠柳。2. 古地名。《漢書‧外戚傳上‧史皇孫王夫人》：「我果見行，當之柳宿。」顏師古注引蘇林曰：「聚邑名也，在中山盧奴東北三十里。」

182 Il Salice (柳宿 Liǔ Xiù) è una delle ventotto case del sistema delle costellazioni cinesi; corrisponde alla costellazione di Idra nella classificazione occidentale.

medesimo gregge, i soldati di un esercito fanno parte della medesima armata. Ci sono cose diverse che hanno un significato simile: ad esempio la radice, la fonte e il cuore, poiché la radice è la base dei cento rami, la fonte è la sorgente dei cento ruscelli, il cuore è l'origine delle cento vene. Gli esseri appartenenti a questi tre generi vengono considerati simili; di fatto, però, ognuno di essi è diverso dagli altri.

241.

There are beings which belong to the same genus: for example, all animals endowed with perception, which are divided into different species. Still, there are beings which belong to the same species: for example, both this horse and that horse belong to the equine species, both this man and that man belong to the human species. The beings which belong to those species can be said to be similar, in the strict sense.

或有同宗之同，如鳥獸通為知覺，列於各類是也；或有同類之同，如此馬與彼馬，共屬馬類，此人與彼人，共屬人類是也。此二者略可謂之同矣。

Ci sono esseri appartenenti allo stesso genere: ad esempio tutti gli animali dotati di percezione, che sono divisi in diverse specie. Ancora, ci sono esseri appartenenti alla stessa specie: ad esempio, questo e quel cavallo appartengono entrambi alla specie equina, questo e quell'uomo appartengono entrambi alla specie umana. Gli esseri appartenenti a tali specie possono dirsi simili, in senso stretto.

242.

Eventually, there are things which belong to the same being: for example, the four limbs and the trunk are parts of the same body. And there are beings which have different names: for example, the names Fang Xun and Di Yao indicate the same person.[183] These cases are examples of complete identity.

或有同體之同，如四肢與一身，同屬一體焉；或其名不同，而寔則

---

183 Emperor 堯 Yáo (about 2356-2255 BC), one of the Five Emperors, also received the name of 放勳 Fàng Xūn.

同，如放勳、帝堯二名，總為一人焉。茲二者乃為真同。[184]

Infine, ci sono cose appartenenti allo stesso essere: ad esempio, i quattro arti e il tronco fanno parte del medesimo corpo. E ci sono esseri che hanno nomi differenti: ad esempio, i nomi Fang Xun e Di Yao indicano la stessa persona.[185] In questi casi si attua una reale identità.

243.

To which of the three kinds of similarity above mentioned does the statement "The ten thousand things under heaven are the same" refer ?

夫謂天下萬物皆同，於此三等何居？[186]

A quali dei tre generi di somiglianza sopra indicati si riferisce l'affermazione: "i diecimila esseri sotto il cielo sono la stessa cosa"?

244.

The Chinese Scholar says: The similarity of which we speak consists in belonging to one body. The noble man regards the ten thousand beings under heaven as if they were a single being; it is the petty man who operates material distinctions, separating you from me. The noble man deems that the ten thousand beings are one body not artificially, but because he has a benevolent heart; which can happen not only with the noble man, but with the petty man too.

中士曰：謂同體之同也。曰：君子，以天下萬物為一體者也；間形體而分爾我，則小人矣。君子一體萬物，非由作意，緣吾心仁體如是。豈惟君子，雖小人之心，亦莫不然。[187]

---

184 參見《尚書·堯典》。

185 L'imperatore 堯 Yáo (circa 2356-2255 a.C.), uno dei Cinque Imperatori, ricevette anche il nome di 放勳 Fàng Xūn.

186 按照士林哲學，有三個不同層面的同一：最低在語言上，然後在思想上，最高在本質上。見 *ST* Ia, q.28, a.1：「只有在把『同一』這個字懂作絕對或全面同一的時候，由『同一』這個名稱所表示的關係才只是思想上的關係；因為這種關係，只能存在於理性按照對一物的兩種不同的觀點，所構思出的這物與它自己的秩序內。不過，如果所謂『同一』，不是指數目的同一個，而是指物類或者物種之本性的同一，那情形就不一樣了。」（《神學大全》第一冊，第417頁）

187 語出王陽明《大學問》：「陽明子曰：『大人者，以天地萬物為一體者也，其視

Il Letterato Cinese dice: La somiglianza di cui si parla consiste nell'appartenere a un solo corpo. L'uomo nobile considera i diecimila esseri sotto il cielo come se fossero un solo essere; colui che opera distinzioni attraverso la materia, separando Lei da me, è l'uomo meschino. L'uomo nobile ritiene che i diecimila esseri siano un solo corpo non per artificio, ma perché ha un cuore benevolo; il che può accadere non solo con gli uomini nobili, ma anche con quelli meschini.

245.

The Western Scholar replies: The Confucians of previous generations asserted that the ten thousand beings are one body in order to encourage the common people to practice benevolence; what they meant by using the expression "one body" was merely that all things derive from the same origin. But if you believe that all beings are really one body, then this will destroy the Way of benevolence and righteousness. Why ? Because it takes at least two subjects so that benevolence and righteousness can operate. If all beings were really one body they should be physically one, differentiating from each other only by images devoid of actuality. But how can empty images love and respect reciprocally ? Therefore it is said that the one who practises benevolence uses it towards others.

西士曰：前世之儒，借萬物一體之說，以翼愚民悅從於仁。所謂一體，僅謂一原耳已。如信之為真一體，將反滅仁義之道矣。何為其然耶？仁義相施，必待有二；若以眾物實為一體，則是以眾物實為一物，而但以虛像為之異耳，彼虛像焉能相愛相敬哉？故曰為仁者，推己及人也。[188]

Il Letterato Occidentale replica: I confuciani delle generazioni precedenti sostenevano che i diecimila esseri sono un solo corpo al fine di incoraggiare la

---

天下猶一家也，中國猶一人焉。若夫間形骸而分爾我，小人矣。大人之能以天地萬物為一體也，非意也，其心之仁體若是，其與天地萬物而為一也，豈惟大人，雖小人之心，亦莫不然』」

[188] 《論語》子貢問曰：「有一言而可以終身行之者乎？」子曰：「其恕乎！己所不欲，勿施於人。」宋朱熹《與范直閣書》：「學者之於忠恕，未免參校彼己，推己及人則宜。」王陽明把倫理生活看為某種道德情感上的融合主義，而相反，利瑪竇要強調倫理生活要嚴格地區分自我和他人。

gente comune a mettere in pratica la benevolenza; ciò a cui si riferivano usando l'espressione "un solo corpo" era semplicemente la derivazione di tutte le cose dalla stessa origine. Ma se Lei crede che tutti gli esseri siano veramente un solo corpo, questo porterà a distruggere la Via della benevolenza e della rettitudine. Per quale motivo ? Perché occorrono almeno due soggetti affinché la benevolenza e la rettitudine possano operare. Se tutti gli esseri fossero veramente un solo corpo dovrebbero essere fisicamente uno, distinguendosi per immagini prive di realtà; ma come possono vuote immagini amarsi e rispettarsi reciprocamente ? Per questo si dice che chi pratica la benevolenza, la rivolge agli altri.

246.

Benevolence consists in doing to others whatever one would like the others to do to oneself; righteousness consists in honouring the aged and respecting the elders. In any case there must be a distinction between oneself and others; if you were to eliminate this distinction, the principles of benevolence and righteousness would disappear completely. If all things were myself, then benevolence and righteousness would be equivalent to self-love and self-service; so, I would become a petty man, looking only at my interests and ignoring the others completely, just enjoying the reputation of being benevolent and righteous. When texts speak of the difference between oneself and others they do not only allude to the external appearance, but to both appearance and substance.

仁者以己及人也，義者人老老、長長也，俱要人己之殊。除人己之殊，則畢除仁義之理矣。設謂物都是己，則但以愛己、奉己為仁義。將小人惟知有己，不知有人，獨得仁義乎？書言人己，非徒言形，乃兼言形性耳。

La benevolenza consiste nel fare agli altri ciò che si vorrebbe fosse fatto a sé; la rettitudine consiste nell'onorare gli anziani e nel rispettare i più grandi. In ogni caso dev'esserci una distinzione tra se stessi e gli altri; se si eliminasse tale distinzione, scomparirebbero completamente i princìpi di benevolenza e di rettitudine. Se tutte le cose fossero me stesso, allora la benevolenza e la rettitudine sarebbero equivalenti all'amore e al servizio di me stesso; diventerei, così, un uomo meschino, cercando solamente i miei interessi e ignorando completamente gli altri, godendo solo della fama di essere benevolo e retto. Quando i testi parlano della differenza tra sé e gli altri non trattano soltanto dell'apparenza esterna, ma dell'apparenza e della sostanza al tempo stesso.

247.

When we speak of the greatness of benevolence we understand it as referred to what is distant, not to what is near. What is at hand, such as love for one's body, is feasible even if one is lacking consciousness. So water always flows downwards, heading towards wet places and joining its own kind, in order to feed and preserve itself; fire always burns upwards, heading towards dry places and joining its own kind, in order to nourish its own nature. Also animals are able to love their next of kin: there are those which kneel to suck their mother's milk, and those who feed their old and weak parents. Even the petty man can love his family: he labours without fearing dangers, to the point of committing robbery, so as to take care of his family members. Common people, too, can love their fatherland: there are often soldiers who sacrifice their lives to resist greedy and ferocious enemies.

且夫仁德之厚[189]，在遠不在近。近愛本體，雖無知覺者亦能之。故水恒潤下就濕處，合同類以養存本體也；火恒升上就乾處，合同類以養全本性也。近愛所親，鳥獸亦能之，故有跪乳[190]、反哺者；近愛己家，小人亦能之，故常有苦勞行險阻，為竊盜以養其家屬者；近愛本國，庸人亦能之，故常有群卒致命，以禦強寇奸宄者。

Quando parliamo della grandezza della benevolenza la intendiamo riferita a ciò che è lontano, non a ciò che è vicino. Ciò che è a portata di mano, come

---

189 《老子》：「仁德之厚，非用仁之所能也；行義之正，非用義之所成也；禮敬之清，非用禮之所濟也。」

190 跪乳，出自《公羊傳・莊公二十四年》「股肰云乎」漢何休注：「凡贄，天子用鬯，諸侯用玉，卿用羔……羔取其執之不鳴，殺之不號，乳必跪而受之，類死義知禮者也。」後以「跪乳」喻指孝義。

l'amore per il proprio corpo, è attuabile anche se si è privi di consapevolezza. Così l'acqua scorre sempre verso il basso, dirigendosi verso i luoghi umidi e unendosi a ciò che le è affine, per alimentare e preservare se stessa; il fuoco brucia sempre verso l'alto, verso luoghi secchi, unendosi a ciò che gli è affine per alimentare la propria natura. Anche gli animali sono in grado di amare il loro parente più prossimo: ci sono quelli che si inginocchiano per suggere il latte della loro madre, e quelli che nutrono i genitori vecchi e deboli. Anche l'uomo meschino può amare i propri familiari: si affatica senza temere i pericoli, fino a commettere furti, in modo da prendersi cura dei membri della sua famiglia. Anche le persone comuni possono amare la propria patria: sovente ci sono soldati che sacrificano la propria vita per resistere a nemici avidi e feroci.

248.

But only the noble man, endowed with great benevolence, can extend his love to the most distant people, so as to embrace the ten thousand nations under heaven and to reach every place. How could a noble man ignore that he has a body, and that another man has a different body; that this is his family, his nation, and those are someone elses's family and nation; and at the same time recognize that man and all things are created and fed by the Lord of Heaven, the Supreme Ruler, and that he therefore has a responsibility to love all people and to have compassion on them ? Could he be like the petty man, who only loves his own kin ?

　　獨至仁之君子，能施遠愛，包覆天下萬國，而無所不及焉。君子豈不知我一體、彼一體，此吾家吾國，彼異家異國？然以為皆天主上帝[191]生養之民物，即分當兼切愛恤之，豈若小人但愛己之骨肉者哉？

Ma solo gli uomini nobili, dotati di grande benevolenza, possono estendere il proprio amore agli uomini più lontani, in modo da abbracciare le diecimila nazioni sotto il cielo e raggiungere ogni luogo. Come può un uomo nobile ignorare che possiede un corpo, e che un altro uomo possiede un corpo diverso; che questa è la sua famiglia, la sua nazione, e quelle sono la famiglia e la

---

191 上帝，FJ 本作「保存」。

nazione di qualcun altro; e al tempo stesso riconoscere che gli uomini e le cose sono creati e nutriti dal Signore del Cielo, il Sovrano Supremo, e che quindi ha la responsabilità di amare tutti gli uomini e di avere compassione di loro ? Potrebbe essere simile all'uomo meschino, che ama esclusivamente i suoi consanguinei ?

249.

The Chinese Scholar says: Thus, the belief that all things are one body is harmful to benevolence and righteousness. Why then does the *Doctrine of the Mean* list "identifying oneself with the whole body of officials" among the Nine Rules which should govern the empire ?[192]

中士曰：謂以物為一體，乃仁義之賊，何為《中庸》列「體群臣」於九經之內乎？[193]

Il Letterato Cinese dice: Così, il credere che tutte le cose siano un solo corpo è dannoso per la benevolenza e la rettitudine. Perché allora nella *Dottrina del Mezzo* "identificare se stesso con l'intero corpo dei funzionari" è elencato tra le nove regole che dovrebbero governare l'impero ?[194]

250.

The Western Scholar replies: There is nothing wrong in the expression "to

---

192 See *Doctrine of the Mean*, XX, 12. The Nine Rules of Good Governance prescribed by the Confucian classics are: to empathize with the entire body of officials; to perfect one's own character; to honour virtuous and talented persons; to feel affection towards one's own family; to respect great ministers; to deal with the masses of people as if they were children; to encourage the efforts of all classes of artisans; to treat people indulgently, holding them at a distance; to cajole the state rulers.

193 見《中庸》第二十章：「凡為天下國家有九經，曰：修身也，尊賢也，親親也，敬大臣也，體群臣也，子庶民也，來百工也，柔遠人也，懷諸侯也。」朱熹注：「體，謂設以身處其地而察其心也」。

194 Cf. *Dottrina del Mezzo*, XX, 12. Oltre all'entrare in empatia con l'intero corpo dei funzionari, le nove regole di buon governo prescritte dal classico confuciano sono: perfezionare il proprio carattere; onorare gli uomini virtuosi e di talento; provare affetto verso i propri familiari; rispettare i grandi ministri; trattare con le masse di persone come fossero bambini; incoraggiare gli sforzi di tutte le classi di artigiani; trattare in modo indulgente le persone tenendole a distanza; blandire cortesemente i governanti degli stati.

identify oneself with all things" if it is understood in its figurative sense; but if one uses it in its literal sense, one does no little violence to reason. The *Doctrine of the Mean* demands that the ruler should show great care towards his ministers, implying that ruler and ministers belong to the same species. Could one say that the ruler should show great care towards grass, trees, tiles and stones ? I have heard that the noble man should take care of things, not show benevolence towards them. Now, to cause things to become one body with people is the same as to insist that everything should be treated with benevolence.

　　西士曰：體物以譬喻言之，無所傷焉。如以為實言，傷理不淺。《中庸》令君體群臣，君臣同類者也，豈草木瓦石皆可體耶？[195]吾聞「君子於物也，愛之弗仁」[196]，今使之於人為一體，必宜均仁之矣。

Il Letterato Occidentale replica: Non c'è nulla di male nell'espressione "identificarsi con le cose" se intesa in senso figurato; ma usandola in senso letterale si fa non poca violenza alla ragione. La *Dottrina del Mezzo* esige che il sovrano dimostri ogni premura verso i suoi ministri, dando per inteso che il sovrano e i ministri appartengono alla stessa specie. Si potrebbe dire che il sovrano debba dimostrare ogni premura verso l'erba, gli alberi, le tegole e le pietre ? Ho sentito dire che l'uomo nobile deve prendersi cura delle cose, ma non avere benevolenza verso di esse. Ora, fare in modo che le cose diventino un solo corpo con gli uomini equivale a insistere che qualunque cosa debba essere trattata con benevolenza.

251.

Mo Di loved all people without distinctions, and the early Confucians argued with him, believing that he was wrong.[197] It is really remarkable that present-day Confucians agree in persuading people to treat clay with

---

195 利瑪竇的批評對象是王陽明，不過，這裡所談的「同」主要是在倫理上，而不是在本體論上。

196 見《孟子・盡心上》：「孟子曰：『君子之於物也，愛之而弗仁；於民也，仁之而弗親。親親而仁民，仁民而愛物。』」

197 墨翟 Mò Dí (墨子 Mòzǐ, about 468-376 BC) was the founder of a school which strongly opposed both Confucianism and Daoism.

benevolence, and consider it right to do so! The Lord of Heaven created heaven and earth and the ten thousand beings, which are very disparate, differentiating the species of the same genus; differentiating the bodies of the same species; differentiating the functions of the same body. Now if you were to insist in saying that all things are one body, you would be opposing the Creator's will.

墨翟兼愛人，而先儒辯之為非[198]；今勸仁土泥，而時儒順之為是，異哉！天主之為天地及其萬物，萬有繁然：或同宗異類，或同類異體，或同體異用。今欲強之為一體，逆造物者之旨矣。

Mo Di amava tutti gli uomini senza distinzioni e i primi confuciani discutevano con lui, ritenendo che sbagliasse.[199] Ora, che i confuciani di oggi siano d'accordo nel persuadere la gente a trattare l'argilla con benevolenza, considerandolo giusto, è veramente strano! Il Signore del Cielo ha creato il cielo e la terra e i diecimila esseri, che sono molto vari, differenziando le specie dello stesso genere; differenziando i corpi della stessa specie; differenziando le funzioni dello stesso corpo. Se Lei ora insistesse nel dire che tutte le cose sono un solo corpo, si opporrebbe alla volontà del Creatore.

252.

The beauty of things consists in their being varied and numerous. Thus, a man who looks for treasures craves many precious objects; a man who collects antiques wants as many as he can get; a man who is fond of good food is willng to taste as many flavours as possible. If all things under heaven were red, who would not loathe the colour red ? But if things are red, green, white, blue no one gets tired of them, even though seeing them every day. Who would want to listen to music if there were only the note *gong* ? But if the note *gong* is followed by *shang*, then by *jue*, then by zhi, then by *yu*, a man who hears this melody will no longer pay attention to the taste of food for three months.[200] If

---

198 《孟子・滕文公下》「楊氏為我，是無君也；墨氏兼愛，是無父也。無父無君，是禽獸也。」

199 墨翟 Mò Dí (墨子 Mòzǐ, circa 468-376 a.C.) è stato il fondatore di una scuola che si oppose energicamente sia al confucianesimo sia al daoismo.

200 宮 Gōng (C), 商 shāng (D), 角 jué (E), 徵 zhǐ (G), 羽 yǔ (A) are the five notes

this is true of what is exterior, why should it not be true for what is interior ?

物以多端為美，故聚貝者欲貝之多，聚古器者欲器之多，嗜味者欲味之多。今天下物均紅色，誰不厭之？或紅、或綠、或白、或青，日觀之不厭矣。如樂音皆宮，誰能聆之？乍宮、乍商、乍角、乍徵、乍羽，聞之三月食不知味[201]矣。外物如此，內何不然乎？

La bellezza delle cose consiste nel loro essere varie e numerose. Quindi, chi cerca tesori desidera molti oggetti preziosi; chi colleziona oggetti antichi ne vuole tanti quanti riesce a ottenerne; chi è ghiotto di buon cibo vuole gustare il maggior numero possibile di sapori. Se tutte le cose sotto il cielo fossero rosse, chi non proverebbe disgusto per il colore rosso ? Ma se le cose sono rosse, verdi, bianche, blu nessuno se ne stanca, sebbene le veda tutti i giorni. Chi vorrebbe ascoltare musica se esistesse solo la nota *gong* ? Ma se la nota *gong* è seguita da *shang*, poi da *jue*, poi da *zhi*, poi da *yu*, chi sente questa melodia non presta più attenzione al sapore del cibo per tre mesi.[202] Se ciò vale per l'esteriorità, perché non dovrebbe valere per l'interiorità ?

253.

I have already clearly explained that each species of beings must be distinguished on the basis of its nature, and that distinctions cannot be made on the basis of mere appearances. In fact, although a stone lion and a living lion have the same figure, they are made of different substances; although a stone man and a stone lion have different figures, they are made of the same substance. Why ? Because they are both stone. I once heard my teacher explain the significance of substances and bodies saying that similar bodies of the same substance belong to the same species, but that those which belong to the same species do not necessarily have the same body.

吾前明釋各類以各性為殊，不可徒以貌異。故石獅與活獅，貌同類異；石人與石獅，貌異類同，何也？俱石類也。嘗聞吾先生解類體之情，

---

of the Chinese music scale.

201 見《論語‧述而》：「子在齊聞《韶》，三月不知肉味。」

202 宮 Gōng (do), 商 shāng (re), 角 jué (mi), 徵 zhǐ (sol), 羽 yǔ (la) sono le cinque note della scala musicale cinese.

曰「自立之類，同體者固同類，同類者不必同體。」²⁰³

Ho già spiegato chiaramente che ogni specie di esseri deve essere distinta in base alla propria natura, e che le distinzioni non si possono fare in base alla semplice apparenza. Infatti, malgrado un leone di pietra e un leone in carne e ossa abbiano la stessa figura, sono fatti di sostanze diverse; malgrado un uomo di pietra e un leone di pietra abbiano figure diverse, sono fatti della stessa sostanza. Perché ? Perché sono entrambi pietre. Ho udito una volta il mio insegnante spiegare il significato delle sostanze e dei corpi dicendo che corpi simili della stessa sostanza appartengono alla stessa specie, ma che gli appartenenti a una stessa specie non necessariamente hanno lo stesso corpo.

254.

He also said that the actions of a body do not only belong to it as a whole, but also to its every single limb. If the right hand saved someone from disaster, then the whole body and both hands may be said to be compassionate; if the left hand has been used to steal, then not only it, but the right hand and the whole body must also be said to be thieves. However, if one concludes from this that the ten thousand beings under heaven are one body, then the actions of all people in the world must be considered as carried out by everyone. Zhi was a thief, then also Boyi is to be called a thief; King Wu acted benevolently, then King Zhou must also be considered benevolent.²⁰⁴ To say that the actions of all beings are the same because they belong to one body confuses the individual actions of each one, does it not ?

又曰「全體者之行為皆歸全體，而並指各肢」。設如右手能捄助患

---

203 利瑪竇在這裡是指它在羅馬學院（Collegium Romanum）的邏輯學老師 Pedro da Fonseca。參見 *Isagoge philosophica*，第 9 頁：「Est enim anima in homine, et equo tanquam realis forma in pluribus compositis; et albedo in cygno, et marmore, ut reale accidens in pluribus subiectis inheaesionis: nec tamen aut haec universalis est comparatione cygni, et marmoris; aut illa respectu hominis, et equi, cum de illis vere dici nequant: quod idem in aliis plerisque rebus facile est observare.」

204 跖 Zhí was a famous bandit of antiquity; 伯夷 Bó Yí was renown for his virtue. King 武 Wǔ, the first ruler of the 周 Zhōu dynasty, was an example of benevolence; King 紂 Zhòu, the last ruler of the 商 Shāng dynasty, was an example of unbridled cruelty.

難，則一身兩手皆稱慈悲；左手習偷，非惟左手謂賊，右[205]手全體皆稱為
賊矣。推此說也，謂天下萬物一體，則世人所為，盡可相謂。跖一人為
盜，而伯夷並可謂盜；武王一人為仁，而紂亦謂仁。因其體同而同之，豈
不混各物之本行乎？

Egli diceva anche che le azioni compiute da un corpo appartengono non
solo al corpo nel suo intero, ma anche a ogni singolo arto. Se la mano destra ha
salvato qualcuno da un disastro, tutto il corpo e ambedue le mani possono dirsi
compassionevoli; se la mano sinistra si è abituata a rubare, debbono dirsi ladri
non solo essa, ma anche la mano destra e tutto il corpo. Tuttavia, se da ciò si
conclude che i diecimila esseri sotto il cielo sono un solo corpo, allora le azioni
di tutti gli uomini al mondo devono essere considerate come compiute da
ciascuno. Zhi era un ladro, allora anche Boyi deve essere chiamato ladro; re Wu
agiva con benevolenza, allora anche re Zhou deve essere considerato
benevolo.[206] Dire che le azioni di tutti gli esseri sono uguali perché essi
appartengono a un unico corpo non è confondere gli atti propri di ognuno?

255.

When scholars discuss the differences between beings they say that some
have the same body and others do not; and then, what need is there to merge
them all into one body? Things which are mutually connected belong to the
same body, but those which are separated from each other have different bodies.
It is like water in a river: as long as it flows it shares in the body of the river, but
once it is poured into a ladle one can only say that the water in the ladle and the
water in the river are of the same substance. How could one say that they are a
single entity? Whoever persists in saying that heaven, earth and the ten
thousand beings are one body despises the Supreme Ruler, confuses rewards and
punishments, blurs the distinction between genera and species, destroys

---

205 右，底本作「左」，BC 本、FJ 本作「右」，據 BC 本、FJ 本改。

206 跖 Zhí è stato un famoso brigante dell'antichità; 伯夷 Bó Yí era noto per la sua
virtù. Re 武 Wǔ, primo sovrano della dinastia 周 Zhōu, fu un esempio di
benevolenza; re 紂 Zhòu, ultimo sovrano della dinastia 商 Shāng, fu un esempio
di efferata crudeltà.

benevolence and righteousness. Even though scholars of high moral standard support this conception, I dare not but confute it.

　　學士論物之分，或有同體，或有各體，何用駢眾物為同體？蓋物相連則同體也，相絕則異體也。若一江之水在江內，是與江水一體；既注之一勺，則勺中之水，於江內水惟可謂同類，豈仍謂同體焉？泥天地萬物一體之論，簡上帝[207]，混賞罰，除類別，滅仁義，雖高士信之，我不敢不詆焉。

Discutendo sulle differenze tra gli esseri, gli studiosi dicono che alcune cose hanno lo stesso corpo e altre no; e allora, che bisogno c'è di unirle tutte in un solo corpo ? Le cose che sono reciprocamente connesse appartengono allo stesso corpo, ma quelle che sono separate tra di loro hanno corpi diversi. È come l'acqua di un fiume: per tutto il tempo che scorre in esso condivide il corpo del fiume, ma quando viene versata in un mestolo si può solo dire che l'acqua nel mestolo e l'acqua nel fiume sono della medesima sostanza. Come si potrebbe dire che siano una sola entità ? Chiunque persista nell'affermare che il cielo, la terra e i diecimila esseri sono un solo corpo disprezza il Sovrano Supremo, confonde i premi e i castighi, cancella la distinzione tra i generi e le specie, distrugge la benevolenza e la rettitudine. Anche se letterati di alto livello sostengono questa concezione, non oso far altro che confutarla.

256.

The Chinese Scholar says: Your explanation is very clear, it is able to dispel doubts and to clear up conflicting theories; this is the orthodox religion. I have received your teachings on the immortality and the immutability of the soul; but I have also heard that your holy religion does not agree with the Buddhist concept of reincarnation in the Six Directions and of the killing of animals. You certainly have some teachings about this, I hope I will hear them another day.

　　中士曰：明論昭昭，發疑排異，正教也。人魂之不滅，不化他物，既聞命矣。佛氏輪迴六道、戒殺之說，傳聞聖教不與，必有所誨，望來日教之。

---

207 上帝，FJ 本作「上主」。

Il Letterato Cinese dice: La Sua spiegazione è molto chiara, riesce a dissipare i dubbi e a sgombrare il campo dalle teorie discordanti; è questa la religione ortodossa. Ho recepito i Suoi insegnamenti sull'immortalità e sull'immutabilità dell'anima; ma ho anche sentito dire che la Sua santa religione non concorda con la concezione buddhista riguardante la reincarnazione nelle sei direzioni, e l'uccisione degli animali. Certamente Lei ha qualche insegnamento in proposito, spero di poterlo ascoltare un altro giorno.

257.

The Western Scholar replies: The hills have been flattened, what difficulty is there in flattening an anthill ? I have long wished to treat such questions; what you wish to hear is also what I wish to tell you.

西士曰：丘陵既平，蟻垤[208]何有？余久願折此，子所嗜聞，亦吾所喜講也。

Il Letterato Occidentale replica: Le colline sono già state spianate, che difficoltà c'è a spianare un formicaio ? Ho desiderato a lungo trattare tali argomenti; quello che Lei vuole ascoltare è anche ciò che desidero dirLe.

---

208 蟻垤，亦作「蟻垤」。蟻穴外隆起的小土堆。古人常將之與山對舉。《韓非子·姦劫弒臣》：「夫世愚學之人，比有術之士也，猶蟻垤之比大陵也。」

Second Part
下　卷
Parte II

Chapter 5: A refutation of the false doctrines concerning reincarnation in the six directions and the prohibition of killing animals, and an explanation of the true meaning of fasting

第五篇　辯排輪廻六道、戒殺生之謬說，而揭齋素正志

Capitolo V: Confutazione delle false dottrine riguardanti la reincarnazione nelle sei direzioni e la proibizione di uccidere gli animali, e spiegazione del vero significato del digiuno

258.

The Chinese Scholar says: There are three concepts of the human person. The first asserts that man, before birth, does not exist, and therefore cannot leave anything of himself behind after he dies. The second states that man has three existences: one prior to his birth, one following his death, and his present life. Thus, the happiness or pain which we experience in this life would stem from the good or evil actions done in the past; the fortune or misfortune that we will meet in the next life would be determined by the rectitude or iniquity of our actions in the present life.

中士曰：論人類有三般。一曰人之在世，謂生而非由前跡，則死而無遺後跡矣。一曰夫有前後與今三世也，則吾所獲福禍於今世，皆由前世所為善惡；吾所將逢於後世吉凶，皆係今世所行正邪也。

Il Letterato Cinese dice: Ci sono tre concezioni della persona umana. La prima sostiene che l'uomo, prima di nascere, non esiste, e quindi non può lasciare nulla di sé dopo la morte. La seconda afferma che l'uomo ha tre esistenze: una precedente la nascita, l'altra successiva alla morte, e la vita presente. Così, la felicità o la sofferenza che proviamo in questa vita dipenderebbero dalle azioni buone o cattive compiute in quella passata; la fortuna o la sfortuna che incontreremo nella vita futura sarebbero determinate dalla rettitudine o dall'iniquità delle nostre azioni in quella presente.

259.

Now, your revered religion teaches that man has only a temporary existence in the present life, and that it determines his eternal home in the hereafter; therefore, in the short stay in this world, we must cultivate virtue and do good, so as to enjoy happiness forever. To live in this world is to walk along the road, to live in the future is to return to one's home; this world is where one earns merits, the future is where one receives the prize. This doctrine only regards the life to come; what is the doctrine about the previous life ?

今尊教曰，人有今世之暫寄，以定後世之永居，則謂吾暫處此世，特當修德行善，令後世常享之。而以此為行道路，以彼為至本家；以此如立

功，以彼如受賞焉。夫後世之論是矣。前世之論，將亦有從來乎？[1]

Ora, la Sua riverita religione insegna che l'uomo ha solo un'esistenza temporanea nella vita presente, e che essa determina la dimora eterna della vita futura; perciò nel breve soggiorno in questo mondo dobbiamo perfezionare la virtù e operare il bene, in modo da godere per sempre della felicità. Vivere in questo mondo è camminare lungo la strada, vivere in quello futuro è ritornare alla propria casa; questo mondo è dove si guadagnano i meriti, quello futuro è dove si riceve il premio. Tale dottrina tratta soltanto della vita che verrà; qual è la dottrina che riguarda la vita precedente ?

260.

The Western Scholar replies: In ancient times, in the West there lived a philosopher called Pythagoras, a man of exceptional ability but not always as straightforward as he should have been.[2] Because he hated the intemperateness of evil-doings performed by petty men, taking advantage of his personal fame he created a strange theory to restrain them. He said that the perpetrators of evil are punished by being born again in a subsequent existence: they will reappear in poor and troubled families, or will be transformed into animals – the bullies will be transformed into tigers, or leopards; the arrogant men into lions; the lascivious into dogs or pigs; the greedy into oxen or mules; the thieves into foxes, wolves, eagles and so on. The transformation is always correspondent to the evil done. Other noble men criticized this view arguing that, despite the good intentions, there were faults in the concept itself. There is a right way to curb evil; what need is there to abandon the truth and to follow distorted thinking ?

西士曰：古者吾西域有士，名曰閉他臥刺[3]，其豪傑過人，而質樸有所未盡，常痛細民為惡無忌，則乘己聞名，為奇論以禁之。為言曰：行不善者，必來世復生有報，或產艱難貧賤之家，或變禽獸之類。暴虐者變為虎

1　關於人生的三個學說有：（1）宋明理學的無神論；（2）佛教的輪迴觀；（3）基督宗教的永生觀。中士對佛教的輪迴觀保持懷疑。

2　Pythagoras of Samos (about 570-495 BC) founded a school of thought which gave special importance to mathematics.

3　刺，底本作「剌」，BC 本、FJ 本作「剌」，據 BC 本、FJ 本改。

豹，驕傲者變為獅子，淫色者變為犬豕，貪得者變成牛驢，偷盜者變作狐狸、豺狼、鷹鷂⁴等物。每有罪惡，變必相應。⁵君子斷之曰，其意美，其為言不免玷缺也，沮惡有正道，奚用棄正而從枉乎？

Il Letterato Occidentale replica: Nei tempi antichi, in Occidente visse un filosofo chiamato Pitagora, uomo di abilità eccezionale ma non sempre lineare come avrebbe dovuto essere.⁶ Poiché odiava la sfrenatezza delle cattive azioni compiute dagli uomini meschini, approfittando della propria fama creò una strana teoria per trattenerli. Egli disse che chi compie il male viene retribuito nascendo di nuovo in un'esistenza successiva: o avrà la luce in una famiglia misera e tribolata, o verrà trasformato in animale – il prepotente sarà trasformato in tigre, o leopardo; l'arrogante in leone; il lascivo in cane o maiale; l'avido in bue o mulo; il ladro in volpe, lupo, aquila e così via. La trasformazione corrisponde sempre al male compiuto. Altri uomini nobili criticarono questa concezione, sostenendo che, malgrado la bontà dell'intenzione, c'erano difetti nella concezione stessa. Esiste il modo retto di frenare il male; che bisogno c'è di abbandonare la verità e di seguire un pensiero distorto ?

261.

After the death of Pythagoras some of his disciples continued to follow his teachings; just then this doctrine began to leak out and found its way to other countries. Then Śākyamuni planned to establish a new religion,⁷ accepted the theory of reincarnation and added to it the teaching on the Six Directions with a hundred other lies, all collected in books which he called Classic Texts. Years later some Chinese came to this country, and so transmitted this religion in China. Such a religion is built upon neither trustworthy historical foundations,

---

4　鷂，BC 本作「鷁」。

5　許多思想家認為畢達哥拉斯是第一位提出輪迴觀念的希臘哲學家。利瑪竇關於輪迴觀的描述應該屬於伊索寓言這個傳統。

6　Pitagora di Samo (circa 570-495 a.C.) ha fondato una scuola di pensiero che dava particolare importanza alle conoscenze matematiche.

7　Śākyamuni is Siddhārtha Gautama (566-486 a.C.), the "Buddha" (the Awakened), who founded the Buddhist religion.

nor real principles. India[8] is a place of little importance, not considered to be a nation of high level; it lacks civil education and virtuous customs, and the historical narratives of many countries totally ignore its existence. How can it be an appropriate model for people under heaven ?

　　既沒之後，門人少嗣其詞者。彼時此語忽漏國外，以及身毒釋氏圖立新門，承此輪廻，加之六道，百端誑言，輯書謂經。[9]數年之後，漢人至其國而傳之中國。此其來歷，殊無真傳可信、實理可倚。身毒微地也，未班上國，無文禮之教，無德行之風，諸國之史未之為有無，豈足以示普天之下哉？[10]

Dopo la morte di Pitagora alcuni suoi discepoli continuarono a seguire i suoi insegnamenti; proprio allora essi iniziarono a trapelare e trovarono la strada per altre nazioni. Allora Śākyamuni progettò di stabilire una nuova religione,[11] accettò la teoria della reincarnazione e la unì a quella delle sei direzioni con cento altre menzogne, tutte raccolte in libri che chiamò testi classici. Anni dopo qualche cinese giunse in questo paese, e così la trasmise in Cina. Questa religione è priva di fondamenti storici degni di fede, e di princìpi reali sui cui basarsi. Il Nepal[12] è un luogo piccolo, non è considerata come una nazione di alto livello; è priva di educazione civile e di costumi virtuosi, e le narrazioni

---

8　Such a negative judgment about India may appear surprising. Nevertheless, it is confirmed in the Latin summary of the *Catechism*, written by Ricci himself (see Ricci's *Latin Summary of "The True Meaning of the Lord of Heaven"*, in M. Ricci, *The True Meaning of the Lord of Heaven*, translated by D. Lancashire and P. Hu Kuo-chen, Institut Ricci-Centre d'Études Chinoises, Taipei-Paris-HongKong 1985, 460-472.)

9　畢達哥拉斯的輪廻學說對柏拉圖思想有很大的影響。釋迦牟尼並非如同利瑪竇所述，從畢達哥拉斯那裡獲得輪廻學說，而是從古印度思想中攝取靈感。不過，馮應京的序表明，他完全接受利瑪竇的這一說法。另外，佛教修行的目的不是延續輪廻，而要擺脫輪廻。

10　從 1578 到 1582 年，利瑪竇居住在印度，不過，他主要生活在葡萄牙殖民地中，對印度文化歷史瞭解得很少。也許，他也接受了中國人對印度的輕視。這也是一種說明歐洲文化比印度文化更先進的方法。

11　Śākyamuni è Siddhārtha Gautama (566-486 a.C.), è la religione da lui fondata è il buddhismo.

12　Traducendo esattamente il luogo d'origine del Buddha con "Nepal", invece che con il più generico "India", si rende ragione più facilmente dell'atteggiamente molto critico di Ricci verso questo paese.

storiche di molti paesi ignorano totalmente la sua esistenza. Come può essere un modello adeguato per gli uomini sotto il cielo ?

262.

The Chinese Scholar says: I have seen your Map of the Ten Thousand Nations of the Earth, the content of which accords precisely with astronomical data; there is not the slightest mistake. Moreover, you have personally travelled a great distance, from Europe to China; what you say about what you have seen and heard of Buddha's country must certainly be true. Since that country is so poor and humble, it is indeed ludicrous that people should mistakenly read Buddhist books, believe in the Pure Land,[13] and even wish to die prematurely so as to be able to be reborn there. We Chinese are not in the habit of travelling great distances to foreign lands, so that we are often ignorant about other nations; nevertheless, although it is a small country and its people are mean, there is no reason why we should not follow what they say, provided it accords with reason.

中士曰：觀所傳《坤輿萬國全圖》[14]，上應天度，毫髮無差，況又遠自歐邏巴，躬入中華，所言佛氏之國，聞見必真。其國之陋如彼也，世人誤讀佛書，信其淨土，甚有願蚤死以復生彼國者，良可笑矣。吾中國人不習遠遊異域，故其事恒未詳審，雖然，壞雖褊，人雖陋，苟所言之合理，從之無傷。

Il Letterato Cinese dice: Ho visto la Sua mappa delle diecimila nazioni della terra, il cui contenuto si accorda precisamente con i dati astronomici; non vi è il minimo errore. Inoltre, Lei ha personalmente viaggiato molto, dall'Europa alla Cina; ciò che Lei dice riguardo alle cose viste e udite del paese di Buddha dev'essere certamente vero. Poiché tale paese è così misero e modesto, è veramente risibile il fatto che si leggano erroneamente i libri buddhisti, si creda

---

13 The Pure Land (淨土 Jìngtǔ, Sukhāvatī in Sanskrit) is the paradise of the Buddha Amitābhaḥ ("light without end", in Chinese transcribed phonetically as 阿彌陀 Āmítuó), who is revered in Mahāyāna Buddhism.

14 1584 年，利瑪竇在肇慶出版這個世界地圖；1600 年，該圖在南京再版；然後，1602 及 1603 年在北京三版。

nella Terra Pura,[15] e addirittura si desideri morire anzitempo per potervi rinascere. Noi cinesi non siamo soliti viaggiare per grandi distanze verso terre straniere, così siamo spesso ignoranti riguardo alle altre nazioni; ciononostante, sebbene esso sia un paese piccolo e i suoi abitanti siano miseri, non c'è motivo per cui non si debba seguire ciò che in esso si dice, se corrisponde alla ragione.

263.

The Western Scholar replies: In the doctrine of reincarnation there are countless points which go against reason; I will only refer to the most important four or five.

西士曰：夫輪迴之說，其逆理者不勝數也，茲惟舉四、五大端。

Il Letterato Occidentale replica: Nella dottrina della reincarnazione ci sono innumerevoli punti che vanno contro la ragione; ora mi riferirò soltanto ai quattro o cinque più importanti.

264.

First. If a person dies and his soul migrates to another body, becoming a human being or an animal when he is reborn into the world, he certainly cannot lose the characteristics of his nature: this person must therefore remember the deeds done in the previous life. But we absolutely cannot remember them, and I have never heard of anyone who is able to do so. Therefore, it could not be more obvious that there is no previous existence.

一曰：假如人魂遷往他身，復生世界，或為別人，或為禽獸，必不失其本性之靈，當能記念前身所為。然吾絕無能記焉，並無聞人有能記之者焉。則無前世，明甚。

Primo. Se una persona muore e la sua anima migra in un altro corpo, diventando un essere umano o un animale nel momento in cui rinasce al mondo, certamente non può perdere le caratteristiche della sua natura: deve quindi ricordare le azioni compiute nella vita precedente. Noi però non possiamo

---

15 La Terra Pura (淨土 Jìngtǔ, in sanscrito Sukhāvatī) è il paradiso del Buddha Amitābhaḥ ("luce senza fine", in cinese trascritto foneticamente 阿彌陀 Āmítuó), venerato dal buddhismo mahāyāna.

assolutamente ricordarle, e non ho mai sentito di nessuno che sia in grado di farlo. Perciò, non potrebbe essere più ovvio che non c'è alcuna esistenza precedente.

265.

The Chinese Scholar says: The books of Buddhism and Daoism report many accounts of people who were able to remember the events of their past lives; then there must be someone who can do it.

中士曰：佛老之書所載能記者甚多，則固有記之者。

Il Letterato Cinese dice: I libri del buddhismo e del daoismo riportano molti resoconti di persone capaci di ricordare gli avvenimenti delle loro vite precedenti; quindi deve esistere qualcuno in grado di farlo.

266.

The Western Scholar replies: The devil wants to deceive people so that they will follow him; he therefore attaches himself to the bodies of humans and animals, causing them to assert their belonging to certain families, and to recount events which happened in them, in order to prove their lies. The characters mentioned in the books you refer to are exclusively disciples of Buddha and Laozi, and the records were only written after the transmission of Buddhism to China. In the ten thousand places there are ten thousand examples of life and death. From ancient times until today, in the countries which have religions different from Buddhism, there have been numerous sages whose teachings are wide and profound, and who could commit one thousand books of ten thousand words each to memory; why, then, have they never been able to recall a single event from a previous existence ? Although people easily forget things, how can they forget their parents ? Can they not even remember their own name ? Can only the disciples of Buddha and Laozi, and some animals, remember these things and talk about them with others ? These unfounded discourses are made to deceive ignorant people, among whom you could find someone who believes them; but amongst educated people, and in the academies and schools where they discuss the ten thousand principles, very few cannot but consider them ridiculous.

西士曰：魔鬼欲誑人而從其類，故附人及獸身，詒云為某家子，述某家事，以徵其謬，則有之。記之者必佛老之徒，或佛教入中國之後耳。萬方萬類生死眾多，古今所同，何為自佛氏而外，異邦異門，雖奇聖廣淵，可記千卷萬句，而不克記前世之一事乎？人善忘，奚至忘其父母，並忘己之姓名？獨其佛老之子弟以及畜類，得以記而述之乎？夫�談以欺市井，或有順之者。在英俊之士、辟雍[16]庠序之間，當論萬理之有無，不笑且譏之，鮮矣。

Il Letterato Occidentale replica: Il demonio vuole ingannare le persone in modo che lo seguano; per questo si attacca ai corpi degli uomini e degli animali, facendo sì che affermino la propria appartenenza a determinate famiglie, e che raccontino eventi accaduti in esse per provare le sue menzogne. I personaggi citati nei libri suddetti sono esclusivamente discepoli di Buddha e Laozi, e i testi sono redatti solo dopo la trasmissione del buddhismo in Cina. Nei diecimila luoghi ci sono diecimila specie della vita e della morte: perché dunque, dai tempi antichi fino ad oggi, i numerosi saggi dei paesi che hanno religioni diverse dal buddhismo, il cui insegnamento è stato ampio e profondo e che sono stati capaci di mandare a memoria mille libri di diecimila parole, non hanno ricordato un solo episodio di una vita precedente ? Malgrado le persone si dimentichino facilmente delle cose, come possono dimenticare i loro genitori ? Non ricordano neanche il proprio nome ? Solo i discepoli di Buddha e di Laozi, e gli animali, possono ricordare tali cose e parlarne con altri ? Questi discorsi infondati sono fatti per ingannare gli ignoranti, tra i quali si potrebbe trovare qualcuno che ci crede; ma tra le persone istruite, e nelle accademie e nelle scuole dove si discute dei diecimila princìpi, pochissime persone possono non considerarli ridicoli.

267.

The Chinese Scholar says: The Buddha says that the human soul which is

---

16 辟雍，本為西周天子所設大學，校址圓形，圍以水池。西漢以後，歷代皆有辟雍，除北宋末年作為太學之預備學校外，均為行鄉飲、大射、祭祀之禮的地方。見漢班固《白虎通‧辟雍》：「辟者，璧也。象璧圓又以法天，於雍水側，象教化流行也。」

united to an animal body comes from a previous body; but since the new body does not exactly fit it, the soul is limited and therefore unable to express itself.

中士曰：釋言人魂在禽獸之體，本依前靈，但其體不相稱，故泥不能達。

Il Letterato Cinese dice: Il Buddha afferma che l'anima umana unita a un corpo animale proviene da quella precedente; ma poiché il nuovo corpo non le si addice essa ne è limitata, e pertanto è incapace di esprimersi.

268.

The Western Scholar replies: But when residing in the former body the soul was perfectly in harmony with it; why, then, was it still unable to remember the events of the past life ? I have already explained that the human soul is spirit; and the spirit, by its very nature, does not depend on the body. Even if the soul dwelt in an animal, it could use its faculties; how can it be incapable of expressing itself ? If the Lord of Heaven had really established the process of reincarnation, with its alternating changes, He would have done so to persuade people to do good, or to punish evil-doers. But if we do not clearly remember the good and evil we did in previous lives, how could we know that the good or evil fortune of the present life is caused by the past one ? Is that perhaps encouraging people to do good ? Or punishing evil-doers ? So, what are the benefits which come from reincarnation ?

西士曰：在他人之身，則本體相稱矣，亦何不能記前世之事乎？吾昔已明釋人魂之為神也。夫神者，行其本情，不賴於身，則雖在禽獸，亦可以用本性之靈，何不能達之有？若果天主設此輪廻美醜之變，必以勸善而懲惡也。設吾弗明記前世所為善惡，何以驗今世所值吉凶，果由前世，因而勸乎？懲乎？則輪廻竟何益焉？[17]

Il Letterato Occidentale replica: Quando risiedeva nel corpo precedente,

---

17 利瑪竇的第一個論點是說，除了佛教徒之外沒有人自稱有能力記憶前世。不過，利瑪竇的論點比較弱，因為大部分人沒有前世的記憶，這個不等於這種記憶在心裏面存在。另外，對正統的佛教而言，人生的目的不是準備下一個輪廻，而是擺脫輪廻。我們可以看出，利瑪竇對佛教的理解停留在民間佛教和淨土宗的水平。

però, era perfettamente in armonia con esso; perché neanche allora poteva ricordare gli eventi della vita passata ? Ho già spiegato che l'anima umana è spirito; e lo spirito, per sua stessa natura, non dipende dal corpo. Se anche dimorasse in un animale, potrebbe servirsi delle proprie facoltà; com'è possibile che non sia in grado di esprimersi ? Se il Signore del Cielo avesse stabilito la reincarnazione, con i suoi mutamenti in bello e in brutto, dovrebbe averlo fatto per convincere le persone a compiere il bene, o per castigare chi fa il male. Ma se non ricordiamo chiaramente il bene e il male compiuti nelle vite precedenti, come potremmo sapere che la buona o cattiva sorte della vita presente è causata da quella passata ? È forse ciò un incoraggiare le persone ad agire bene ? O un castigare chi fa il male ? E dunque, quali sono i benefici che provengono dalla reincarnazione ?

269.

Second. When the Supreme Ruler created, in principle, humans and animals, there was no need for humans to be changed into animals because of their sins; He therefore assigned to each living being a soul which would accord with its own species. If, today, there were animals which have been combined with human souls, their souls would be different from those of yesteryear: the present ones would be more intelligent, the older ones more stupid. But I have never heard that there is any difference; thus, the soul of animals have remained the same from ancient times until the present.

　　二曰：當上帝[18]最初生人以及禽獸，未必定以有罪之人變之禽獸，亦各賦之本類魂耳。使今之禽獸有人魂，則今之禽獸魂與古之禽獸魂異，當必今之靈而古之蠢也。然吾未聞有異也。則今之魂與古者等也。[19]

Secondo. Allorché il Sovrano Supremo creò, in principio, gli uomini e gli animali, non c'era necessità che gli uomini fossero tramutati in animali a causa dei loro peccati; pertanto assegnò a ciascun vivente un'anima che si accordasse alla sua specie. Se oggi esistessero animali che sono stati uniti ad anime umane,

---

18 上帝，FJ 本作「天主」。
19 第二個論點是，宗類有自己的特性，絕對不能從一個宗類轉到另一個宗類。

le loro anime sarebbero diverse da quelle dei tempi passati: le attuali dovrebbero essere più intelligenti, le antiche più stupide. Ma non ho mai sentito dire che ci sia alcuna differenza in proposito; perciò l'anima degli animali è rimasta identica, dall'antichità fino al presente.

270.

Third. All those who are receptive to the Way admit to the existence of three souls. The lowest is called the vegetative soul; it supports the life and growth of that to which it has been given: it is the soul of plants. The middle one is called the sensitive soul; it supports the life and growth of that to which it has been given, but also makes it possible to hear with the ears, to see with the eyes, to taste with the mouth, to smell with the nose, to perceive things with the limbs: it is the soul of animals. The highest is called the intellectual soul; it includes both the vegetative and the sensitive soul, supports the growth of the body and the perception of things, allows people to think and to perceive clearly the principles of things: it is man's soul.

三曰：明道之士，皆論魂有三品。下品曰生魂，此只扶所賦者生活長大，是為草木之魂。中品曰覺魂，此能扶所賦者生活長大，而又使之以耳目視聽，以口鼻啖嗅，以肢體覺物情，是為禽獸之魂。上品曰靈魂，此兼生魂、覺魂，能扶植長大及覺物情；而又俾所賦者能推論事物，明辨理義，是為人類之魂。[20]

Terzo. Tutti gli uomini che sono aperti alla Via ammettono l'esistenza di tre anime. Quella inferiore è detta anima vegetativa; sostiene la vita e la crescita di ciò a cui è stata data: è l'anima delle piante. Quella intermedia è detta anima sensitiva; sostiene la vita e la crescita di ciò a cui è stata data, ma rende anche possibile ascoltare con le orecchie, vedere con gli occhi, assaporare con la bocca, annusare con il naso, percepire le cose con gli arti: è l'anima degli animali. Quella superiore è detta anima intellettiva; comprende sia l'anima vegetativa sia l'anima sensitiva, sostiene la crescita del corpo e la percezione delle cose, permette agli uomini di ragionare e di intuire chiaramente i princìpi

---

20 關於靈魂的三部分，利瑪竇重複了第三卷的敘述（133）。

delle cose: è l'anima dell'uomo.

271.

If one were to consider the animal and human souls to be the same, then there would only be two souls: would this not introduce confusion into a conception accepted under heaven ? The nature of beings is not determined by their appearances, but by their souls: the soul determines the nature, the nature determines the species, the species determines the appearance. Therefore, the differences or similarities in the nature depend on the soul; the differences or similarities in the species depend on the nature; the differences or similarities in the appearance depend on the species.

若令禽獸之魂與人魂一，則是魂特有二品，不亦紊天下之通論乎？凡物非徒以貌像定本性，乃惟以魂定之。始有本魂，然後為本性；有此本性，然後定於此類；既定此類，然後生此貌。故性異同，由魂異同焉；類異同，由性異同焉；貌異同，由類異同焉。[21]

Se si considerassero uguali l'anima degli animali e l'anima dell'uomo, le anime verrebbero ad essere soltanto due: ciò non porterebbe confusione nell'ambito di una concezione accettata sotto il cielo ? La natura degli esseri non è determinata dalla loro apparenza, ma dall'anima: l'anima determina la natura, la natura determina la specie, la specie determina l'apparenza. Pertanto, le differenze o le somiglianze nella natura dipendono dall'anima; le differenze o le somiglianze nella specie dipendono dalla natura; le differenze o le somiglianze nell'apparenza dipendono dalla specie.

272.

The appearances of animals are different from those of man; why should their species, their natures and their souls not be different ? There is no other way in which man can research the deepest principles of beings except to employ the external look of things as a proof of their inner nature, observing

---

21 利瑪竇認為，靈魂決定本性。與此不同，宋明理學認為，氣決定本性。對利瑪竇而言，當然「理」也不能決定本性，因為他不是「自立者」而是「依賴者」。參見張學智《明代學史》，第 701～702 頁。

what appears evident in order to understand their hidden secrets.

鳥獸之貌既異乎人，則類、性、魂豈不皆異乎？人之格物窮理，無他路焉，以其表而徵其內，觀其現而達其隱。[22]

Le apparenze degli animali sono diverse da quelle dell'uomo; perché mai le loro specie, le loro nature e le loro anime non dovrebbero essere diverse ? Per l'uomo non c'è altro modo di ricercare i princìpi profondi degli esseri se non usare l'aspetto esterno delle cose come prova della loro natura interiore, osservando ciò che appare evidente al fine di comprendere i segreti nascosti.

273.

So, if we wish to know what kind of soul is possessed by vegetation, we observe that plants are only able to grow and have no perception; this demonstrates that they have the vegetative soul. If we wish to know what kind of soul is possessed by animals, we find that they are able to perceive with the senses but not to use reason; from which we know that they have the sensitive soul. If we wish to know what kind of soul is possessed by man, we notice that only he can reason and understand the principles of the ten thousand beings; from which we realize that only he has the intellectual soul.

故吾欲知草木之何魂，視其徒長大而無知覺，則驗其內特有生魂矣。欲知鳥獸之何魂，視其徒知覺而不克論理，則驗其特有覺魂矣。欲知人類之何魂，視其獨能論萬物之理，明其獨有靈魂矣。

Così, se vogliamo conoscere quale anima la vegetazione possieda, osserviamo che è solo in grado di crescere ed è priva di percezione; ciò dimostra che ha l'anima vegetativa. Se vogliamo conoscere quale tipo di anima gli animali possiedano, rileviamo che sono capaci di percepire con i sensi ma non di ragionare; da ciò sappiamo che hanno l'anima sensitiva. Se vogliamo conoscere quale anima l'uomo possieda, notiamo che solo lui può ragionare e capire i princìpi dei diecimila esseri; da ciò sappiamo che solo lui ha l'anima intellettiva.

---

22 利瑪竇提出了宋明理學的「格物窮理」，不過，宋明理學主要探討倫理學意義上的「理」，而利瑪竇則主要探討自然界中的「理」。

274.

These truths are obvious, but the Buddha claims that animals have the intellectual soul like humans have; this statement is contrary to reason. I have often heard that those who follow the Buddha may make mistakes, but I have never heard that those who follow reason may go wrong.

理如是明也，而佛氏云禽獸魂與人魂同靈，傷理甚矣。吾常聞殉佛有謬，未嘗聞從理有誤也。[23]

Queste verità sono ovvie, ma il Buddha sostiene che gli animali hanno l'anima intellettiva come gli uomini; tale affermazione è contraria alla ragione. Di frequente ho sentito dire che chi segue il Buddha può cadere in errore, ma non ho mai sentito dire che chi segue la ragione possa sbagliare.

275.

Fourth. Man's bodily structure is particularly handsome, and different from that of animals; hence, his soul is also different. It is like the artisan who uses wood to build a chair, and iron to produce a sharp instrument; the objects are different, and therefore the materials he uses are also different. Since we know that man's bodily structure differs from that of animals, how could his soul be the same as theirs ?

四曰：人之體態奇俊，與禽獸不同，則其魂亦異。譬匠人慾成椅卓必須用木，欲成利器必須用鐵，器物各異，則所用之資亦異。既知人之體態不同禽獸，則人之魂又安能與禽獸相同哉？

Quarto. La struttura corporea dell'uomo è particolarmente bella, e diversa da quella degli animali; perciò anche la sua anima è diversa. È come il caso dell'artigiano che usa il legno per costruire una sedia, e il ferro per produrre uno strumento affilato; gli oggetti sono diversi, e quindi anche i materiali utilizzati sono diversi. Poiché sappiamo che la struttura corporea dell'uomo differisce da quella degli animali, come potrebbe la sua anima essere uguale alla loro ?

276.

From all this we recognize that the Buddhist teaching, according to which

---

23　反對輪迴的第三點是，人的靈魂與動物的靈魂在本質上不同。

man's soul dwells in the bodies of other humans or animals and then is born again, is a false doctrine. A man's soul only conforms to his body, how can it conform to the body of someone else ? Or even worse, to the body of a being who belongs to a different species ? As the sheath of a knife can be used only for knives, a sword scabbard is suitable only for a sword; how can one put a knife in a sword scabbard ?

故知釋氏所云人之靈魂，或託於別人之身，或入於禽獸之體，而回生於世間，誠誑詞矣。夫人自己之魂，只合乎自己之身，烏能以自己之魂，而合乎他人之身哉？[24]又況乎異類之身哉？亦猶刀只合乎刀之鞘，劍只合乎劍之鞘，安能以刀合劍鞘耶？[25]

Da ciò riconosciamo che l'insegnamento buddista, secondo il quale l'anima dell'uomo dimora nei corpi di altri uomini o animali per poi nascere di nuovo, è una dottrina errata. L'anima di un uomo si conforma solo al proprio corpo, come può conformarsi al corpo di qualcun altro ? O ancora peggio, al corpo di un essere che appartiene a una specie diversa ? Come il fodero da sciabola è utilizzabile solo per la sciabola, il fodero da spada è adatto solo per la spada; come si può inserire una sciabola in un fodero da spada ?

277.

Fifth. There is no evidence to state that the human soul moves into animals, since this belief is merely based on a hypothesis: if someone, in a previous life, lived the wanton life typical of a given animal, the Lord of Heaven would punish such a person by causing him to be transformed, in the next existence, in

---

24 BC 本此處有衍文，起自三曰之「又俾所賦者能推論事物」，止於「四曰」之前。

25 第四點說明，不僅人與動物有本質上的不同，而且每個人的身心是獨一無二的，不能移動。這點完全符合亞里士多德的形質論（*hylemorphism*）。這番話來源於《天主實錄》：「人之所以異於禽獸者，在乎體態奇俊。體既不同，則其魂亦異矣。譬如匠人慾成一椅桌，必須用木；欲成利器，必須用鐵。器物各異，則所用之資亦不同。既知人之體態不同乎禽獸，則人之魂靈又安能與禽獸相同哉？吾嘗聞異端有言曰：『之魂靈，或進於禽獸之身，而回生於世間。』此誠虛誕之詞也。夫人自己之魂只合乎自己之身，安能以自己之魂而合乎他人之身哉？禽獸之魂只合乎禽獸之身，奚可以人之魂而合乎禽獸之身哉？亦猶刀只合乎刀之鞘，劍只合乎劍之鞘，烏能以刀之肉而合乎劍之鞘哉？」（《天主實錄》，第37～38頁）。

the same species of animal. But this cannot be a punishment; can the fulfillment of one's desires be called a "punishment ?"

五曰：夫云人魂變獸，初無他據，惟疑其前世淫行曾效某獸，天主當從而罰之，俾後世為此獸耳。然此非刑也。順其欲，孰謂之刑乎？

Quinto. Non ci sono prove per asserire che l'anima umana si trasferisce negli animali, dal momento che tale credenza si fonda semplicemente su un'ipotesi: se una persona, in una vita precedente, ha vissuto la vita sregolata tipica di un determinato animale, il Signore del Cielo potrebbe punirla trasformandola, nell'esistenza successiva, in quella stessa specie di animale. Ma ciò non può essere un castigo; soddisfare i propri desideri può venir detto "castigo"?

278.

An evil man spends his life destroying his own virtuous nature and gives free rein to the evil enclosed in his heart, only regretting that his human appearance may limit the full realization of his desires. If such a person were to hear that in a later life he could change his form and so indulge his base passions, would he not feel a great contentment ? Would a cruel man, who is used to killing people, not be even happier if he could grow sharp claws and teeth, like a tiger or a wolf, and if his mouth could drip blood day and night ? Would an arrogant man, who is used to bullying others not knowing either humility or weakness, not be happy if he could grow a large body, be born as a lion and be the king of all beasts ? Thieves make a living by robbing people of their wealth and goods; would they perhaps be saddened if they were transformed into foxes, thus being able to rely on slyness in order to fulfill their desires ? Such people would not only regard transformation into animals as a punishment, but they would even consider it a favour. The Lord of Heaven is infinitely just and wise; He cannot inflict retribution in this way.

奸人之情，生平滅己秉彝[26]，以肆行其所積內惡，而尚只痛其具人面

---

26 秉彝，持執常道。《詩・大雅・烝民》：「民之秉彝，好是懿德。」毛傳：「彝，常。」朱熹集傳：「秉，執。」

貌，若有防礙。使聞後世將改其形容，而憑已流恣，詎不大快？如暴虐者常習殘殺，豈不欲身着利爪鋸牙，為虎為狼，晝夜以血污口乎？倨傲者習於欺人，不識遜讓，豈不樂長大其形，生為獅子，為眾獸之王乎？賊盜者以偷人財貨度活，何優化為狐狸，稟百巧媚以盡其情乎？此等輩非但不以變獸為刑，乃反以為恩矣。天主至公至明，其為刑必不如是也。

Un uomo malvagio passa la vita a distruggere la propria natura virtuosa e lascia a briglia sciolta il male racchiuso nel cuore, lamentandosi solo del fatto che l'apparenza umana limita la realizzazione dei suoi desideri. Se una tale persona dovesse udire che in una vita successiva può cambiare il proprio aspetto e così indulgere alle sue basse passioni, non ne proverebbe grande soddisfazione ? Non sarebbe ancora più felice un uomo crudele, abituato a uccidere, se potesse farsi crescere gli artigli taglienti e i denti aguzzi, come una tigre o un lupo, e se la sua bocca potesse colare sangue giorno e notte ? Un uomo arrogante che è solito fare il prepotente con gli altri, non conoscendo né umiltà né debolezza, non sarebbe felice se potesse crescere in un corpo grande, nascere come un leone ed essere il re degli animali ? I ladri vivono derubando gli altri delle loro ricchezze e dei loro beni; sarebbero forse rattristati di essere trasformati in volpi, ed essere così in grado di affidarsi all'astuzia per soddisfare i propri desideri ? Tali uomini non solo non considererebbero la trasformazione in animali come un castigo, ma addirittura la riterrebbero un favore. Il Signore del Cielo è infinitamente giusto e sapiente; non può infliggere castighi in questo modo.

279.

If you say that to descend from the honoured species of man to the species of animals is a punishment in itself, I believe instead that anyone who practises evil does not consider being born a man as an honour. The majority of such people pay no attention to the way in which man should behave in order to follow the truly human Way, and they leave their animal nature unbridled. They are ashamed to have the appearance of human beings; if they could get rid of it and mingle with animals, engaging in shameful conduct, they would be very pleased indeed, since they would not feel a sense of shame and nothing would be prohibited to them. Therefore, the lies and dissolute talk about reincarnation are of no help whatsoever in restraining evil and encouraging goodness; on the contrary, they are really harmful.

如曰自人之貴類入獸之賤類，即謂之刑，吾意為惡之人，卻不自以生居人類為貴，大抵不理人道，而肆其獸情，所羞者具此人面耳已。今得脫其人面，而雜於獸醜，無恥無忌，甚得志也。故輪廻之謊言蕩詞，於沮惡勸善無益，而反有損也。[27]

Se Lei dice che abbassarsi dall'onorata specie degli uomini a quelle inferiori degli animali è di per sé un castigo, credo invece che chiunque pratichi il male non consideri un onore l'essere nato uomo. La maggioranza di tali persone non è attenta al modo in cui l'uomo dovrebbe comportarsi per seguire la Via veramente umana, e lascia a briglia sciolta la propria natura animale. Essi si vergognano di avere l'aspetto di esseri umani; se potessero sbarazzarsene e mescolarsi con gli animali, seguendo una turpe condotta, ne sarebbero di certo molto soddisfatti, poiché non avvertirebbero il senso del pudore e nulla sarebbe loro proibito. Perciò, le menzogne e i discorsi dissoluti circa la reincarnazione non aiutano in alcun modo a contenere il male e ad incoraggiare il compimento del bene; al contrario, sono veramente dannosi.

280.

Sixth. Those who support the ban on killing animals fear that the oxen and horses they slaughter may be a reincarnation of their parents, and that they cannot bear to deprive them of life. But if they have doubts about it, how can they bear to yoke oxen to the plough to till their fields, or to harness them to carts ? How can they bear to place a halter on a horse and ride on it ? From my point of view there is not a great difference between the sin of killing one's parents, and the sin of making them labour in the fields. Killing a relative and keeping him constantly bridled, humiliating and whipping him in the

---

27 第五點說到，在倫理上，輪迴說沒有好的效果，相反，邪惡的人還會喜歡過動物的生活。

commercial districts of the city, are equally atrocious. But the cultivation of fields cannot be abandoned, the use of draft animals is inevitable; what doubt can one have that the prohibition of killing animals is absurd ? It is obvious that the assertion that humans can be transformed into animals is not credible.

六曰：彼言戒殺生者，恐我所屠牛馬即是父母后身，不忍殺之耳。果疑於此，則何忍驅牛耕畎畝，或駕之車乎？何忍羈馬而乘之路乎？吾意弒其親，與勞苦之於耕田，罪無大異也。弒其親，與恒加之以鞍而鞭辱之於市朝，又等也。然農事不可廢，畜用不可免，則何疑於戒殺之說？而云人能變禽獸，不可信矣。[28]

Sesto. Quelli che sostengono la proibizione di uccidere gli animali temono che i buoi e i cavalli ammazzati siano una reincarnazione dei propri genitori, e non possono sopportare di toglier loro la vita. Ma se hanno dubbi in proposito, come possono sopportare di aggiogare i buoi all'aratro per dissodare i campi, o di imbrigliarli ai carri ? Come possono sopportare di mettere un cavallo alla cavezza e montarlo ? Dal mio punto di vista non c'è una grande differenza tra il peccato di uccidere i familiari, e il peccato di farli lavorare nei campi. Uccidere un parente e tenerlo costantemente imbrigliato, umiliandolo e frustandolo nei quartieri commerciali della città, sono cose ugualmente atroci. Ma la coltivazione dei campi non può essere abbandonata, l'uso di animali da tiro è inevitabile; quale dubbio si può avere sul fatto che la proibizione di uccidere degli animali sia assurda ? È ovvio come l'affermazione secondo cui gli uomini possono trasformarsi in animali non sia credibile.

281.

The Chinese Scholar says: To assert that the soul of man can transmigrate into an animal is certainly to talk nonsense and deceive ignorant people; how can a noble man believe that the horse he is mounting is his own father, mother, brother, relative, king, teacher, or friend ? If someone believes this but persists in so doing, they confuse the morality of human relations. If someone believes this and abstains from so doing, they must cease to rear animals and to use them;

---

28 第六點涉及到輪迴說所帶來的邏輯後果。

actually, there would be nothing on which such people could put their hands and feet. Hence, this doctrine is not credible. Nevertheless, if one spoke of reincarnation saying that a person can only be transformed into another person, then one would remain within the boundaries of the same species, and no harm would ensue.

中士曰：夫人魂能為禽獸者，誠誑語也，以欺無知小民耳。君子何以信吾所騎馬為吾父母、兄弟、親戚，或君、或師、朋友乎？信之而忍為之，亂人倫；信之而不為之，是又廢畜養，而必使不用於世，人無所容手足矣。故其說不可信也。然若但言輪廻之後，復為他人，乃皆同類，亦似無傷。[29]

Il Letterato Cinese dice: Sostenere che l'anima dell'uomo possa trasmigrare in un animale è certamente dire un'assurdità e ingannare le persone ignoranti; come può un uomo nobile credere che il cavallo che sta montando sia suo padre, sua madre, suo fratello, un parente, il re, il maestro, o l'amico ? Se un uomo ci crede, ma lo fa ugualmente, confonde la morale delle relazioni umane. Se ci crede, e quindi non lo fa, deve smettere di allevare gli animali e cessare di utilizzarli; infatti, non ci sarebbe più nulla su cui tale uomo potrebbe mettere le mani e i piedi. Perciò questa dottrina non è credibile. Ciononostante, se si parlasse della reincarnazione dicendo che l'uomo può venire trasformato solo in un altro uomo, si rimarrebbe nei limiti della stessa specie e non ne verrebbe alcun danno.

282.

The Western Scholar replies: To believe in the doctrine that the human soul can be transformed into an animal should lead to desist from breeding animals. To believe that the human soul can move to another person is a hindrance to marriage and to the use of servants. For what reason ? Because who can tell whether the woman you have taken as wife is not the reincarnation of your mother, who has become a daughter in a household of a different name ? Who can tell whether the servants and underlings you scold are not the reincarnation

---

29 中士似乎肯定輪廻說，不過限於人界。

of your brothers, relatives, rulers, teachers or friends ? Does this doctrine not bring a great moral confusion into human relations ? In conclusion, man can be transformed neither into animals nor into other persons; the reason is very clear.

西士曰：謂人魂能化禽獸，信其說則畜用廢；謂人魂能化他人身，信其說，將使夫婚姻之禮，與夫使令之役，皆有窒礙難行者焉。何者？爾所娶女子，誰知其非爾先化之母，或後身作異姓之女者乎？誰知爾所役僕、所嘗責小人，非或兄弟、親戚、君師、朋友後身乎？此又非大亂人倫者乎？總之，人既不能變為鳥獸，則亦不能變化他人，理甚著明也。[30]

Il Letterato Occidentale replica: Credere nella dottrina per cui l'anima umana può trasformarsi in un animale deve portare a interrompere l'allevamento delle bestie. Credere che l'anima umana possa trasferirsi in un'altra persona è di impedimento al matrimonio e all'uso dei servi. Per quale motivo ? Perché chi può dire se la donna che Lei ha preso in moglie non sia la reincarnazione di Sua madre, divenuta figlia in un casato dal differente cognome ? Chi può dire se i servi e i sottoposti che Lei rimprovera non siano la reincarnazione dei Suoi fratelli, parenti, sovrani, insegnanti o amici ? Tale dottrina non porta una gran confusione nelle morale delle relazioni umane ? In conclusione, gli uomini non possono essere trasformati in animali, e neppure in altre persone; il motivo è molto chiaro.

283.

The Chinese Scholar says: Previously you said that the soul of man is not destroyed, and that the souls of the deceased continue to exist. If there is no reincarnation to determine their transformation, one may ask: how can the universe contain so many spirits ?

中士曰：前言人魂不滅，是往者俱在也。有疑使無輪廻以銷變之，宇內豈能容此多鬼哉？

Il Letterato Cinese dice: Prima Lei ha detto che l'anima dell'uomo non viene distrutta, e che l'anima dei defunti continua ad esistere. Se non c'è alcuna

---

30 輪迴在人界不可能，這是第六點的後果，不過，這裡利瑪竇強調輪迴說會弄亂人際關係。

reincarnazione a determinare la loro trasformazione, ci si potrebbe chiedere: come fa l'universo a contenere così tanti spiriti ?

284.

The Western Scholar replies: To have doubts about it means not to have understood the immensity of heaven and earth, and to think that they can easily be filled up; it also means not to understand the nature of spirit, and to assume that it fills the place in which it is located. Material things occupy space, and therefore they can fill the place they occupy; the spirit is immaterial, how can it occupy a place ? A space the size of a seed can serve as a residence for ten thousand spirits;[31] not only is it enough for the souls of the dead, but future ones can also be there without difficulty. Why, in order to solve this problem, should one have invented a groundless doctrine of reincarnation ?

西士曰：疑此者，弗識天地之廣潤者也，則意若易充也；又弗通神之性態者也，以為其有充所也。形者在所，故能充於所；神無形，則何以滿其所乎？一粒之大，而萬神宅焉，豈惟往者，將來靈魂並容不礙也。豈用因是而為輪迴妄論哉？

Il Letterato Occidentale replica: Avere dubbi in proposito significa non aver compreso l'immensità del cielo e della terra, e pensare che possano facilmente essere colmati; significa anche non aver capito la natura dello spirito, e ritenere che esso riempia lo spazio in cui si trova. Le cose materiali occupano spazio, e quindi possono riempire il luogo che occupano; lo spirito è immateriale, come può occupare un luogo ? Lo spazio della grandezza di un seme può servire da residenza per diecimila spiriti;[32] non solo è sufficiente per le anime dei trapassati, ma anche quelle future possono starci senza difficoltà. Perché, per risolvere questo problema, si sarebbe dovuta inventare una dottrina della reincarnazione priva di fondamento ?

285.

The Chinese Scholar says: The doctrine of reincarnation was invented by

---

31 See *STh*, I, 52.
32 Cf. *STh*, I, 52.

two men,[33] and few of us Confucians believe it; but the prohibition of killing animals seems to come very close to the teaching of benevolence. The Lord of Heaven is the source of mercy, why should He not accept it ?

中士曰：輪迴之說，自二氏出[34]，吾儒亦少信之。然彼戒殺生者，若近於仁，天主為慈之宗，何為弗與？[35]

Il Letterato Cinese dice: La dottrina della reincarnazione è stata inventata da due uomini,[36] e pochi di noi confuciani la credono vera; ma la proibizione di uccidere gli animali sembra arrivare molto vicina all'insegnamento della benevolenza. Il Signore del Cielo è l'origine della misericordia, perché non dovrebbe accettarla ?

286.

The Western Scholar replies: If people were really transformed into animals, the noble man would obviously stop killing small living creatures, as he does not kill human beings; actually, although their external appearances are different, they would equally be people. But he who believes this false doctrine only refrains from killing animals when he fasts, the first and fifteenth day of the lunar month; evidently, this is an illogical doctrine. It would be like a person who daily kills other human beings and devours their flesh, but who, wishing to be benevolent and merciful, says: "I do not kill people and eat their meat on the first and fifteenth day of the lunar month." However, on other days he continues to kill and eat people; can this be considered as refraining from killing ? He has the hardness of heart to kill twenty-eight days a month, and only two days a month he abstains from doing so; how can this add to or detract from his grave sins ? I have already shown clearly the impossibility for a man to become an animal; it is obvious that it is not necessary to forbid the killing of animals.

---

33 Pythagoras and Buddha.

34 二氏應該指佛教與道教，不過，也可以理解為指涉畢達哥拉斯與釋迦牟尼（參見261）。

35 雖然士大夫在理論上不認同佛教，不過，他們能接納佛教在實踐上的價值。不過，對利瑪竇而言，理論與實踐不能分開。

36 Pitagora e Buddha.

西士曰：設人果變為禽獸，君子固戒殺小物，如殺人比。彼雖殼貌有異，均是人也。但因信此誕說，朔望齋素以戒殺生，亦自不通。譬有人日日殺人而食其肉，且復歸依仁慈而曰：「朔望我不殺人，不食其肉。」但以餘日殺而食之，可謂戒哉？其心忍恣殺於二十八日，彼二日之戒，何能增、何能減其惡之極乎？夫吾既明證無變禽獸之理，則並著無殺生之戒也。[37]

Il Letterato Occidentale replica: Se le persone venissero realmente trasformate in animali, l'uomo nobile ovviamente smetterebbe di uccidere le piccole creature viventi, così come non uccide gli esseri umani; esse infatti, sebbene differenti all'apparenza, sarebbero ugualmente persone. Ma chi crede in tale falsa dottrina si trattiene dall'uccidere animali solo quando digiuna, il primo e il quindicesimo giorno del mese lunare; evidentemente, è una dottrina illogica. Sarebbe come un uomo che uccidesse quotidianamente altri esseri umani e divorasse la loro carne, ma che volendo essere benevolo e misericordioso dicesse: "Non uccido persone e non mangio la loro carne il primo e il quindicesimo giorno del mese lunare" Tuttavia, durante gli altri giorni continua ad ammazzare e a mangiare le persone; può essere questo un astenersi dall'uccidere? Ha la durezza di cuore di uccidere ventotto giorni al mese, e solo per due giorni si astiene dal farlo; come può per questo aggiungere o sottrarre qualcosa ai suoi gravissimi peccati? Ho già chiaramente mostrato l'impossibilità per l'uomo di trasformarsi in animale; è ovvio come non sia necessario proibire l'uccisione di animali.

287.

Look at heaven and earth and the ten thousand beings created by the Lord of Heaven: there is not one of them which was not created for the use of man.[38] The sun, the moon and the stars are suspended in the heavens to illuminate us, the ten thousand colours are bright so that we can see them, the ten thousand beings are created to be used by us. The Five Colours give pleasure to our eyes,

---

37 利瑪竇陳述，輪迴學說帶來實踐上無法容忍的後果，所以要全面排斥佛教。
38 See *Gn* 1:28.

the Five Notes cheer our ears. Many flavours and smells delight our mouths and noses, a hundred soft and warm things provide comfort for our limbs, one hundred medicinal herbs can cure our diseases, feeding us from the outside and healing us from the inside. Therefore, we must always thank the Lord of Heaven for His grace, and always be careful to make good use of His gifts.

試觀天主生是天地及是萬物，無一非生之以為人用者。[39]夫日月星辰麗天以我照也，照萬色以我看也，生萬物以遂我用也。五色悅我目，五音娛我耳，諸味諸香之匯以甘我口鼻，百端輕煖之物以安逸我四肢，百端之藥材以醫療我疾病，外養我身，內調我心。故我當常感天主尊恩，而時謹用之。

Guardi il cielo e la terra e i diecimila esseri creati dal Signore del Cielo: non c'è uno di essi che non sia stato creato affinché l'uomo lo utilizzi.[40] Il sole, la luna e le stelle sono sospesi in cielo per illuminarci, i diecimila colori sono accesi per consentirci di vedere, i diecimila esseri sono creati per venire usati da noi. I cinque colori danno piacere ai nostri occhi, le cinque note allietano le nostre orecchie. Molti sapori e odori deliziano le nostre bocche e i nostri nasi, cento cose morbide e calde danno conforto ai nostri arti, cento erbe medicinali possono curare le nostre malattie, nutrendoci dall'esterno e curandoci dall'interno. Perciò dobbiamo sempre ringraziare il Signore del Cielo per la Sua grazia, ed essere sempre attenti a fare buon uso dei Suoi doni.

288.

Birds and animals have feathers and fur, which can be used to make clothes and shoes; or have fangs, horns, precious shells with which one can make extraordinary objects; or contain wonderful medicinal principles to cure

---

39 參見聖依納爵‧羅耀拉《神操》（*Ejercicios espirituales*）:「人之受造乃為讚頌、尊敬、事奉我等主天主，由此拯救自己的靈魂。地面上其他的事事物物皆為人而造，為助他獲得他受造的目的」（房志榮譯，光啟出版社，1978 年，第 24～25 頁）。另外，亞里士多德說，由於人的優越，所有動物都為人服務。參見《政治學》第一卷第五章。《創世紀》一 28 也有說:「天主祝福他們說:『你們要生育繁殖，充滿大地，治理大地，管理海中的魚、天空的飛鳥、各種在地上爬行的生物！』」。

40 Cf. *Gn* 1,28.

diseases; or themselves are delicious foods, which are suitable to feed us all, the young and the old; why should we not take them and make use of them ? If the Lord of Heaven had not allowed the breeding and killing of animals so that man may feed on them, would He have provided them with an unnecessarily palatable taste ? Has he perhaps deliberately tempted man to violate His commandments, causing him to commit a sin ? Moreover, from ancient times until today, the saints and sages of ten thousand nations have killed animals and eaten meat showing no repentance and without considering it as a violation of any commandments. Can one blame saints and sages and condemn them to Hell, whereas two or three people who lack virtue, but who observed that abstinence, are praised and sneak into Heaven ? These are certainly not the words of reasonable people!

鳥獸或有毛羽皮革，可為裘履；或有寶牙角殼，可製奇器；或有妙藥，好治病疾；或有美味，能育吾老幼；吾奚不取而使之哉？藉使天主不許人宰芻豢而付之美味，豈非徒付之乎？豈非誘人犯令，而陷溺之於罪乎？且自古及今，萬國聖賢，咸殺生食葷，而不以此為悔，亦不以此為違戒。亦豈宜罪聖賢以地獄，而嘉與二三持齋無德之輩，躋之天堂乎？此無乃非達者之言歟？

Gli uccelli e gli animali hanno piume e pellicce, utilizzabili per fare abiti e scarpe; o hanno zanne, corna, gusci preziosi con i quali si possono fare oggetti straordinari; o contengono meravigliosi principi medicinali per curare le malattie; o sono essi stessi cibi deliziosi adatti a nutrirci tutti, giovani e anziani; perché non dovremmo prenderli e farne uso ? Se il Signore del Cielo non avesse permesso l'allevamento e l'uccisione degli animali affinché l'uomo se ne nutrisse, non li avrebbe dotati inutilmente di un ottimo sapore ? Forse ha deliberatamente tentato l'uomo affinché violasse i Suoi comandamenti, portandolo a commettere un peccato ? In più, dai tempi antichi fino ad oggi, i santi e i sapienti di diecimila nazioni hanno ucciso animali e si sono nutriti di carne senza mostrare alcun pentimento e senza considerare ciò una violazione dei comandamenti. Si possono incolpare i santi e i sapienti e condannarli all'inferno, mentre due o tre persone che difettano di virtù, ma che hanno osservato tale astinenza, vengono lodate e si infilano in paradiso ? Queste certamente non sono parole di uomini ragionevoli!

289.

The Chinese Scholar says: There are many things in the world which do not exist for the benefit of man, but which are definitely harmful to him: such as poisonous insects, snakes, tigers, wolves and so on. Your assertion that the Lord of Heaven would have created the ten thousand beings for man's use seems, in some cases, not to be true.

中士曰：世界之物多有無益乎人且害之者，如毒蟲、蛇、虎、狼等。所言天主生萬物，一一以為人用，似非然。

Il Letterato Cinese dice: Ci sono molte cose al mondo che non esistono a beneficio dell'uomo, ma che gli sono certamente nocive: come ad esempio gli insetti velenosi, i serpenti, le tigri, i lupi e così via. La Sua affermazione che il Signore del Cielo avrebbe creato i diecimila esseri a uso dell'uomo, in alcuni casi non sembra essere vera.

290.

The Western Scholar replies: Things are mysterious and subtle, their activities are extensive and complex. Common people cannot fully understand them; they can only see their harmful effect, because human talents have been clouded over.

西士曰：物體幽眇，其用廣繁，故凡人或有所未能盡達，而反以見害。此自人才之蔽耳。[41]

Il Letterato Occidentale replica: Le cose sono misteriose e sottili, le loro attività ampie e complesse. Le persone comuni non riescono completamente a capirle; possono solo vederne l'aspetto dannoso, perché i talenti umani sono stati offuscati.

---

41 《神學大全》第一集 72 題（第二冊，第 319～320 頁）：「正如奧斯定在《創世紀釋義一一兼駁摩尼教派》卷一第十六章所說的：『如果一個毫無經驗者進入一名工匠的工作室，看見在那裡有許多工具，並且不知道這些工具的原因或用途；如果這個毫無經驗者是愚蠢的人，那麼他就會以為這些工具是多餘的。』」

291.

Man has two parts: the outer part is the body, the inner part is the soul. If we compare them, the inner part is the most honoured. Poisonous insects, tigers, wolves can damage the outer man, but they may bring peace to the inner man at the same time, and so they can be beneficial. What harms the body is commonly considered to be evil, but it also serves to warn us of the need to fear the wrath of the Lord of Heaven: causing us to understand that He can use the weather, water, fire and poisonous insects to express His reproach towards those who does not keep His commandments. We must be vigilant, pray often, ask for His help, remember Him and desire Him: are not these great resources for the correction of the inner man ?

人固有二：曰外人，所謂身體也；曰內人，所謂魂神也。比此二者，則內人為尊。毒虫、虎、狼險外人而寧內人，卒可謂益於人焉。夫傷身體之物，俗稱惡物，而其警我畏天主之怒，使知以天、以水、以火、以虫皆能責人之犯命者。吾於是不得不戒懼，以時祈乞其助，時念望之，豈非內正人者之大資乎？[42]

L'uomo ha due parti: quella esteriore è il corpo, quella interiore è l'anima. Mettendole a confronto, la parte interiore è la più onorata. Gli insetti velenosi, le tigri, i lupi possono danneggiare l'uomo esteriore, ma nel contempo portare pace all'uomo interiore, e quindi essere di beneficio. Ciò che danneggia il corpo è comunemente considerato malvagio, ma serve anche ad ammonirci sulla necessità di temere l'ira del Signore del Cielo: facendoci capire che Lui può esprimere il Suo biasimo verso chi non osserva i Suoi comandamenti attraverso il cielo, l'acqua, il fuoco e gli insetti velenosi. Noi dobbiamo essere vigili, pregare spesso, chiedere il Suo aiuto, ricordarLo e desiderarLo: queste non sono forse grandi risorse per correggere l'uomo interiore ?

292.

Moreover, the Lord of Heaven has mercy on the petty man, whose heart is entirely centered and absorbed in the things of this world, never yearning for

---

42 似乎對人有害的事情對他有好處，因為這提醒他，人要達到的目的不在世間。

Heaven or the higher realities of the world to come. He has therefore allowed the existence of poisonous and terrible things on this earth, with the intent to set free and to elevate man.

且天主悲惜小人之心，全在於地，惟泥於今世，而不知惺望天堂及後世高上事情，是以兼[43]置彼醜毒於本界，欲拯拔之焉。

Inoltre, il Signore del Cielo ha misericordia degli uomini meschini che hanno il cuore interamente centrato e sprofondato nelle cose di questo mondo, non desiderando mai il cielo né le realtà più alte del mondo che verrà. Egli perciò ha permesso l'esistenza di cose terribili e velenose su questa terra, con l'intenzione di liberare e innalzare l'uomo.

293.

Besides, when the Lord of Heaven created the world in the beginning, He made sure that the ten thousand beings under heaven should contribute to the nurture of human life or be of some benefit, serving him and inflicting him no harm. From the moment we rebelled against the Supreme Ruler things also rebelled against us. Therefore, harmful beings were not in the original will of the Lord of Heaven; rather, we have raised them.[44]

況天主初立世界，俾天下[45]萬物，或養生，或利用，皆以供事我輩，原不為害，自我輩忤逆上帝[46]，物始亦忤逆我。則此害非天主初旨，乃我自招之耳。[47]

Inoltre, quando il Signore del Cielo in principio creò il mondo, fece in modo che i diecimila esseri sotto il cielo contribuissero al sostentamento della vita dell'uomo o gli fossero di qualche giovamento, servendolo e non recandogli alcun danno. Dal momento in cui noi ci siamo ribellati al Sovrano Supremo, allora anche le cose si sono ribellate contro di noi; pertanto gli esseri nocivi non

---

43 兼字不清，據 FJ 本補。
44 See *Gn* 3:17; *STh*, I, 96, 1.
45 天下二字不清，據 FJ 本補。
46 上帝，FJ 本作「天主」。
47 《神學大全》第一集 96 題 1 節（第三冊，第 297 頁）：「那些該服從人的東西之所以不服從人，是對人的處罰，因了人背命不服從天主。」

erano nella volontà originaria del Signore del Cielo, piuttosto li abbiamo suscitati noi.[48]

294.

The Chinese Scholar says: The Lord of Heaven created the living beings, thus He loves them and does not wish them to die. The prohibition against killing should certainly agree with His honoured will.

中士曰：天主生生者，必愛其生，而不欲其死，則戒殺生順合其尊旨矣。

Il Letterato Cinese dice: Il Signore del Cielo ha creato i viventi, dunque li ama e non vuole che essi muoiano. La proibizione di uccidere dovrebbe certamente accordarsi con la Sua onorata volontà.

295.

The Western Scholar replies: Even grass and trees possess the vegetative soul, and they all are living beings. Each day you prepare vegetables for your meals and cut firewood, cruelly killing their lives, you certainly say: "The Lord of Heaven created these vegetables and this wood for man to use, so there is no harm in using them." Therefore, I can say that the Lord of Heaven created animals for us to use; what is wrong with killing animals and availing ourselves of them, so as to nourish the life of man ? The maxim of benevolence: "I will not do to others what I do not want others to do unto me,"[49] does not say that we should not do it to animals.

西士曰：草木亦稟生魂，均為生類，爾日取菜以茹，折薪以焚，而殘忍其命，必將曰：「天主生此菜薪，以憑人用耳，則用而無妨。」我亦曰：「天主生彼鳥獸，以隨我使耳，則殺而使之以養人命，何傷乎？」[50]

---

48 Cf. *Gn* 3,17; *STh*, I, 96, 1.

49 See *Analects*, V, 11; Mt 7:12.

50 利瑪竇採用亞里士多德或阿奎那的等級觀。《神學大全》第一集 96 題 1 節（第三冊，第 297 頁）：「不完美之東西是為被完美之東西利用的：植物利用土地以吸收營養，動物利用植物，而人則兼利用植物和動物。故此，人自然就統治動物。」

仁之範惟言「無欲人加諸我，我勿欲加諸人」[51]耳，不言「勿欲加諸禽獸」者。

Il Letterato Occidentale replica: Anche l'erba e gli alberi possiedono l'anima vegetativa, e sono tutti esseri viventi. Ogni giorno che Lei prepara verdure per i Suoi pasti e taglia legna da ardere, uccidendo crudelmente le loro vite, sicuramente dice: "Il Signore del Cielo ha creato queste verdure e questa legna perché l'uomo le utilizzi, quindi non c'è alcun male nell'usarle" Così, posso dire che il Signore del Cielo ha creato gli animali affinché noi ne usufruissimo; che cosa c'è di male nell'uccidere gli animali e usarli per nutrire la vita dell'uomo ? La massima della benevolenza: "non voglio fare agli altri ciò che non vorrei gli altri facessero a me",[52] non dice di non volerlo fare agli animali.

296.

Besides, the laws under heaven only forbid the killing of man; there is none which forbids the killing of animals. Animals and plants should be considered along with material goods; all that is required is moderation in their use. Mencius therefore instructed the king of his time "not to use close-meshed nets to catch fish in the lakes, and to use axes to cut down trees in the woods only at fixed periods;"[53] he never forbade the use of these things.

且天下之法律但禁殺人，無制殺鳥獸者。夫鳥獸、草木與財貨並行，惟用之有節，足矣。故孟軻示世主以「數罟不可入洿池」，而「斧斤以時入山林」[54]，非不用也。

Inoltre, le leggi sotto il cielo proibiscono solo l'uccisione dell'uomo; non ne esiste alcuna che proibisca l'uccisione degli animali. Gli animali e i vegetali

---

51 見《論語・公冶長》：「子貢曰：『我不欲人之加諸我也，吾亦欲無加諸人。』子曰：『賜也，非爾所及也。』」

52 Cf. *Dialoghi*, V, 11; Mt 7,12.

53 *Mencius*, I, I, III, 3.

54 見《孟子・梁惠王上》：「數罟不入洿池，魚鱉不可勝食也。斧斤以時入山林，材木不可勝用也。」從人民的長期好處的角度，孟子考慮要好好地利用動物。這裡利瑪竇要直接否定佛教的輪迴學說，另外，如同何俊所說，他也間接否定了宋明理學的「萬物一體」。參見何俊，第 198 頁。

vanno considerati insieme ai beni materiali; tutto ciò che è richiesto è la moderazione nel loro uso. Perciò Mencio istruì il re del suo tempo a "non usare reti a maglie fitte per catturare i pesci nei laghi, e ad usare le asce per tagliare gli alberi nei boschi solo in periodi fissati";[55] non proibì mai l'uso di queste cose.

297.

The Chinese Scholar says: Although plants belong to the genus of living beings, they have neither blood nor perception, and thus they are different from animals. Hence the Buddha cuts down plants without any pity.

中士曰：草木雖為生類，然而無血無知覺，是與禽獸異者也。故釋氏戕之而無容悲。

Il Letterato Cinese dice: Sebbene i vegetali appartengano al genere dei viventi, non hanno sangue né percezione e quindi sono differenti dagli animali. Per questo il Buddha taglia la vegetazione senza alcuna pietà.

298.

The Western Scholar replies: Who says that plants have no blood ? One only knows that blood is red, but one does not know whether what is white or green might not be blood after all. All living beings under heaven must be fed; and that by which they receive nourishment is the liquid inside them. Therefore, every kind of liquid flowing in living beings is blood. Why should it always be red ? If you observe shrimp, crabs and similar water creatures, you will notice that many of them do not have red blood; but the Buddha refrains from eating them. Some vegetables have red liquid inside, but the Buddha does not forbid eating them. Why does he consider so important the blood of animals, yet despises the blood of plants ?

西士曰：謂草木為無血乎？是僅知紅色者之為血，而不知白者、綠者之未始非血也。夫天下形生者，必以養；而所以得養者，津液存焉。則凡津液之流貫，皆血矣，何必紅者？試觀水族中，如蝦如蟹，多無紅血，而釋氏弗茹；蔬菜中亦有紅液，而釋氏茹之不禁。則何其重愛禽獸之血，而

---

55 *Mencio*, I, I, III, 3.

輕棄草木之血乎？[56]

Il Letterato Occidentale replica: Chi dice che i vegetali non hanno sangue ? Costui sa solo che il sangue è rosso, ma non sa se ciò che è bianco o verde possa, dopo tutto, essere sangue. Tutti i viventi sotto il cielo devono essere nutriti; e ciò da cui ricevono nutrimento è il liquido dentro di essi. Pertanto, tutto il liquido che scorre negli esseri viventi è sangue. Perché dovrebbe essere sempre rosso ? Se Lei osserva i gamberi, i granchi e simili esseri acquatici, noterà che molti di essi non hanno sangue rosso; ma il Buddha si astiene dal cibarsene. Alcune verdure hanno un liquido rosso all'interno, ma il Buddha non proibisce di mangiarle. Perché egli considera così importante il sangue degli animali, e disprezza il sangue dei vegetali ?

299.

It is said that one must not kill the creatures endowed with perception, because they feel pain. But if we really did not wish them to suffer, we should not only stop killing them, but should also cease to make them labour. Each ox plowing the fields and each horse pulling a cart inevitably suffers during its lifetime. Does this not prolong their suffering ? By comparison, the momentary agony of being killed is much less painful.

且不殺知覺之物，以其能痛也已。我誠不欲其痛，寧獨不殺，即勞之、役之，將有所不可。凡牛之耕野，馬之驂乘，未免終身之患，豈伊不長有痛乎？較殺之之痛止在一時者，又遠矣。

Si dice che non bisogna uccidere le creature dotate di percezione, perché sentono dolore. Ma se noi volessimo veramente che esse non soffrano, dovremmo non solo smettere di ucciderle, ma anche di farle lavorare. Ogni bue che ara i campi e ogni cavallo che traina i carri tribolano inevitabilmente per tutta la vita. Non è questo un prolungare le loro sofferenze ? Al confronto, il momentaneo dolore di essere uccisi è molto minore.

---

56 利瑪竇再一次從輪迴觀出發推到最終的邏輯後果。

300.

Moreover, the prohibition of killing animals is harmful for them, too. Since man makes use of animals, he feeds them and takes care of them; hence they multiply speedily. If man were not allowed to use them, why should he rear them ? The court gets rid of useless officials, the household ceases to employ incapable servants; how much more should one do so with animals ? In the West there is a place where people are afraid to eat pork, and this has resulted in the disappearance of pigs from the country. If this happened in all the nations under heaven, pigs would cease to exist; therefore to love them brings to their damage, and to kill them brings to their prosperity. The prohibition of killing greatly harms the rearing of cattle.

況禁殺牲，反有害於牲。蓋禽獸為人用，故人飼畜之；飼畜之，而後禽獸益蕃多也。如不得之以為用，人豈畜之乎？朝捐不急之官，家黜無能之僕，而況畜類乎？西虜[57]懼食豕，而一國無豕。天下而皆西虜，則豕之種類滅矣。故愛之而反以害之，殺之而反以生之。是禁殺牲者，大有損於牧牲之道矣。

Per di più, la proibizione di uccidere gli animali è dannosa anche per essi. Poiché l'uomo si serve degli animali, li nutre e li accudisce; al che questi si moltiplicano rapidamente. Se non fosse permesso farne uso, perché li si dovrebbero allevare ? La corte si sbarazza degli ufficiali inutili, la casa manda via i servi incapaci; quanto più si dovrebbe fare così con gli animali ? In Occidente c'è un luogo in cui le persone temono di mangiare il maiale, e ne è risultata la scomparsa dei maiali dal paese. Se in tutte le nazioni sotto il cielo accadesse questo, i maiali cesserebbero di esistere; perciò amarli porta a danneggiarli, e ucciderli porta alla loro prosperità. La proibizione di uccidere danneggia grandemente l'allevamento del bestiame.

301.

The Chinese Scholar says: That being so, fasting is useless, is it not ?

中士曰：如此則齋素無所用耶？

---

57 西虜指中國西部的民族，很可能信奉伊斯蘭教。

Il Letterato Cinese dice: Allora, il digiuno è inutile ?

302.

The Western Scholar replies: If fasts are made on account of the prohibition of killing animals, then they are nothing more than the smallest expression of pity. But there are three reasons for fasting which are much more appropriate and admirable.

西士曰：因戒殺生而用齋素，此殆小不忍也。然齋有三志，識此三志，滋切滋崇矣。[58]

Il Letterato Occidentale replica: Se i digiuni vengono fatti per la proibizione di uccidere animali, non rappresentano altro che un'infima espressione di compassione. Ma esistono tre motivi per digiunare che sono più appropriati, e molto più degni di ammirazione.

303.

There are few people in the world who, though good now, have never done wrong in the past, and who, though following the Way now, have never abandoned it in the past. The Way I am speaking of is that which the Lord of Heaven has placed in man's heart, and which He ordered the saints and the sages to carve on tables and to write in books.[59] Those who violate this Way offend the Supreme Ruler; the more honoured is He who has been offended, the more severe is the fault. Although the noble man has converted to good, can he perhaps remain calm despite the sins he committed ? People may have forgiven him for the evil deeds he did in the past, and may have ceased to consider the issue; but he himself remembers such deeds and, ashamed, regrets them. If we have no great repentance for sins committed, how can we hope not to repeat

---

58 利瑪竇表述他 1601 年向李之藻提供的基督宗教受齋的三個意思。在利瑪竇出版《天主實義》前後，他也寫了關於 302 至 316 這段文字的概括，一共有兩頁，八百字左右，標題為《齋旨》。後來，他把《齋旨》的內容稍微修改並轉入《畸人十篇》（1608 年，朱維錚主編，第 470～473 頁），不過其中他刪掉了 316。參見顧保鵠《利瑪竇的中文著述》，《輔仁大學神學論集》，第 56 號，1983 年，第 252～253。

59 See *Dt* 5:1-22; *Ex* 20:1-17.

them in the future？

夫世固少有今日賢，而先日不為不肖者也；少有今日順道，而昔日未
嘗違厥道者也。厥道也者，天主銘之於心，而命聖賢布之板冊。[60]犯之
者，必得罪於上帝[61]。所從得罪者益尊，則罪益重。君子雖已遷善，豈恬
然於往所得罪乎？曩者所為不善，人或赦，弗追究，而己時記之，愧之，
悔之。設無深悔，吾所既失於前，烏可望免之於後也？

Sono poche al mondo le persone che, sebbene attualmente siano buone,
non hanno mai agito male in passato, e che, sebbene ora seguano la Via, non
l'hanno mai abbandonata in passato. La Via di cui parlo è quella che il Signore
del Cielo ha posto nel cuore degli uomini, e che ha ordinato ai santi e ai sapienti
di scolpire su tavole e di scrivere nei libri.[62] Chi viola questa Via offende il
Sovrano Supremo; più è onorato Colui che è stato offeso, più grave è la colpa.
Anche se l'uomo nobile si è convertito al bene, può forse rimanere tranquillo
malgrado i peccati commessi？ Gli uomini possono averlo perdonato per le
cattive azioni compiute nel passato, e aver cessato di considerare la questione;
ma lui stesso se ne ricorda, se ne vergogna, e se ne pente. Non avendo un grande
pentimento per le trasgressioni commesse, come possiamo sperare di non
ripeterle in futuro？

304.

Moreover, even if he is doing good today, the noble man cannot feel
satisfied. He carefully examines his own shortcomings like Li Lou,[63] and does
not see his own positive aspects like a blind man. He harshly criticizes himself
in the details, and although the others consider him an excellent man, he only
feels shame in receiving such praise and finds it unjustified. Any self-
examination of his is very thorough and detailed; although the others consider
him perfect, he is diligent, respectful in everything he does, as if he were still

---

60 指在石上刻的、在聖經上寫的「十誡」。參見聖經：《申命紀》第 5 章；《出谷
紀》第 20 章。

61 上帝，FJ 本作「天主」。

62 Cf. *Dt* 5,1-22; *Es* 20,1-17.

63 離婁 Lí Lóu was an ancient figure, known for the sharpness of his sight. See
Mencius, IV, I, I, 1.

deficient in some respects. Is he humble only in words ? Or does he repent only in thought ? Because of his shame, he cannot live in joy. He therefore decreases his intake of food, reduces meals, refrains from refined foods eating only light foods, and voluntarily chooses the meanest and most basic livelihoods. He voluntarily suffers and severely reproaches himself, in order to atone for his past faults and any new sins; he is vigilant day and night; he strikes his head on the ground before the Lord of Heaven, weeping and wailing, in the hope of being able to cleanse his impurities. Could he ever presumptuously consider himself holy, and claim that he is without sin ? Could he recklessly forgive himself by himself, when it pertains to someone else to judge his mistakes ? Therefore, he thoroughly examines and punishes himself, without the slightest indulgence. In this way, perhaps, he can win the mercy of the Lord of Heaven and His forgiveness for his own faults, without His taking account of the sins committed. This is the first true reason for fasting.

　　況夫今之為善，君子不自滿足，將必以闚己之短為離婁[64]，以視己之長為盲瞽焉。所責備諸己者精且厚，人雖稱以俊傑，而己愧怍如不置也；所省疚於心者密且詳，人雖謂其備美，而己勤敬如猶虧也。詎徒謙於言乎？詎徒悔於心乎？深自羞恥，奚堪歡樂？則貶食減餐，除其殽味，而惟取其淡素。凡一身之用，自擇粗陋，自苦自責，以贖己之舊惡及其新罪，晨夜惶惶稽顙於天主臺下，哀憫涕淚，冀洗己污。敢妄自居聖而誇無過，妄自饒己而須他人審判其非也乎？所以躬自懲詰，不少姑恕，或者天主惻恤而免宥之，不再鞫也。此齋素正志之說一也。[65]

Inoltre, anche se oggi agisce bene, l'uomo nobile non può ritenersi soddisfatto; esamina attentamente le proprie mancanze come Li Lou, e come se

---

64 離婁，傳說中視力超強的人。《孟子·離婁上》：「孟子曰：『離婁之明，公輸子之巧，不以規矩，不能成方員。』」
65 利瑪竇列舉三個齋戒的理由。這三個理由來源於阿奎那：贖罪、克制、提升精神；參見 ST IIa IIae, q.147, a.1。關於贖罪，利瑪竇描述基督宗教的靈修工夫，不過沒有提出赦免聖事。在晚明中國有類似的工夫，即「功過格」：每日人們要記錄他們的善事和惡事。佛教徒、道教徒，以及儒教徒如劉宗周（1578～1645），都用過「功過格」。參見何俊《西學與晚明思想的裂變》（上海人民出版社，1998 年），第 320～361 頁。

fosse cieco non vede i propri aspetti positivi.[66] Si rimprovera con severità nei dettagli, e malgrado gli altri lo considerino un uomo eccellente, prova solo vergogna nel ricevere questi apprezzamenti e li trova ingiustificati. Ogni suo esame di coscienza è molto approfondito e dettagliato; malgrado gli altri lo ritengano perfetto, egli è diligente, rispettoso in tutto ciò che fa, come se fosse ancora manchevole in qualcosa. È umile soltanto a parole ? O si pente soltanto col pensiero ? A causa della sua vergogna, egli non può vivere nella gioia. Quindi diminuisce la quantità del cibo, riduce i pasti, si astiene dalle vivande raffinate mangiando solo alimenti leggeri, e sceglie volontariamente i più scarsi ed essenziali mezzi di sussistenza. Volontariamente soffre e severamente si rimprovera, al fine di espiare le colpe precedenti e ogni nuovo peccato commesso; è vigilante di giorno e di notte; batte la testa in terra dinanzi al Signore del Cielo piangendo e lamentandosi, nella speranza di potersi purificare dalle impurità. Potrebbe mai presuntuosamente considerarsi santo e vantarsi di essere senza peccato ? Potrebbe avventatamente perdonarsi da solo, quando spetta a qualcun altro il giudicare i suoi errori ? Perciò si interroga a fondo e si castiga da solo, senza la minima indulgenza. In questo modo, forse, si può ottenere la pietà del Signore del Cielo e il Suo perdono per le proprie colpe, senza che Egli tenga conto dei peccati commessi. Questo è il primo giusto motivo per digiunare.

305.

The practice of virtue is man's fundamental task.[67] When people hear about it, there is not one who does not feel joy and does not wish to devote himself to it. However, the low passions which have usurped the hearts of people and unlawfully govern over them, always oppress them and force them to attack each other bitterly.[68] So, almost everything which a person carries out during his lifetime, he carries out as a slave; he does not act to obey the precepts

---

66 離婁 Lí Lóu era un antico personaggio noto per l'acutezza della sua vista. Cf. *Mencio*, IV, I, I, 1.

67 See *STh*, I-II, 49, 4.

68 See *Rm* 7:18-20.

of righteousness, but only so as to please his passions.

　　夫德之為業，人類本業也。聞其說，無不悅而願急事焉。但被私欲所發者，先已篡人心而擅主之，反相壓難，憤激攻伐，大抵平生所行，悉供其役耳。是以凡有所事，弗因義之所令，惟因欲之所樂。

　　La pratica della virtù è il compito fondamentale dell'uomo.[69] Quando le persone ne sentono parlare, non c'è nessuno che non provi gioia e non desideri dedicarsi ad essa. Tuttavia, le basse passioni che hanno usurpato il cuore degli uomini e governano illegittimamente su di loro, sempre li opprimono e li costringono a scagliarsi amaramente l'uno contro l'altro.[70] Così, quasi tutto quello che l'uomo compie durante la propria vita, lo fa come loro schiavo; egli agisce non per obbedire ai precetti della rettitudine, ma solo per compiacere le passioni.

306.

If we look at his face, he is a man; but if we observe his behaviour, how does it differ from that of animals ? The pleasure of base passions is the enemy of righteousness, obstructs wisdom, obscures reason, and has nothing to do with virtue; there is no more virulent plague than this in the world. The harm caused by other diseases only affects the body; but the poisonous pleasure of base passions penetrates into the heart, causing serious injuries to our original nature. If an enemy of righteousness ruled the heart despotically, would not reason be completely compromised ? Would there still be room for virtue ? Alas! The pleasure of base passions is miserable and fleeting, leaves lasting remorse behind it, procures eternal suffering in exchange for it; this cannot certainly be called wisdom.

　　覷其面容則人，觀其行，於禽何擇乎？蓋私欲之樂，乃義之敵，塞智慮而蒙理竅，與德無交，世界之瘟病，莫凶乎此矣。他病之害，止於軀殼；欲之毒藥，通吾心髓而大殘元性也。若以義之仇對，攝一心之專權，理不幾亡？而厥德尚有地可居乎？嗚呼！私欲之樂，微賤也，遽過也，而

---

69 Cf. *STh*, I-II, 49, 4.
70 Cf. *Rm* 7,18-20.

屢貽長悔於心。以卑短之樂，售永久之憂，非智之謂也。

Guardando il suo volto, è un uomo; ma osservando il suo comportamento, in che cosa differisce da quello degli animali ? Il piacere delle basse passioni è nemico della rettitudine, ostacola la saggezza, offusca la ragione, e non ha nulla a che vedere con la virtù; non c'è pestilenza al mondo più virulenta di questa. Il danno causato dalle altre malattie colpisce solo il corpo; ma il piacere velenoso delle basse passioni penetra nel cuore, causando gravi ferite alla nostra natura originaria. Se un nemico della rettitudine governasse dispoticamente il cuore, la ragione non sarebbe del tutto compromessa ? Ci sarebbe ancora spazio per la virtù ? Ahimè! Il piacere delle basse passioni è misero e passeggero, lascia dietro di sé rimorsi durevoli, procura eterne sofferenze in cambio di piaceri miseri e passeggeri; questa di certo non può chiamarsi saggezza.

307.

The base passions act fiercely using the force provided by the body; therefore, in order to repress them one must first reduce one's physical energies. Those who practice the Way wish to extinguish the base passions, but if they pamper their body they are like someone who wants to put out a fire and adds wood to it. Could he succeed in his aim ? The noble man wants to drink and eat only to stay alive; the petty man wants to stay alive only to drink and eat. If one truly wishes to practise the Way one regards the body as an enemy, and feeds it by necessity. Why do I say by necessity ? Because a person, although he was not born for the sake of his body, would not be able to live without it; therefore he considers eating as a medicine for hunger, and drinking as a medicine for thirst. Who, taking a medicine, does not limit himself to taking the dose strictly required for the illness ? What the body needs is, in fact, very little and is easy to get; excessive eating causes the taste to be lost, and the best foods are difficult to obtain. What the base passions make people desire often harms them, instead of feeding them. So, according to some, there are more people killed by eating and drinking than by weapons.

然私欲惟自本身藉力逞其勇猛，故遏其私欲，當先約其本身之氣。[71]
學道者願寡欲而豐養身，比方願減火而益加薪，可得哉？君子欲飲食，特
所以存命；小人慾存命，特所以飲食。夫誠有志於道，怒視是身若寇讎
[72]，然不獲已而姑畜之。且何云不獲已歟？吾雖元未嘗為身而生，但無身
又不得而生，則服食為腹饑之藥，服飲為口渴之藥耳。誰有取藥而不惟以
其病之所要為度數焉者？性之所嗜，寡而易營；多品之味，佳而難遂。蓋
人慾者之所圖，而以其所養人，頻反而賊人，則謂「飲食殄人，多乎刀
兵」，可也。

Le basse passioni agiscono ferocemente usando la forza prestata dal corpo;
pertanto chi vuol reprimerle deve innanzitutto ridurre le proprie energie fisiche.
Chi pratica la Via desidera estinguere le basse passioni, ma se vizia il suo corpo
è come qualcuno che voglia spegnere un fuoco e vi aggiunga legna. Potrebbe
riuscire nel suo intento ? L'uomo nobile vuol bere e mangiare solo per restare in
vita; l'uomo meschino vuol restare in vita solo per bere e mangiare. Chi desidera
veramente praticare la Via considera il corpo come un nemico, e lo nutre per
forza. Perché dico per forza ? Perché lui, sebbene non sia nato per il corpo, non
sarebbe in grado di vivere senza di esso; dunque considera il mangiare come una
medicina per la fame, e il bere come una medicina per la sete. Chi, prendendo
una medicina, non si limita ad assumere strettamente la dose richiesta dalla
propria malattia ? Ciò che necessita al corpo è, in effetti, molto poco, e facile da
ottenere; mangiare in modo esagerato fa perdere anche il gusto, e i migliori cibi
sono difficilmente ottenibili. Quello che le basse passioni spingono a desiderare
spesso danneggia le persone, invece di nutrirle. Così, secondo qualcuno, ci sono
più persone uccise dal mangiare e dal bere che non dalle armi.

308.

Now let us not speak of the harm caused to the body, but only of the

---

71 利瑪竇對「氣」的理解與中國傳統不同，因為「氣」不應該被壓制，相反，
要「養氣」。

72 利瑪竇對身體的態度反映出，當時基督宗教的禁慾主義與中國文化有很大的
不同。儒家特別強調身體是祖先的遺產，需要特別照顧。不過，基督宗教貶
抑肉體是為了提高靈魂。

damage caused to the mind and heart. When the servants are too strong, there is the possibility that they rebel against their master; when the animal energies of man are unduly powerful, they definitely subjugate his will. And when his will is in danger, the Five Desires[73] hand him over to evil; particularly to the passion of lust. If the belly were not filled with delicious and abundant food, whence would lust come ? If food and drink are simple, even lust fades. If the body is governed by reason, all passions naturally submit to it. This is the second true reason for fasting.

今未論所害於身，只指所傷乎心。僕役過健，恐忤抗其主也；血氣過強，定傾危乎志也。志危即五欲肆其惡，而色慾尤甚。[74]豐味不恣腹，色慾何從發？淡飲薄食，色氣潛餒，一身既理約，諸欲自服理矣。此齋素正志之說二也。[75]

Ora non parliamo dei danni provocati al corpo, ma solo di quelli causati alla mente e al cuore. Quando i servi sono troppo robusti, c'è la possibilità che si ribellino al padrone; quando le energie animali dell'uomo sono indebitamente forti, rovesciano sicuramente la sua volontà. E quando la sua volontà è in pericolo, i cinque desideri lo consegnano al male; in particolare alla passione della lussuria.[76] Se il ventre non è colmato di cibi deliziosi e abbondanti, da dove può venire la lussuria ? Se il cibo e il bere sono sobri, anche la lussuria si affievolisce. Se il corpo è governato dalla ragione, tutte le passioni si sottomettono naturalmente ad essa. Questo è il secondo giusto motivo per digiunare.

309.

Moreover, this world is full of suffering; it is not a place of amusement. The time given to us by Lord of Heaven is very short, and it is not sufficient to

---

73 The Five Desires (五欲 wǔyù), understood in a negative sense, arise from the objects of the five senses.

74 五欲有二說，一說指染著色、聲、香、味、觸等五境所起的五種情慾，另一說指財欲、色慾、名欲、飲食欲、睡眠欲。這裡指第二種說法。

75 齋戒的第二個理由就是控制身體的欲望。

76 I cinque desideri (五欲 wǔyù), intesi in senso negativo, sono suscitati dagli oggetti dei cinque sensi.

follow the Way. However, even though we are not here to pursue superficial pleasure, we do not have the power to deny ourselves joy completely. If we do not strive for the highest happiness, we are forced to look for sensual pleasure; if we do not find decent pleasure, we are forced to seek indecent pleasure. We can gain the one, but we will lose the other.

且本世者，苦世也，非索翫之世矣。天主眞我於是，促促焉務修其道之不暇，非以奉悅此肌膚也。然吾無能竟辭諸樂也。無清樂，必求淫者；無正樂，必尋邪者；得彼則失此。

Inoltre, questo mondo è pieno di sofferenze; non è un luogo di divertimento. Il tempo che il Signore del Cielo ci ha concesso è molto breve, e non lo abbiamo neanche in misura sufficiente per seguire la Via. Tuttavia, pur non essendo qui per cercare un piacere superficiale, non abbiamo la capacità di negarci completamente la gioia. Se non lottiamo per la felicità più alta, siamo costretti a cercare il piacere sensuale; se non troviamo il piacere decoroso, siamo costretti a cercare il piacere indecoroso. Possiamo ottenere l'uno, ma perdiamo l'altro.

310.

The noble man, then, constantly trains his will; he finds joy in virtue; he does not allow himself to have a sad heart, and to seek inessential things; he reduces superficial pleasures, fearful lest one day they should penetrate his heart and rob him of essential happiness.[77] The joy which comes from virtue is the pure joy of the soul, by means of it we are like angels; the pleasures of food and drink are the fulfillment of the body, by means of them we become like animals. The more we increase the joy of virtue in our hearts, the closer we get to the angels; the more we reduce the pleasures of eating and drinking, the more we distance ourselves from animals. Ah! How can we risk being imprudent ?

故君子常自習其心，快以道德之事，不令含憂困而有望乎外。又時簡略體膚之樂，恐其透於心，而侵奪其本樂焉。夫德行之樂，乃靈魂之本樂也，吾以茲與天神侔矣；飲食之娛，乃身之竊愉也，吾以茲與禽獸同矣。

---

77 See *STh*, I-II, 5, 1; 69, 2.

吾益增德行之娛於心，益近至天神矣；益減飲食之樂於身，益逖離禽獸
矣。吁！可不慎哉？

L'uomo nobile, dunque, allena costantemente la propria volontà; trova la gioia nella virtù; non si permette di avere un cuore triste, e di cercare le cose esteriori; riduce i piaceri superficiali, temendo che un giorno penetrino nel cuore e lo derubino della felicità essenziale.[78] Quella che proviene dalla virtù è la gioia pura dell'anima, grazie ad essa siamo pari agli angeli; i piaceri del cibo e del bere sono l'appagamento del corpo, a causa di essi diventiamo simili agli animali. Più aumentiamo la gioia proveniente dalla virtù nel nostro cuore, più ci avviciniamo agli angeli; più riduciamo i piaceri del bere e del mangiare, più ci allontaniamo dagli animali. Ah! Come possiamo rischiare di essere imprudenti ?

311.

Benevolence and righteousness purify man's heart, the Five Flavours offend man's mouth. The more one accumulates the joy of goodness, the greater will be the benefits of mind and heart, without any damage to the body; the more one indulges in the pleasures of abundant food, the greater will be the suffering of both the body and the mind and heart. If a person fills his belly with refined dishes, he will easily sink into the decline of the will and into the realm of impurity; how then could he raise his mind and heart out of the dust, so as to take care of noble things ?

仁義令人心明，五味令人口爽。積善之樂甚，即有大利乎心，而於身
無害也。豐膳之樂繁，而身心俱見深傷矣。腹充飽以殽饌，必垂下而墜己
志於污賤，如此則安能抽其心於塵垢，而起高曠之慮乎哉？

La benevolenza e la rettitudine purificano il cuore dell'uomo, i cinque sapori ne offendono la bocca. Più si accumula la gioia della bontà, maggiori saranno i benefici della mente e del cuore, senza alcun danno al corpo; più si indulge nei piaceri delle vivande abbondanti, maggiore sarà la sofferenza sia del corpo, sia della mente e del cuore. Se ci si riempie il ventre con vivande raffinate si sprofonderà facilmente nella decadenza della volontà e nel regno

---

78 Cf. *STh*, I-II, 5, 1; 69, 2.

dell'impurità; così, come si potrebbero sollevare la mente e il cuore fuori della polvere, per occuparsi delle cose nobili ?

312.

When the wicked man sees that others taste a food which he lacks, he becomes envious; on the contrary, when the good man sees this happening, he feels pity and says to himself: "They like impure and vile things so much, and are so greedy; I will aspire to higher realities, but yet I cannot attain them and enjoy them, preferring to be lazy and to desist from the effort to reach them."

惡者觀人盤樂，而己無之，斯嫌妒之矣。善者視之，則反憐恤之，而讓己曰：「彼殉污賤事，而猶好之如此，懇求之如此；吾既志於上乘，而未能聊味之，未能略備之，且寧如此懶惰而不勉乎哉。」

Quando l'uomo malvagio vede che altri provano il gusto di vivande di cui egli è privo, diventa invidioso; al contrario, quando l'uomo buono vede accadere questo, prova pietà e dice a se stesso: "A loro piacciono così tanto le cose impure e vili, e in modo così avido; io invece aspiro a realtà più elevate, ma ancora non riesco ad arrivare ad esse e a gustarle, preferendo essere pigro e desistere dallo sforzo di raggiungerle"

313.

There is no other calamity for people than being sick in the heart and mind, ignoring the delicious taste of virtue. If they knew it, they would despise even the most refined food; because they would find the joy in practising virtue. These two flavours continuously alternate, entering and leaving our hearts; since they cannot co-exist, if a person wishes to make one go in, he first needs to make the other come out.

世人之灾無他也，心病而不知德之佳味耳。覺其味，則膏粱可輕矣，謂自得其樂也。此二味者，更迭出入於人心，而不可同住者也，欲內此，必先出彼也。[79]

---

79 二味之爭表明，人心中愛世俗和愛精神的這種爭鬥，如同在聖保祿或聖奧古斯丁那裡一樣。如同張學智說：「德行能夠帶給人快樂，這種快樂不同於肉體感官的快樂，這一點是中國儒家學說和基督教哲學共同的……但中西在德行之

Non c'è altra calamità per gli uomini che essere malati nel cuore e nella mente, ignorando il gusto delizioso della virtù. Se essi lo conoscessero, disprezzerebbero anche il cibo più raffinato; poiché avrebbero trovato la gioia nel praticare la virtù. Questi due sapori si alternano costantemente, uscendo ed entrando nel nostro cuore; poiché non possono coesistere, se si desidera far entrare questo, bisogna prima far uscire quello.

314.

Once, someone brought two hounds, both of fine breed, as a tribute to one of our countries in the West. The king gave one to the family of a noble minister, and entrusted the other to the care of a peasant family outside the city. When the two hounds came to maturity, the king went hunting and released them in the fields to test their value. The hound bred by the peasant family was lean and agile; every time he smelled the scent of an animal he quickly chased it, seizing countless prey. The dog bred by the noble family, although he was fat and clean, and extraordinarily fine to look at, was used to eating meat to the full, and unable to run quickly with his flawed paws; so when he saw the prey he ignored it. Having noticed a rotten bone by the side of the road he went and gnawed it; and as soon as he had finished with it, he refused to move. Those who were taking part in the hunt knew that the two hounds were born from the same mother, and they were amazed.

古昔有貢我西國二獵犬者，皆良種也。王以一寄國中顯臣家，以其一寄郊外農舍，並使畜之。已壯，而王出田獵試焉，二犬齊縱入圍。農舍之所畜犬，身臞體輕，走齅禽跡疾趨，獲禽無筭。顯家所養犬，雖潔肥容美足觀也，然但習肉食充腸，安佚四肢，不能馳驟，則見禽不顧，而忽遇路傍腐骨，即就而嚙之，嚙畢不動矣。從獵者知其原同一母而出，則異之。

Un tempo, qualcuno portò come tributo a uno dei nostri paesi in Occidente due cani da caccia, entrambi di ottima razza. Il re ne diede uno alla famiglia di un nobile ministro, l'altro lo affidò alle cure di una famiglia di contadini fuori

樂上有一點比較大的差異，這就是西方人更強調在靈與肉的廝殺搏鬥中實現樂。」（《明代哲學史》，第 705 頁）

città. Quando i due cani giunsero alla maturità, il re andò a caccia e li liberò nei campi per saggiarne il valore. Il cane allevato dalla famiglia di contadini era magro e agile; ogni volta che sentiva l'odore di un animale lo inseguiva velocemente, e catturava innumerevoli prede. Il cane allevato dalla famiglia nobile, sebbene fosse grasso e pulito, e straordinariamente bello a vedersi, era abituato a mangiare carne a sazietà, ed incapace di correre velocemente con le sue zampe viziate; cosicché quando vedeva la preda la ignorava. Avendo notato un osso marcio al lato della strada, andò a sgranocchiarlo; e non appena ebbe finito, si rifiutò di muoversi. Coloro che prendevano parte alla caccia sapevano che i due cani erano nati dalla stessa madre, e se ne meravigliavano.

315.

The king said: "There is nothing to be surprised about. Not only are animals like this, but people too; it all depends on how they are reared. If they are educated to indulge in pleasures and are too well fed, they will certainly be incapable of progressing in goodness; if, on the other hand, they are educated so as to be accustomed to work and frugality, they will definitely live up to your expectations of them." Thus, one can say that any person who has grown used to delicacies and copious amounts of food will have little interest in the social order and righteousness, and will only be concerned to devote himself to eating; a person who has been trained to follow the right reason promptly will not have much time for the pleasures of eating and drinking, but will reflect on how to pursue truth and righteousness. This is the third true reason for fasting.

王曰：「此不足怪。豈惟獸哉，人亦莫不如是也，皆繫於養耳矣。養之以佚翫飫飽，必無所進於善也；養之以煩勞儉約，必不愧君所望矣。」若曰凡人習於饍美厚膳，見禮義之事不暇，惟俛焉而就食耳；習於精理微義，遇飲食之玩亦不暇，必思焉而殉理義耳。此齋素正志之說三也。[80]

Il re disse: "Non c'è nulla di cui meravigliarsi. Non solo gli animali sono così, ma anche gli uomini; dipende tutto da come vengono allevati. Se sono educati in modo da indulgere ai piaceri ed essere troppo ben nutriti, certamente

---

80 齋戒的第三個理由就是要發揮人類的特性，即理性。

non saranno in grado di progredire nella bontà; se, d'altro canto, sono educati in modo tale da essere abituati al lavoro e alla frugalità, sicuramente saranno all'altezza delle vostre aspettative su di loro" Si può dire, così, che qualunque persona sia stata abituata alle ghiottonerie e alle abbondanti quantità di cibo avrà poco interesse per l'ordine sociale e la rettitudine, e sarà preoccupata solo di dedicarsi a mangiare; una persona che sia stata educata a seguire prontamente la retta ragione non avrà molto tempo per i piaceri del bere e del mangiare, ma rifletterà su come perseguire la verità e la giustizia. Questo è il terzo giusto motivo per digiunare.

316.

I have travelled a lot, passing through many nations under heaven, and I know that there are several types of fasting. Some people do not mind the different types of food, eating nothing during the day and eating whatever they like when the night falls; this is the fast based on a timetable. Some people place no restraint on their times of eating, but adhere to a vegetarian diet, and eat whenever they like; this is the fast based on special types of food. Some people do not care about what they eat or when they eat, but only feed themselves once a day; this is the fast based on a single meal. Some people limit their number of meals, their times of eating, and their kind of food, only eating at lunch, avoiding the meat of the animals which belong to *Yang*, but not refraining from the fish, which belong to *Yin*; this is called public fast. Some people avoid cooked food and spend their life in mountain caves, only feeding on grass and wild roots; today in Europe many people live so, and this is called private fast.

夫齋有多端，予徧延天下多國，已備聞之。或不拘餐味，但終晝不食，迄星夜雜食眾味，此謂時齋。或不論時餐，惟戒諸葷，而隨時茹素，此謂味齋。或不擇味、時，特一日間食一餐耳，此謂餐齋。或餐、時、味皆有所拘，只午時茹素一頓，而惟禁止肉食屬陽者，其海味屬陰者不戒，此謂公齋。或禁止火食，終身山穴，專以野草根度生，茲歐邏巴山中甚眾，此謂私齋也。[81]

---

81 利瑪竇描述了五種齋：白天不吃如同伊斯蘭教徒在齋月；吃素如同佛教徒；

Ho viaggiato molto, attraversando numerose nazioni sotto il cielo, e so che esistono diversi generi di digiuno. C'è chi non bada ai diversi tipi di cibo, non mangiando nulla durante il giorno e mangiando ciò che vuole quando giunge la notte; questo è il digiuno rispetto all'orario. C'è chi non si pone limiti di tempo nell'assumere i pasti, ma si attiene a una dieta vegetariana, nutrendosi quando vuole; questo è il digiuno rispetto ai tipi di cibo. C'è chi non si preoccupa di che cosa mangia, né di quando mangia, ma si limita a nutrirsi una volta al giorno; questo è il digiuno che consente un solo pasto. C'è chi limita sia il numero e l'orario dei pasti, sia il tipo di cibo, mangiando solo a mezzogiorno, evitando la carne di animali che appartengono allo *yang* ma non rifuggendo i pesci, che appartengono allo *yin*; questo è chiamato digiuno pubblico. C'è chi evita il cibo cucinato e trascorre la vita in grotte di montagna, nutrendosi solo di erba e radici selvatiche; oggi in Europa molti vivono così, e questo viene chiamato digiuno privato.

317.

However, the general purpose of these various types of fasting is the mortification of oneself. The chosen fast is determined by the kind of person and the kind of body to be mortified: for the wealthy and noble, who always eat refined foods, reducing the usual amount of nourishment can already be considered fasting. For the common people, instead, eating raw and mean foods cannot be considered fasting, because they usually do so; otherwise, beggars could be said to be on a perpetual fast. Moreover, one must take into account the physical conditions: those who are sick and whose bodies are weak sometimes have to eat well to strengthen themselves; those who labour, tiring out all four limbs, cannot sustain a long period of abstinence from food. Therefore, the precepts of the Catholic religion of the Lord of Heaven say that the elderly above the age of sixty and the young under the age of twenty, the sick, nursing mothers, and labourers are placed outside the fasting rules.

一天吃一頓飯如同一些印度人；限制食品及吃飯時間如同道教徒；只吃生物如同歐洲的隱修士。

　　然夫數等之所齋，總歸責屈本己，要在視其人、視其身何如耳：富貴膏粱，減取其常，亦可謂齋；彼賤家民，時習粗糲，不可以為齋也；不，則丐子可謂至齋也。又須量本身之力何如：有衰病者，未免時以滋味養生也；有行役者，勞其四肢，不容久餓[82]。故天主公教[83]制，老者六旬已上、稚者二旬已下、身病者、乳子者、勞[84]力為僕夫者，皆不在齋程之內。

Tuttavia, lo scopo generale di questi numerosi generi di digiuno è la mortificazione di se stessi. Il digiuno scelto è determinato dal tipo di persona, e dal tipo di corpo da mortificare: per i ricchi e i nobili, che mangiano sempre cibi raffinati, ridurre il quantitativo abituale degli alimenti può già essere considerato digiuno. Per le persone comuni, invece, mangiare cibi grezzi e miseri non può essere considerato digiuno, dal momento che lo fanno abitualmente; altrimenti, i mendicanti potrebbero essere considerati in digiuno perenne. Inoltre, bisogna tener conto delle condizioni fisiche: chi è malato e ha un corpo debole ogni tanto deve nutrirsi bene per rafforzarsi; chi lavora duramente, affaticando molto i quattro arti, non può sostenere un lungo periodo di astinenza dal cibo. Perciò, i precetti della religione cattolica del Signore del Cielo dicono che gli anziani al di sopra dei sessant'anni e i giovani al di sotto dei venti, i malati, le madri che allattano, e chi fa lavori pesanti è posto al di fuori delle regole del digiuno.

318.

Abstention from food is not very important in itself, and is an inessential part of the fast. If one searches for the meaning of this practice one finds that it is always aimed at suppressing the base passions; one cannot but praise it sincerely and with all one's might. Therefore, to fast and at the same time to neglect the venerable commandments is like collecting raw stones and abandoning a piece of jade; it is an act of ignorance.

　　夫戒口之齋非齋也，乃齋之末節也；究齋之意，總為私欲之遏，不可

82　餓，FJ 本作「饑」。
83　公教二字不清，據 FJ 本補。
84　者勞二字不清，據 FJ 本補。

不敦不盡矣。是以持齋而捨敬戒，譬如藏璞而弛其玉，無知也。[85]

L'astensione dal cibo in sé non è molto importante, ed è parte inessenziale del digiuno. Se ci si interroga sul significato di questa pratica, si trova che essa è sempre finalizzata a reprimere le basse passioni; non si può non lodarla sinceramente, e con tutte le forze. Pertanto digiunare e al tempo stesso tralasciare i comandamenti venerabili è come collezionare pietre grezze e abbandonare la giada; è un atto di ignoranza.

319.

The Chinese Scholar says: Excellent! You have clearly explained the true meaning of fasting. Talking generally of a man who fasts, if he does not do so on account of poverty, in order to survive, he certainly does so to win a good reputation; such a person fasts in public deceiving people, but when alone he indulges in drinking, women and great anger, illicitly acquires wealth, denigrates the virtuous, destroys the good, and so on. Alas! If he cannot escape the eyes of people, how can he deceive the Supreme Ruler ? Fortunately, I have been able to listen to your lofty teaching; I would like to continue learning from you.

中士曰：善哉！法語真齋之正旨也。吾俗行齋者，非緣貧乏而持齋以餬口，必其偷取善名，而陰以欺人者也。當眾而致齋，幽獨而無人，酒色忿怒、不義貨財、讒賢毀善，無所不有。嗚呼！人目不能逃，能瞞上帝[86]乎？幸領高諭，尚願盡其問。

Il Letterato Cinese dice: Molto bene! Lei ha spiegato chiaramente il vero significato del digiuno. Quando si parla comunemente di un uomo che digiuna, qualora egli non usi questo metodo per sopravvivere a causa della povertà, lo fa certamente per ottenere una buona reputazione; ingannando le persone digiuna in pubblico, ma quando è solo indulge nel bere, nelle donne e nell'ira, acquisisce illecitamente ricchezze, denigra gli uomini virtuosi, distrugge le persone buone,

---

85 利瑪竇堅持齋戒的必要性，不過，他避免很極端的苦修主義，因為齋戒不是目的，而是工具。利瑪竇試圖說明，在實踐上，天主教的齋戒很有彈性，他列舉了當時的特別安排。阿奎那說，少年、苦工、旅遊客、乞丐都不需要受齋戒。參見《神學大全》第二集第二部 147 題 4 節。

86 上帝，FJ 本作「天主」。

e così via. Ahimé! Se non riesce a sfuggire agli occhi degli uomini, come potrà ingannare il Sovrano Supremo ? Per buona sorte ho potuto ascoltare il suo elevatissimo insegnamento; mi piacerebbe continuare ad apprendere da Lei.

320.

The Western Scholar replies: The Way is very deep and wide, if one does not investigate it extensively one cannot know it. Detailed questions are the expression of a sincere intention; how could you annoy me ?

西士曰：道邃且廣，不博問不可約守。詳問即誠意之效也，何傷夫？

Il Letterato Occidentale replica: La Via è molto profonda ed ampia, se non la si indaga estensivamente non la si può conoscere. Domande dettagliate sono l'espressione di un'intenzione sincera; come potrebbe infastidirmi ?

Chapter 6: An explanation as to why man cannot be free of intentions, and a treatise on why the good and evil done on earth by man must be rewarded or punished in Heaven or Hell

第六篇　釋解意不可滅，並論死後必有天堂地獄之賞罰，以報世人所為善惡

Capitolo VI: Una spiegazione sul perché l'uomo non può essere privo di intenzioni, e un trattato sul perché il bene e il male compiuti dall'uomo sulla terra debbono essere premiati o puniti in paradiso o all'inferno

321.

The Chinese Scholar says: You have taught me, first of all, that the Supreme Ruler should be worshipped as the most worthy of veneration among the ten thousand venerables; second, that man follows Him in dignity. But with regard to the doctrine of Heaven and Hell, maybe it has no place in the teachings of the Lord of Heaven. To do good or to avoid evil on account of the gain or loss, or to do good so as to make a profit and to avoid evil so as not to obtain damage, it is not like doing good because it is good, and not doing evil because it is evil: which should be the true aspiration of man. Our ancient saints and sages taught people not to seek profit, but only benevolence and righteousness.[1] The noble man does good in a disinterested way, how could he have in view gain or loss ?

中士曰：承教，一則崇上帝[2]為萬尊之至尊，一則貴人品為至尊之次。但以天堂地獄為言，恐未或天主之教也。[3]夫因趣利避害之故為善禁惡，是乃善利惡害，非善善惡惡正志也。吾古聖賢教世弗言利，惟言仁義耳。[4]君子為善無意[5]，況有利害之意耶？[6]

1　See *Mencius*, I, I, 1.

2　上帝，FJ 本作「天主」。

3　參見 Ronnie Po-Chia Hsia, *A Jesuit in the Fordbidden* City，第 158～159 頁。

4　見《孟子·梁惠王上》：「孟子見梁惠王。王曰：『叟不遠千里而來，亦將有以利吾國乎？』孟子對曰：『王何必言利？亦有仁義而已矣。』」

5　為善無意是宋明理學經常討論的問題。其傳統資源在於《論語》「毋意」的四絕。茲略舉宋明理學和心學家對此的解釋。《朱子語類》有「先生又曰：大學不曾說『無意』而說『誠意』。若無意見，將何物去擇乎中庸？將何物去察遍言？論語『無意』，只是要無私意。若是正意，則不可無。先生又曰：他之無意見，則是不理會理，只是胡撞將去。若無意見，成甚麼人在這裡！」又記一事「有一學者云：『學者須是除意見。陸子靜說顏子克己之學，非如常人克去一切忿欲利害之私，蓋欲於意念所起處，將來克去。』先生痛加誚責，以為：『此三字誤天下學者！自堯舜相傳至歷代聖賢書冊上並無此三字。某謂除去不好底意見則可，若好底意見，須是存留。』」《張載集》謂「成心忘然後可與進於道。（成心者，私意也。）」「不得已，當為而為之，雖殺人皆義也；有心偽之，雖善皆意也。正己而物正，大人也；正己而正物，猶不免有意之累也。有意偽善，利之也，假之也；無意偽善，性之也，由之也。有意在善，且為未盡，況有意於未善耶！仲尼絕四，自始學至成德，竭兩端之教也。」「天理一貫，則無意、必、固、我之鑿。意、必、固、我，一物存焉，非誠也；四者盡去，則直養而無害矣」；而在劉宗周看來：「心之主宰曰意，故意為心本。」

Il Letterato Cinese dice: Lei mi ha insegnato, innanzitutto, che il Sovrano Supremo dev'essere adorato come il più degno di venerazione tra i diecimila venerabili; in secondo luogo, che l'uomo Lo segue in dignità. Ma per quel che riguarda la dottrina del paradiso e dell'inferno, essa forse non trova posto tra gli insegnamenti del Signore del Cielo. Fare il bene o evitare il male a motivo del guadagno o della perdita, ovvero fare il bene per avere un profitto ed evitare il male per non avere un danno, non è come fare il bene perché è bene, e il male perché è male: che dovrebbe essere la vera aspirazione dell'uomo. I nostri antichi santi e sapienti insegnavano agli uomini a cercare non il profitto, ma solo la benevolenza e la rettitudine. [7] L'uomo nobile fa il bene in modo disinteressato, come potrebbe avere in vista il guadagno o la perdita?

322.

The Western Scholar replies: First I will comment on your final sentence, then I will answer your question. The theory according to which man should abolish his intentions is derived from other schools of thought, it is not the original doctrine of Confucianism. Confucians consider sincere intentions as the foundation for the rectification of the heart, for self-cultivation, for the

---

（《學言》下）意是心的主宰，而這意本只好善惡惡，劉蕺山說：「『如惡惡臭，如好好色』，蓋言獨體之好惡也。原來只是自好自惡，故欺曰『自欺』，謙曰『自謙』。既自好自惡，則好在善，即惡在不善；惡在不善，即好在善。故好惡雖兩，意而一幾。」（《學言》下）故所謂誠意即「意還其意之謂誠。」（《學言》下）也就是使意復歸其本，而至高境界的誠意工夫在於「無意」「無心」，「其實誠意則無意，無意則無心」（《商疑十則》，《全書》卷 9），即做到不勉而中，不思而得；王陽明「凡應物起念處，皆謂之意。意則有是有非，能知得意之是與非者，則謂之良知。」（《答魏師說》）

6　朱熹《孟子章句集注》：「此章言仁義根於人心之固有，天理之公也。利心生於物我之相形，人慾之私也。循天理，則不求利而自無不利；殉人慾，則求利未得而害已隨之。所謂毫釐之差，千里之繆。此孟子之書所以造端託始之深意，學者所宜精察而明辨也。太史公曰：『余讀孟子書至梁惠王問何以利吾國，未嘗不廢書而歎也。曰嗟乎！利誠亂之始也。夫子罕言利，常防其源也。故曰放於利而行，多怨。自天子以至於庶人，好利之弊，何以異哉？』程子曰『君子未嘗不欲利，但專以利為心則有害。惟仁義則不求利而未嘗不利也。當是之時，天下之人惟利是求，而不復知有仁義。故孟子言仁義而不言利，所以拔本塞源而救其弊，此聖賢之心也。』」

7　Cf. *Mencio*, I, I, 1.

government of the family, for the administration of the state, for the pacification of the world; how could one not have intentions ? A lofty tower cannot be built without firm foundations; if Confucianism lacked sincere intentions, it could not have withstood in time. If one did not have intentions in one's deeds, ranging from the rectification of the heart to the pacification of the world, how could one speak of sincerity or insincerity ? How could a person sell musical instruments in a marketplace if he did not allow people to play them ? What would it matter if the instruments were old or new ?

西士曰：吾先答子之末語，然後答子之本問。彼滅意之說，固異端之詞，非儒人之本論也。儒者以誠意[8]為正心、修身、齊家、治國、平天下之根基[9]，何能無意乎？高臺無堅基不克起，儒學無誠意不能立矣。設自正心至平天下，凡所行事皆不得有意，則奚論其意誠乎？虛乎？譬有琴於市，使吾不宜奏，何以售之？何拘其古琴、今琴歟？

Il Letterato Occidentale replica: Commento innanzitutto la Sua frase finale, poi rispondo alla Sua domanda. La teoria secondo cui l'uomo deve annullare le proprie intenzioni deriva da altre scuole di pensiero, non è la dottrina originaria del confucianesimo. I confuciani considerano l'intenzione sincera come il fondamento della rettificazione del cuore, del perfezionamento di sé, del governo della famiglia, dell'amministrazione dello Stato, della pacificazione di tutto il mondo; come sarebbe possibile non avere intenzioni ? Una torre alta non può essere costruita senza solide basi; se al confucianesimo mancasse l'intenzione sincera, non avrebbe potuto reggersi in piedi. Se non si avessero intenzioni nell'agire, partendo dalla rettificazione del cuore fino alla pacificazione del mondo, come si potrebbe parlare di intenzioni sincere o insincere ? Come potrebbe una persona vendere strumenti musicali in un

---

8　語出《大學章句集注》「誠，實也。意者，心之所發也。實其心之所發，欲其一於善而無自欺也。」

9　語出《大學》「古之欲明明德於天下者，先治其國。欲治其國者，先齊其家。欲齊其家者，先修其身。欲修其身者，先正其心。欲正其心者，先誠其意。欲誠其意者，先致其知。致知在格物。」王陽明《傳習錄》曰：「若「誠意」之說，自是聖門教人用功第一義。」《孟子章句集注・孟子序說》引楊氏語曰：「大學之修身、齊家、治國、平天下，其本只是正心、誠意而已。」這裡，利瑪竇沒有提出了前兩目（物格及知至），而直接從「誠意」開始說。

mercato, se non permettesse alle persone di suonarli ? Che cosa importerebbe se gli strumenti fossero vecchi o nuovi ?

323.

Besides, intentions do not belong to the category of substance, but they are dispositions of the will and intellect. To have intentions means to use the heart and mind, that is, to distinguish good from evil. If man did not have intentions, how could one know his sincerity ? What is stated in the *Great Learning*[10] about the government of the family, the administration of the state, and the pacification of the world, has its foundation in sincere intention; because without sincerity nothing can be accomplished. Intentions are to the heart and mind as the sense of sight is to the eye; as the eyes cannot help but see, so the heart and mind cannot help but have intentions. What the noble man means when he says he has no intentions is that he has no false, selfish or bad ones. If you claim that he has no intentions at all, then you do not understand Confucianism, and do not know the origin of good and evil.

且意非有體之類，乃心之用耳，用方為意，即有邪正。若令君子畢竟無意，不知何時誠乎？《大學》言齊治均平，必以意誠為要，不誠則無物矣。[11]意於心，如視於目；目不可卻視，則心不可除意也。[12]君子所謂無意者，虛意、私意、邪意也；如云滅意，是不達儒者之學，不知善惡之原也。[13]

Inoltre, l'intenzione non appartiene alla categoria della sostanza, ma è una disposizione della volontà e dell'intelletto. Avere intenzioni significa usare il

---

10 The *Great Learning* (大學 *Dàxué*) is one of the *Four Books* in Confucianism.

11 語出《中庸》二十四章：「誠者物之終始，不誠無物。是故君子誠之為貴。」朱熹《集注》：「天下之物，皆實理之所為，故必得是理，然後有是物。所得之理既盡，則是物亦盡而無有矣。故人之心一有不實，則雖有所為亦如無有，而君子必以誠為貴也。蓋人之心能無不實，乃為有以自成，而道之在我者亦無不行矣。」

12 參見《神學大全》第二集第一部 12 題 1 節（第四冊，第 130 頁）：「稱志向為眼睛是譬喻，並非因了屬於認知，而是因為先要認識意志所推向之目的，就如我們要用眼先看要往那裡走。」

13 這也是朱熹的立場。我們可以看出，利瑪竇接納朱熹在倫理學上的客觀主義立場，反對王陽明學派的主觀主義。

cuore e la mente, cioè distinguere il bene dal male. Se l'uomo nobile non avesse intenzioni, come si potrebbe conoscere la sua sincerità ? Ciò che si afferma nel *Grande Studio*[14] riguardo al governo della famiglia, all'amministrazione dello Stato, e alla pacificazione del mondo, ha come fondamento l'intenzione sincera; poiché senza sincerità nulla può essere compiuto. Le intenzioni sono per il cuore e la mente come il senso della vista è per gli occhi; come gli occhi non possono fare a meno di vedere, così il cuore e la mente non possono fare a meno di avere intenzioni. Ciò che l'uomo nobile intende quando dice di non avere intenzioni, è di non averne di false, egoistiche o cattive; se Lei sostiene che egli non ha affatto intenzioni, allora non comprende il confucianesimo e non conosce l'origine del bene e del male.

324.

Good and evil, virtue and vice all result from good or bad intentions; if there were no intentions there would be no good and evil, or any distinction between noble and petty men.

善惡德慝，俱由意之正邪，無意則無善惡、無君子小人之判矣。

Il bene e il male, la virtù e il vizio, derivano da intenzioni buone o cattive; se non esistessero intenzioni non ci sarebbero il bene e il male, né alcuna distinzione tra gli uomini nobili e gli uomini meschini.

325.

The Chinese Scholar says: Even the Confucians of past generations asserted: "One must have no intentions, either good or bad."[15]

中士曰：「毋意」[16]，毋善毋惡[17]，世儒固有其說。

---

14 Il *Grande Studio* (大學 *Dàxué*) è uno dei *Quattro Libri* confuciani.

15 See *Analects*, IX, 4.

16 語出《論語・子罕》：「子絕四：毋意，毋必，毋固，毋我。」《朱子語類》第三十六卷・論語十八・子絕四章，曾對此四毋作過詳盡的解釋。「這意正是計較地私意」。「所謂『毋意』者，是不任己意，只看道理如何。見得道理是合當如此做，便順理做將去，自家更無些子私心，所以謂之『毋意』。

17 王陽明有名的「四句教」：「無善無惡心之體，有善有惡意之動，知善知惡是良知，為善去惡是格物。」王陽明的兩個弟子錢德洪（1496～1574）及王畿

Il Letterato Cinese dice: Anche i confuciani delle generazioni passate affermavano: "Non si debbono avere intenzioni, né buone né cattive"[18]

326.

The Western Scholar replies: Such a thesis puts man at the same level as earth and stones. Can this be the fundamental doctrine of the Supreme Ruler? If He had neither intentions nor goodness, He would also be considered at the same level as earth and stones. Can this be called "reasonable knowledge?" Alas! Alas!

西士曰：此學欲人為土石者耳。謂上帝[19]宗義，有是哉？若上帝[20]無意無善，亦將等之乎土石也。謂之理學，悲哉！悲哉！[21]

Il Letterato Occidentale replica: Una tesi del genere pone l'uomo allo stesso livello della terra e delle pietre. Può essere questa la dottrina fondamentale del Sovrano Supremo? Se non avesse intenzioni né bontà, dovrebbe considerarsi anche Lui allo stesso livello della terra e delle pietre. Questa si può chiamare "conoscenza ragionevole"? Ahimè! Ahimè!

327.

In the past, Laozi and Zhuangzi[22] also spoke of "not acting, having no intentions, and not disputing," but they themselves wrote classic books, and their followers added notes and commentaries. Their intention was certainly to transform the world, and to persuade people to follow their teachings. Was the writing of books not an activity? Was the intention of transforming the world therefore "having no intentions?" If they had not been allowed to discuss what

---

（1498～1583）對此有不同的理解。似乎利瑪竇的批評對象是王畿的思想運動，其被認為擺脫了倫理學的框架，經常被指責受到了禪宗的影響。

18　Cf. *Dialoghi*, IX, 4.

19　上帝，FJ 本作「天主」。

20　上帝，FJ 本作「上主」。

21　這裡的「理學」不只針對朱熹，而是有更曠闊的含義。在這一章，利瑪竇針對陽明後學，特別是王畿。利瑪竇批判他們的理論，也批判他們的工夫論，因為他們受到了禪宗靜坐的影響。

22　莊子 Zhuāngzǐ (about 369-286 BC) was one of the founders of Daoism, and is considered the author of the homonymous work 莊子 *Zhuāngzǐ*.

is right and wrong, how would they have been able to dispute with those who "discuss what is right and wrong ?" Was disputing on universal principles therefore "not disputing ?" So, it is very difficult for someone who contradicts himself to be teacher of the people of ten thousand generations!

　　昔老莊亦有勿為、勿意、勿辯之語[23]，然己所著經書，其從者所為註解，意固欲易天下而僉從此一端。夫著書，獨非為乎？意易天下，獨非意乎？既不可辯是非，又何辯「辯是非」[24]者乎？辯天下名理[25]，獨非辯乎？則既已自相戾矣，而欲師萬世也，難哉！

Un tempo anche Laozi e Zhuangzi[26] parlavano del "non agire, non avere intenzioni, e non disputare", ma essi stessi hanno scritto libri classici, e i loro seguaci hanno aggiunto note e commentari. La loro intenzione era sicuramente quella di trasformare il mondo, e di persuadere le persone a seguire i propri insegnamenti. Solo lo scrivere libri era "non agire"? Solo l'intenzione di trasformare il mondo era "non intenzione"? Se non fosse stato loro consentito di discutere il giusto e lo sbagliato, come avrebbero potuto disputare con quelli che "discutono il giusto e lo sbagliato"? Solo la discussione sui princìpi universali era "non discussione"? Dunque, è ben difficile per chi si contraddice da se stesso

---

23　《老子》「是以聖人處無為之事，行不言之教。」「善者不辯，辯者不善。」「大辯若訥」《莊子·天道》「世之所貴道者書也，書不過語，語有貴也。語之所貴者意也，意有所隨。意之所隨者，不可以言傳也，而世因貴言傳書。」《莊子·齊物論》「春秋經世先王之志，聖人議而不辯。故分也者，有不分也；辯也者，有不辯也。曰：何也？聖人懷之，眾人辯之以相示也。故曰辯也者，有不見也。夫大道不稱，大辯不言，大仁不仁，大廉不嗛，大勇不忮。道昭而不道，言辯而不及，仁常而不成，廉清而不信，勇忮而不成。五者圓而幾向方矣。故知止其所不知，至矣。孰知不言之辯，不道之道？」

24　此概指《莊子·齊物論》「物無非彼，物無非是。自彼則不見，自是則知之。故曰彼出於是，是亦因彼。彼是方生之說也，雖然，方生方死，方死方生；方可方不可，方不可方可；因是因非，因非因是。是以聖人不由，而照之於天，亦因是也。是亦彼也，彼亦是也。彼亦一是非，此亦一是非。果且有彼是乎哉？果且無彼是乎哉？彼是莫得其偶，謂之道樞。樞始得其環中，以應無窮。是亦一無窮，非亦一無窮也。故曰莫若以明以指喻指之非指，不若以非指喻指之非指也；以馬喻馬」

25　名理：辨析事物名和理的是非同異。

26　莊子 Zhuāngzǐ (circa 369-286 a.C.) è stato uno dei fondatori del daoismo, ed è considerato l'autore dell'omonima opera 莊子 Zhuāngzǐ.

essere maestro degli uomini di diecimila generazioni!

328.

I watch people practising archery; those who hit the target are said to be good archers, those who miss it are bad archers. The Lord of Heaven is the One who hits the target unerringly, He is perfectly good and devoid of the slightest trace of evil; His virtue is supreme. On the other hand, we human beings sometimes hit the mark, sometimes fail. Since our virtue is limited we are never entirely virtuous, that is we are not always able to perform our actions perfectly; for this reason there is good and evil. Despite having the intention to do good and to avoid evil, we cannot achieve the task; how much more should we be concerned if there were no intention ?

吾觀世人為事，如射焉，中的則謂善，不中則為惡。[27]天主者，自然中於的者也，有至純之善，無纖芥之惡，其德至也。吾儕則有中、有不中矣，其所修之德有限，故德有不到，即行事有所不中，而善惡參焉。為善禁惡，縱有意，猶恐不及，況無意乎？[28]

Osservo le persone che tirano con l'arco; quelle che centrano il bersaglio sono dette buoni arcieri, quelle che lo mancano sono cattivi arcieri. Il Signore del Cielo è Colui che centra infallibilmente il bersaglio, è perfettamente buono e privo della minima traccia di male; la sua virtù è suprema. Noi uomini, invece, qualche volta facciamo centro, qualche volta no. Poiché la nostra virtù è limitata non siamo mai del tutto virtuosi, cioè non sempre riusciamo a compiere perfettamente le nostre azioni; per questo esistono il bene e il male. Pur avendo l'intenzione di agire bene e di evitare il male, non riusciamo a raggiungere l'obiettivo; quanto più dovremmo preoccuparci, qualora l'intenzione mancasse ?

---

27 此喻乃中世紀常用之比喻，參見《衝突與互補》。實則在宋明理學中亦常用此喻《朱子語類》「遊子蒙問：『知止，得止，莫稍有差別否？』曰：『然。知止，如射者之於的；得止，是已中其的。』」而《大學》所謂止，乃止於至善。

28 對「惡」的理解，利瑪竇跟亞里士多德、奧古斯丁、阿奎那是一致的。「惡」本質上不存在，只是對「善」的缺失。對阿奎那來說，天主完全實行「善」，不過，人們只能不完全地實行「善」。這樣的倫理目的論假設「善」有客觀的標準。也參見下文 431 及 511。

329.

Things such as metal, stone, vegetation do not have intentions; about them one speaks of neither virtue nor wickedness, neither good nor evil. If having no intentions and not distinguishing between good and evil were proper of the Way, one could follow it only becoming equal to metal, stone and vegetation.

其餘無意之物，如金石草木類，然後無德無慝，無善無惡。如以無意、無善惡為道，是金石草木之，而後成其道耳。[29]

Cose come il metallo, la pietra, la vegetazione non hanno intenzioni; a proposito di esse non si parla né di virtù né di cattiveria, né di bene né di male. Se il non avere intenzioni e il non distinguere il bene dal male fossero propri della Via, solo qualora si diventasse uguali al metallo, alla pietra e alla vegetazione si potrebbe seguirla.

330.

The Chinese Scholar says: The followers of Laozi and Zhuangzi were only interested in preserving their own life; therefore they gave up having intentions and cast aside good and evil, so as to get rid of the burden of the heart and mind. The Two Emperors, the Three Kings,[30] as well as the Duke of Zhou and Confucius, all strove painstakingly to cultivate their virtue, not only for themselves but also for the benefit of others; they dared not rest until they had attained perfect goodness. Who amongst them only wished to preserve his own body and to obliterate his intentions, wandering free and without constraints in order to live to the age of one hundred ? Furthermore, although a man may live to be one hundred, his age will still not be comparable with that of a turtle or an ancient tree; what good is to add a short period of twenty or thirty years to one's corrupt body ? But Laozi and Zhuangzi do not deserve to be discredited. "Virtue and vice, good and evil derive from intentions," as you said; what is your position in greater detail ? I have heard that to act in accordance with reason is good, and is called virtue, and to offend against reason is evil, and is called vice;

---

29 儒家是這樣批評道家的修道的。

30 The names of the Two Emperors are 堯 Yáo and 舜 Shùn, whereas the names of the Three Kings vary according to different traditions.

provided that the nature of man is determined by his actions, his intentions seem to be of no consequence.

中士曰：老莊之徒，只欲全其天年，故屏意、棄善惡，以絕心之累也。二帝、三王、周公、孔子，皆苦心極力修德於己，以施及於民，非止於至善不敢息，誰有務全身、滅意、逍遙，以充其百歲之數者哉？縱充其百歲之壽，亦不能及一龜一㯉[31]樹之壽也，而徒以加二三旬之暫，於此穢身竟何濟哉？[32]然二氏無足詆。所言德愆善惡俱由意，其詳何如？聞夫順理者即為善，而稱之德行；犯理者即為惡，而稱之不才。則顧行事如何，於意似無相屬。

Il Letterato Cinese dice: I seguaci di Laozi e Zhuangzi volevano solo preservare la propria vita; perciò hanno rinunciato ad avere intenzioni e hanno abbandonato il bene e il male, in modo da liberarsi del peso del cuore e della mente. I Due Imperatori, i Tre Sovrani,[33] così come il duca di Zhou e Confucio, si sono sforzati con impegno di perfezionare la virtù, non solo per se stessi ma anche a beneficio degli altri; non osavano riposare prima di avere raggiunto la bontà perfetta. Chi tra di loro ha voluto solo preservare il suo corpo e annientare le proprie intenzioni, vagando libero e senza costrizioni in modo da vivere fino a cent'anni? Inoltre, sebbene un uomo possa vivere fino a cent'anni, la sua età non può paragonarsi a quella di una tartaruga o di un albero antico; a che cosa serve aggiungere un breve periodo di venti o trent'anni al suo corpo corrotto? Ma Laozi e Zhuangzi non meritano il discredito. "La virtù e il vizio, il bene e il male derivano dalle intenzioni", come Lei ha detto; qual è la Sua posizione, in maggiore dettaglio? Ho sentito dire che agire in accordo con la ragione è un bene, ed è chiamato virtù, e che offendere la ragione è un male, ed è chiamato vizio; se la natura di un uomo è determinata in base alle sue azioni, sembra che

---

31 㯉，疑當作「樗」，《莊子》中無用之木，故不受斧斤之害，而能盡其天年，用於此處上下文正宜。《莊子・逍遙遊》：「惠子謂莊子曰：『吾有大樹，人謂之樗。其大本擁腫而不中繩墨，其小枝捲曲而不中規矩，立之塗，匠者不顧。』」按即今臭椿。

32 中士對身體的蔑視很可能反映的是利瑪竇自己的觀念。也參見307。

33 I Due Imperatori sono 堯 Yáo e 舜 Shùn; i nomi dei Tre Sovrani variano invece secondo le diverse tradizioni.

le sue intenzioni non abbiano importanza.

331.

The Western Scholar replies: This truth is easy to explain. Everything in the world which has a will can follow it, or oppose it; consequently, we speak of virtue or vice, good or evil. Intentions are derived from the will; metal, stones and vegetation have no will, and therefore have no intentions.[34] So, if a person is wounded by the sword Moye, his avenger will not break the sword; if a tile falls and hits a persons's head, he who is wounded will not bear a grudge against the tile. One does not attribute merit to the Moye sword, because it can cut things; tiles protect the house from the wind and rain, but one does not thank them. Having no will or intentions, they do not even have virtues or vices, goodness or evil; therefore, one cannot reward or punish them.

西士曰：理易解也。凡世物既有其意，又有能縱止其意者，然後有德有慝、有善有惡焉。[35]意者心之發也，金石草木無心，則無意。故鏌鋣[36]傷人，復讐者不折鏌鋣；飄瓦損人首，恔心者不怨飄瓦。[37]然鏌鋣截斷，無與其功者；瓦蔽風雨，民無酬謝。所為無心無意，是以無德無慝、無善無惡，而無可以賞罰之。

Il Letterato Occidentale replica: Questa verità è facile da spiegare. Tutto ciò che nel mondo è dotato di volontà può seguirla, oppure opporsi ad essa; di conseguenza, si parla di virtù o di vizio, di bene o di male. Le intenzioni derivano dalla volontà; il metallo, le pietre e la vegetazione non hanno volontà, e quindi neppure intenzioni.[38] Così, se un uomo è ferito dalla spada Moye, il vendicatore non spezza la spada; se una tegola cade e colpisce la testa di un uomo, il ferito non porta rancore alla tegola. Non si attribuisce merito alla spada

---

34 See *STh*, I-II, 9, 3.

35 參見《神學大全》第二集第一部 9 題 3 節（第四冊，第 108 頁）：「以目的之理推動其情他機能屬於意志，因為目的是意志之對象。但先前第八題第二節也說過，目的與可欲者之關係'就似原理之與可理解者之關係。」

36 鏌鋣二字不清，據 FJ 本補。

37 典出《莊子・達生》：「復仇者不折鏌干，雖有恔心者不怨飄瓦，是以天下平均。」

38 Cf. *STh*, I-II, 9, 3.

Moye, perché può tagliare le cose; le tegole tengono il vento e la pioggia fuori della casa, ma gli uomini non le ringraziano. Non avendo volontà né intenzioni, esse non hanno neppure virtù o vizi, bontà o cattiveria; pertanto non si può premiarle né punirle.

332.

As to animals, we can say that they have the will and intentions appropriate to them, but they have no intellect with which to distinguish right from wrong. Following their senses with spontaneity and immediacy, they are not able to regulate their reactions with reason; all their acts, suitable or not, are done out of necessity and without any awareness. How can one speak of goodness or evilness ? Thus, among the laws enacted in all countries under heaven, there is not one which punishes animals for their sins, or which rewards them for their virtues.

若禽獸者，可謂有禽獸之心與意矣。但無靈心以辯可否，隨所感觸任意速發，不能以理為之節制，其所為是禮非禮，不但不得已，且亦不自知，有何善惡之可論乎？是以天下諸邦所制法律，無有刑禽獸之愆，賞禽獸之德者。

Per quanto riguarda gli animali, possiamo dire che hanno la volontà e le intenzioni ad essi proprie, ma non hanno l'intelletto con cui distinguere il giusto e lo sbagliato. Seguendo i sensi con spontaneità e immediatezza, essi non sono in grado di regolare le proprie reazioni tramite la ragione; tutti i loro atti, adeguati o meno, sono compiuti per necessità e senza alcuna consapevolezza. Come si potrebbe parlare di bontà o di cattiveria ? Così, tra le leggi emanate in tutti i paesi sotto il cielo, non ce n'è una che punisca gli animali per le loro colpe, o che li premi per la loro virtù.

333.

Man, however, is different. His actions are external, but his will is internal; not only is he aware that his actions are right or wrong, proper or improper, but he is also able to give them consent or to make them stop. Although he shares passions with the hearts of animals, his true master is the heart ruled by reason;

how could the animal heart disobey the orders of the reasonable heart ? Therefore, if I intend to follow reason I am a noble and virtuous man, and the Lord of Heaven blesses me;[39] but if I live in dissipation and intend to follow the animal heart, I am a petty man and a sinner, and the Lord of Heaven abandons me.

惟人不然。行事在外，理心在內，是非當否，嘗能知覺，兼能縱止。雖有獸心之欲，若能理心為主，獸心豈能違我主心之命？故吾發意從理，即為德行君子，天主祐之；吾溺意獸心，即為犯罪小人，天主且棄之矣。[40]

L'uomo, tuttavia, è diverso. Le sue azioni sono esteriori, ma la sua volontà è interiore; non solo egli è consapevole che le sue azioni sono giuste o sbagliate, corrette o meno, ma è anche in grado di acconsentire ad esse o di farle cessare. Sebbene abbia passioni comuni al cuore degli animali, il suo vero signore è il cuore retto dalla ragione; come potrebbe il cuore animale disobbedire agli ordini del cuore ragionevole ? Perciò, se intendo seguire la ragione sono un uomo nobile e virtuoso, e il Signore del Cielo mi benedice;[41] se invece vivo nella dissolutezza, e intendo seguire il cuore animale, sono un uomo meschino e peccatore, e il Signore del Cielo mi abbandona.

334.

If a child strikes its mother it is not to blame, because it still cannot make an examination of conscience about its own intentions. But when the child reaches maturity, being able to tell whether a certain action is permissible or not, he can be accused of lacking filial piety in the case he shows the slightest tendency to disobey his parents, even before he strikes her.

嬰兒擊母，無以咎之，其未有以檢己意也。及其壯，而能識可否，則何待於擊，稍逆其親，即加不孝之罪矣。

Se un bambino colpisce sua madre non ha colpa, perché ancora non può

---

39 See *STh*, I, 81, 3.

40 指理性關於靈魂的「政治權」；《神學大全》第一集 81 題 3 節：「哲學家在《政治學》卷一第二章說：『要知道，在動物中有一種專制性的統治，也有一種政治性的統治。靈魂是以專制性的統治而統治身體；理智則是以政治性的和王道式的統治而統治嗜慾。』」

41 Cf. *STh*, I, 81, 3.

fare l'esame di coscienza sulle proprie intenzioni. Ma quando il bambino raggiunge la maturità, essendo in grado di capire se è lecito o meno compiere una certa azione, può essere accusato di non avere pietà filiale prima ancora che la colpisca: nel caso in cui abbia mostrato la più lieve tendenza a disobbedire ai suoi genitori.

335.

In times past there were two archers. One went into a forest, where he saw something among the trees which looked like a crouching tiger; seriously concerned that it could hurt someone he shot an arrow, but accidentally hit a man. The other climbed up a tree and noticed the movement of something which looked like a person; he shot an arrow, but in fact it was a deer. The first hunter killed a man; his intention, however, was to hit a tiger, and was judged worthy of praise. The second archer merely killed a wild deer; however, since his intention was to kill a human being, he was judged worthy of blame. Why ? Because of the distinction between good and bad intentions. So, it is clear that the origin of good and evil is the will.

昔有二弓士，一之山野，見叢有伏者如虎，慮將傷人，因射之，偶誤中人；一登樹林，恍惚傍視，行動如人，亦射刺之，而寔乃鹿也。彼前一人果殺人者，然而意在射虎，斷當襃；後一人雖殺野鹿，而意在刺人，斷當貶。奚由焉？由意之美醜異也。則意為善惡之原，明著矣。[42]

Un tempo c'erano due arcieri. Uno dei due andò in una foresta, dove vide qualcosa tra gli alberi accovacciato come fosse una tigre; preoccupandosi seriamente che potesse ferire qualcuno scoccò una freccia, ma accidentalmente colpì un uomo. L'altro si arrampicò sopra un albero e notò il movimento di qualcosa che sembrava una persona; anche lui scoccò una freccia, ma in effetti era un cervo. Il primo cacciatore uccise un uomo; la sua intenzione, però, era di colpire una tigre, e venne giudicato degno di lode. Il secondo arciere uccise soltanto un cervo selvatico; tuttavia, poiché la sua intenzione era quella di

---

42 這裡利瑪竇表達出基督宗教倫理學的核心觀念，即意圖比後果更重要。這個也是西方法律的基本原則。

uccidere un essere umano, venne giudicato degno di biasimo. Per quale motivo ? A causa della distinzione tra intenzioni buone e cattive. Così, risulta chiaro come l'origine del bene e del male sia la volontà.

336.

The Chinese Scholar says: If a son commits theft to support his parents his intention is good, but he is unable to escape the penalties imposed by the law; why ?

中士曰：子為養親行盜，其意善矣，而不免於法，何如？[43]

Il Letterato Cinese dice: Se un figlio commette furti per mantenere i genitori la sua intenzione è buona, ma non può sfuggire alle sanzioni imposte dalla legge; come mai ?

337.

The Western Scholar replies: In our Western countries there is a generally accepted view: "Good comes from faultless integrity, evil comes from single defects."[44] I will now attempt to explain why. Although the rest of his conduct may be righteous, if a person commits theft he is a criminal, and cannot be called good; "If Lady Xishi had covered herself with dirt, passers-by would have held their nose without stopping."[45] To give an example: the walls of a jar may be thick and solid on all sides, but if there is a small hole in the bottom, the water will leak out and the jar will be absolutely useless, like a tile reduced to fragments.

西士曰：吾西國有公論曰：「善者成乎全，惡者成於一。」[46]試言其

---

43 參見《論語‧子路》：「葉公語孔子曰：『吾黨有直躬者，其父攘羊，而子證之。』孔子曰：『吾黨之直者異於是。父為子隱，子為父隱，直在其中矣。』」也參見《孟子‧盡心上》。

44 Ricci here quotes the scholastic *effatum*: "bonum ex integra causa, malum ex quocumque defectu". See *STh*, I-II, 18, 1.

45 See *Mencius*, IV, II, XXV, 1. 西施 Xīshī (V century BC) is the first of the Four Beauties (四大美女 sìdà měinǚ) of ancient China.

46 參見《神學大全》第二集第一部 18 題 2 節（第四冊，第 186 頁）：「行為以及其他東西之善惡，是看實在之圓滿或欠缺。第一個屬於實在之圓滿的，似是那賦東西以類別者。」

故。人既為盜，雖其餘行悉義，但呼為惡，不可稱善。所謂「西子蒙不潔，則人皆掩鼻而過之」。[47]譬如水甕周圍厚堅，惟底有一罅，水從此漏，此甕決為無用碎瓦。

Il Letterato Occidentale replica: Nei nostri paesi in Occidente c'è un'opinione generalmente accettata: "il bene risulta dall'integrità, il male da qualunque difetto"[48] Tenterò ora di spiegare il perché. Sebbene il resto della sua condotta possa essere retto, se un uomo commette furti è un criminale e non può essere chiamato buono; "se la signora Xishi si fosse coperta di sporcizia, i passanti si sarebbero turati il naso senza fermarsi"[49] Per fare un esempio: le pareti di un orcio possono essere solide e spesse da ogni parte, ma se c'è una piccola fenditura sul fondo l'acqua cola, e quest'orcio è assolutamente inutile, come una tegola ridotta in frammenti.

338.

Evil is a very poisonous thing. If a person bestows his wealth to widely help the poorest, but he has the intention of stealing a good reputation and gaining a position to which he is not entitled, then, despite such a person has done something right, his intention is wrong: all his deeds fall into dishonesty, because of the malicious intent which has contaminated his good works. If a person steals another's property and give it to his parents, the action is evil in itself; whence could the good intention come?

惡之為情甚毒也。捨己之財，普濟貧乏，以竊善聲，而得非所得之位，所為雖當，其意實枉，則其事盡為不直，蓋醜意污其善行也。子為親竊人財物，其事既惡，何有善意？

Il male è qualcosa di molto velenoso. Se una persona dona le proprie ricchezze per soccorrere ampiamente i più bisognosi, con l'intenzione però di crearsi una buona reputazione e di ottenere una posizione alla quale non ha

---

47　見《孟子‧離婁下》：「西子蒙不潔，則人皆掩鼻而過之。」

48　Ricci cita l'effatum scolastico: "bonum ex integra causa, malum ex quocumque defectu"; cf. *STh*, I-II, 18, 1.

49　Cf. *Mencio*, IV, II, XXV, 1. 西施 Xīshī (V sec. a.C.) è la prima delle Quattro Bellezze (四大美女 Sìdà měinǚ) dell'antica Cina.

diritto, allora, malgrado abbia compiuto qualcosa di giusto, la sua intenzione è sbagliata: tutto ciò che ha fatto ricade nella disonestà, poiché l'intenzione cattiva ha contaminato le sue opere buone. Se una persona ruba i beni altrui per darli ai propri genitori, l'azione è in sé cattiva; da dove potrebbe venire la buona intenzione ?

339.

When we say that right intentions are the root of good conduct, it means that we must do good and must not do evil; stealing is thouroughly bad behaviour, and although it is performed with a right intention it can never be right. Even if the smallest evil action could save ten thousand people under heaven, it should still not be done; how much more is this true, when the purpose is only to feed two or three people ?

吾言正意為為善之本，惟謂行吾正，勿行吾邪。偷盜之事固邪也，雖襲之以義意，不為正矣。為纖微之不善，可以捄天下萬民，猶且不可為，矧以育二三口乎 ？[50]

Quando diciamo che le rette intenzioni sono il fondamento dell'agire buono, ciò significa che dobbiamo operare bene e non dobbiamo operare male; il rubare è un comportamento del tutto malvagio, e anche se è commesso con intenzione retta non può essere giusto. Anche se la più piccola cattiva azione potesse salvare diecimila popoli sotto il cielo, non dovrebbe comunque essere compiuta; a maggior ragione, quanto è vero questo allorché lo scopo è solo il nutrire due o tre persone ?

340.

The right intention only results in doing what one must do. Therefore the nobler the intention is, the more perfect will be the good; the baser the intention is, the more defective will be the good. The intention must be sincere and

---

50 禁偷是一個絕對命令（十誡之一）。亞里士多德及阿奎那認為有一些行為本質上是永遠不對的。參見《神學大全》第二集第一部 18 題 8 節（第四冊，第 196 頁）：「若行動之對象含有合於理性者，此類行動是善的，如施捨東西給貧困者；若含有相反理性者，此類行動是惡的，例如偷竊，亦即用取他人之東西。」從這個原則，利瑪竇推出很極端的結論。

trained; how could one eliminate it？

為善正意，惟行當行之事，故意益高則善益精，若意益陋則善益粗。是故意宜養、宜誠也，何滅之有哉？

La retta intenzione di compiere il bene si traduce nel fare solo ciò che si deve. Perciò più essa è nobile, più perfetto sarà il bene; più essa è vile, più il bene sarà grossolano. L'intenzione dev'essere sincera ed esercitata; come si potrebbe eliminarla？

341.

The Chinese Scholar says: Even if the intention is not absent from the teachings of the saints, it is solely directed to the practice of virtue, not to its effectiveness. So when they persuade people to act well, they only indicate the beauty of virtue, and say nothing of rewards; when they teach people to reject evil, they only speak of the wrongness of evil, and say nothing of punishment.

中士曰：聖人之教，縱不滅意，而其意不在功效，只在修德。故勸善而指德之美，不指賞；沮惡而言惡之罪，不言罰。[51]

Il Letterato Cinese dice: Anche se l'intenzione non è assente dall'insegnamento dei santi, è diretta soltanto alla pratica delle virtù e non alla sua efficacia. Perciò quando essi persuadono le persone ad agire bene, indicano la bellezza della virtù e non della ricompensa; quando essi insegnano alle persone a rifiutare il male, parlano solo dell'erroneità del male e non della punizione.

342.

The Western Scholar replies: The teachings of the saints are gathered in the classic texts; they invariably employ rewards so as to encourage people to act well, and punishments so as to restrain them from doing evil. In the *Canon of Shun* it is said: "He represented the legal punishment by drawing objects, decreeing the exile as a mitigation of the Five Great Punishments."[52] And

---

51 中士最初提出了「無意」，不過現在他和利瑪竇一樣，同意「意」的重要性，不過，他還說明應該跟利弊沒有關係。

52 *Book of History*, II, I, III, 11.

again: "Every three years there was an examination of merits, and after three examinations the unworthy were degraded, and the deserving promoted. By this arrangement many activities were more and more prosperous. The people of Sanmiao were separated and kept in their place."[53]

西士曰：聖人之教在經傳，其勸善必以賞，其沮惡必以懲矣。《舜典》曰：「象以典刑，流宥五刑。」又曰：「三載考績，三考，黜陟幽明。庶績咸熙，分北三苗。」[54]

Il Letterato Occidentale replica: Gli insegnamenti dei santi sono raccolti nei testi classici; i santi utilizzano invariabilmente i premi per indurre le persone ad agire bene, e le punizioni per far sì che evitino il male. Nel *Canone di Shun* si dice: "Ha rappresentato le punizioni legali disegnandole su oggetti, decretando l'esilio come mitigazione delle cinque grandi punizioni"[55] E ancora: "Ogni tre anni aveva luogo un esame dei meriti, e dopo tre esami gli indegni venivano degradati, e i meritevoli promossi. Grazie a questa disposizione, molte attività erano sempre più prospere. La gente di Sanmiao era separata e tenuta al suo posto"[56]

343.

In the *Counsels of Gao Yao* it is said: "Heaven orders the virtuous to rule the peoples; to distinguish them there are the Five Attires, coupled with the Five Decorations. Heaven punishes the guilty; there are the Five Punishments, suitable for the Five Kinds of People."[57] In the *Counsels of Yi and Ji* is to be found that: "The Emperor Shun said: 'Let our virtue be widespread, only then our merits will be able to be narrated.' And now Gao Yao is carrying out our rules, using the method of punishment drawn on objects so that everyone can understand them."[58]

《皋陶謨》曰：「天命有德，五服五章哉。天討有罪，五刑五用

---

53 *Book of History*, II, I, V, 27.

54 見《尚書‧舜典》。

55 *Libro della Storia*, II, I, III, 11.

56 *Libro della Storia*, II, I, V, 27.

57 *Book of History*, II, III, III, 6.

58 *Book of History*, II, IV, I, 8.

哉。」[59]《益稷謨》[60]曰：「帝曰：迪朕德，時乃功惟敘。皋陶方祗厥敘，方施象刑，惟明。」[61]

Nei *Consigli di Gao Yao* si dice: "Il Cielo ordina ai virtuosi di governare i popoli; per poterli distinguere ci sono i cinque abbigliamenti, abbinati alle cinque decorazioni. Il Cielo castiga i colpevoli; ci sono le cinque punizioni, adatte ai cinque tipi di persone"[62] Nei *Consigli di Yi e Ji* si trova che: "L'imperatore Shun disse: "La nostra virtù sia diffusa, solo allora i nostri meriti potranno essere narrati". E ora Gao Yao dà seguito alle nostre disposizioni, utilizzando il metodo delle punizioni disegnate sugli oggetti affinché tutti possano comprenderle"[63]

344.

Pan Geng says: "There is with me no distinction of neighbours and strangers; I punish those who do evil with sanctions, I reward those who act well displaying their virtues. If the government of the country is well administered that is your merit; if it is mismanaged that is my responsibility, because I erred in applying sanctions."[64] He says again: "If there were evil and devious people who dared to rebel against the law with lack of respect, deceptions or wickedness, then I would cut off their nose or kill them; I would not even leave their offspring alive, not allowing them to live in the new capital."[65]

《盤庚》曰：「無有遠邇，用罪伐厥死，用德彰厥善。邦之臧，惟汝眾；邦之不臧，惟予一人佚罰。」又曰：「乃有不吉不迪，顛越不恭，暫遇奸宄，我乃劓殄滅之，無遺育，無俾易種於茲新邑。」[66]

59　見《尚書・皋陶謨》。

60　《益稷謨》，當作《益稷》。按《古文尚書》有《益稷》篇，《今文尚書》無此篇，其文字在《皋陶謨》之下半篇。朱維錚書注：《益稷》，本為《今文尚書・皋陶謨》之下半篇，後人分做二篇。疑利氏已知其由來，故引用時亦加「謨」字。

61　見《尚書・益稷》。

62　*Libro della Storia*, II, III, III, 6.

63　*Libro della Storia*, II, IV, I, 8.

64　*Book of History*, IV, VII, I, 16.

65　*Book of History*, IV, VII, II, 16.

66　見《尚書・盤庚》。「惟予一人佚罰」原作「惟予一人有佚罰」利瑪竇漏一「有」字。

Pan Geng dice: "Non c'è in me alcuna distinzione tra il prossimo e gli estranei; castigo chi agisce male con punizioni, premio chi agisce bene manifestandone la virtù. Se il governo del paese è amministrato bene è vostro merito; se viene amministrato male è mia responsabilità, perché ho errato nell'applicare le punizioni"[67] Dice ancora: "Se ci fossero uomini malvagi e deviati che osano ribellarsi alla legge con mancanze di rispetto, inganni o scelleratezze, allora taglierei loro il naso o li ucciderei; non lascerei in vita nemmeno la loro prole, non permettendole di vivere nella nuova capitale"[68]

345.

King Wu says in *The Great Declaration*: "You, my soldiers, shall march forwards, with courage and determination, to sustain your king. Those who will have more merit, they will receive a greater reward; those who will not behave well, they will receive a conspicuous punishment."[69] He says again: "If you will not exert yourselves, you will be punished."[70] In *The Announcement to the Prince of Kang* he says: "You must speedily act against them under the penal law of King Wen, punishing them severely and not forgiving them."[71]

《泰誓》武王曰：「爾眾士，其尚迪果毅，以登乃闢。功多有厚賞，不迪有顯戮。」[72]又曰：「爾所弗勖，其於爾躬有戮。」[73]《康誥》曰：「乃其速由文王作罰，刑茲無赦。」[74]

Il re Wu dice nel *Grande Proclama*: "Marcerete dritti, voi miei soldati, con coraggio e determinazione, per le conquiste del vostro re. Chi avrà più merito, riceverà maggiore ricompensa; chi invece non si comporterà così, riceverà una cospicua punizione"[75] Egli dice ancora: "Se voi non vi sforzerete, sarete puniti"[76]

---

67 *Libro della Storia*, IV, VII, I, 16.
68 *Libro della Storia*, IV, VII, II, 16.
69 *Book of History*, V, I, III, 4.
70 *Book of History*, V, II, II, 10.
71 *Book of History*, V, IX, III, 16.
72 見《尚書・泰誓》。
73 利氏誤，不見《尚書・泰誓》，而見《尚書・牧誓》。
74 見《尚書・康誥》。
75 *Libro della Storia*, V, I, III, 4.
76 *Libro della Storia*, V, II, II, 10.

Nell' *Annuncio al principe di Kang* egli dice: "Devi agire rapidamente nei confronti di costoro secondo la legge penale del re Wen, punendoli severamente e non perdonandoli"[77]

346.

In *The Numerous Officials* it is said: "If you will be docile and respectful, Heaven will show love and compassion towards you; if you will not be docile and respectful, you will not only have your land no longer, but I will also raise Heaven's punishment upon you."[78] In *The Numerous Regions* it is also said: "If you will be slothful and perverse, seriously disobedient to the orders of your king, it will mean that your numerous regions are trying to test Heaven's authority; then I will inflict the punishment of Heaven on you, expelling you from your country".[79]

《多士》曰：「爾克敬，天惟畀矜爾；爾不克敬，爾不啻不有爾土，予亦致天之罰於爾躬。」[80]《多方》又曰：「爾乃惟逸惟頗，大遠王命；則惟爾多方探天之威，我則致天之罰，離逖爾土。」[81]

Nei *Numerosi Ufficiali* viene detto: "Se voi sarete docili e rispettosi, il Cielo vi userà amore e compassione; se non sarete docili e rispettosi, non solo non potrete più avere la vostra terra, ma scatenerò anche i castighi del Cielo su di voi"[82] Nelle *Numerose Regioni* si dice anche: "Se voi sarete indolenti e perversi, gravemente disobbedienti verso gli ordini del vostro re, vuol dire che le vostre numerose regioni cercano di mettere alla prova l'autorità del Cielo; allora vi infliggerò i castighi del Cielo, cacciandovi fuori del vostro paese"[83]

347.

These sayings belong to the Two Emperors and the Three Dynasties,[84] and

---

77 *Libro della Storia*, V, IX, III, 16.

78 *Book of History*, V, XIV, III, 24.

79 *Book of History*, V, XVIII, IV, 29.

80 見《尚書・多士》。

81 見《尚書・多方》。

82 *Libro della Storia*, V, XIV, III, 24.

83 *Libro della Storia*, V, XVIII, IV, 29.

84 The Three Dynasties are: 夏 Xià, 商 Shāng and 周 Zhōu.

all of them speak about rewards and punishments. In fact, they all imply consequences of gain and loss.

此二帝三代之語，皆言賞罰，固皆併利害言之。

Questi detti appartengono ai Due Imperatori e alle Tre Dinastie,[85] e parlano tutti di ricompense e di punizioni. Infatti, tutti implicano conseguenze di guadagno e di perdita.

348.

The Chinese Scholar says: The *Spring and Autumn Annals* was personally written by the wise Confucius; this book only speaks of right and wrong, nor of gains or losses.

中士曰：《春秋》者，孔聖之親筆，言是非，不言利害也。[86]

Il Letterato Cinese dice: Gli *Annali delle Primavere e degli Autunni* sono stati scritti personalmente dal saggio Confucio; questo libro parla soltanto di giusto e di sbagliato, non di guadagni né di perdite.

349.

The Western Scholar replies: There exist in the world three kinds of gains and losses. The first refers to the body, the health and longevity of which are considered gains, while misfortunes and the brevity of life are seen as losses. The second refers to earthly goods; from this perspective the large holdings of land, animals, and money are considered gains, while their privation or dispersion is seen as a loss. The third refers to good reputation: the purchase of fame and honour is considered a gain, whereas the reproaches and dishonour are seen as losses.

西士曰：俗之利害有三等：一曰身之利害，此以肢體寧壽為利，以危夭為害；二曰財貨之利害，此以廣田畜、充金貝為利，以減耗失之為害；三曰名聲之利害，此以顯名休譽為利，以譴斥毀污為害也。

Il Letterato Occidentale replica: Esistono al mondo tre tipi di guadagni e di

---

85 Le Tre Dinastie sono 夏 Xià, 商 Shāng e 周 Zhōu.

86 雖然中士把《春秋》歸功於孔子是不對的（參見 385），不過，他還是反映出孔子的倫理觀念。

perdite. Il primo riguarda il corpo, la cui salute e longevità sono considerate come guadagni, mentre le disgrazie e la brevità della vita sono viste come perdite. Il secondo riguarda i beni terreni; da questa prospettiva i grandi possedimenti di terra, animali e denaro sono considerati come guadagni, mentre la loro diminuzione o dispersione sono viste come perdite. Il terzo riguarda la reputazione: l'acquisto di fama e di onore è considerato come un guadagno, mentre i rimproveri e i disonori sono visti come perdite.

350.

The *Spring and Autumn Annals* speaks only of one of these kinds of gains and losses and says nothing of the other two. Because people probably consider the gain or loss of their good reputation more important than the increase or decrease of their health and wealth, it is said: "When the *Spring and Autumn Annals* were completed, the rebellious ministers and the disloyal people were struck with terror."[87] And why were the rebellious ministers and the disloyal peoples struck with terror ? Were they perhaps not fearful that the bad reputation they had gained could damage them ? Mencius had chosen benevolence and righteousness as his salient points; each time he visited a king, he begged him to rule benevolently, and even concluded by saying: "One cannot rule, if one does not act like that."

《春秋》存其一，而不及其二者也。然世俗大槩重名聲之利害，而輕身、財之損益，故謂「《春秋》成而亂臣賊子懼」[88]。亂臣賊子奚懼焉？非懼惡名之為害不已乎？孟軻首以仁義為題，厥後每會時君，勸行仁政，猶以「不王者，未之有也」[89]為結語。

Gli *Annali delle Primavere e degli Autunni* parlano di uno solo di questi tipi di guadagni e di perdite, e non dicono nulla degli altri due. Poiché le

---

87 *Mencius*, III, II, IX, 11.

88 見《孟子・滕文公下》：「昔者禹抑洪水而天下平，周公兼夷狄驅猛獸而百姓寧，孔子成《春秋》而亂臣賊子懼。」中士認為，孔子反對「利」，不過，利瑪竇試圖證明，「利」在儒家思想中還是扮演著積極的角色，特別是關於個人在道德上的名聲方面。

89 「不王者，未之有也」，在《孟子》中共出現五次，《梁惠王上》兩次，《梁惠王下》一次，《公孫丑上》一次，《告子下》一次。

persone, probabilmente, considerano il guadagno o la perdita della buona reputazione più importante dell'aumento o della diminuzione della salute e delle ricchezze, viene detto: "Quando gli *Annali delle Primavere e degli Autunni* furono completati, i ministri sediziosi e i popoli sleali erano terrorizzati"[90] E perché i ministri sediziosi e i popoli sleali erano terrorizzati ? Non avevano forse paura che la cattiva reputazione da loro acquisita potesse danneggiarli ? Mencio aveva scelto la benevolenza e la rettitudine come suoi argomenti; ogni volta che visitava un re lo pregava di governare benevolmente, e addirittura concludeva dicendo: "Non si può regnare, se non si agisce così"

351.

To reign under heaven is it not a gain ? What person is not happy that his friends or family may obtain benefits ? If gain is something we should not be concerned with, why do we wish our friends and relatives to enjoy it ? Now, the way to practise benevolence is as follows: "Never do to others what you would not like others to do to you."[91] One should not seek personal gain, but one's own benefits should be extended also to neighbours; from this we can deduce that this kind of gain is not harmful to virtue.

王天下顧非利哉？人孰不悅利於朋友，利於親戚？如利不可經心，則何以欲歸之友親乎？仁之方曰：「不欲諸己，勿加諸人。」[92]既不宜望利以為己，猶必當廣利以為人。以是知，利無所傷於德也。

Il regnare sotto il cielo non è forse un guadagno ? Quale persona non è contenta che i suoi amici o parenti ottengano benefici ? Se il guadagno è qualcosa di cui non dobbiamo preoccuparci, perché desideriamo che i nostri amici e parenti ne ricevano ? Ora, il modo di praticare la benevolenza è il seguente: "Non fare agli altri ciò che non vorresti che gli altri facciano a te"[93] Non si deve ricercare un vantaggio personale, tuttavia i propri benefici

---

90 *Mencio*, III, II, IX, 11.
91 *Analects*, XV, 23.
92 《論語・顏淵》仲弓問仁。子曰：「出門如見大賓，使民如承大祭。己所不欲，勿施於人。在邦無怨，在家無怨。」《論語・衛靈公》子貢問曰：「有一言而可以終身行之者乎？」子曰：「其恕乎！己所不欲，勿施於人。」
93 *Dialoghi*, XV, 23.

andrebbero estesi anche al prossimo; da ciò si può dedurre che questo tipo di guadagno non danneggia la virtù.

352.

The gain one must not speak about is spurious gain, which scorns righteousness. In the *Book of Changes* it is said: "What is called advantage is the perfect manifestation of righteousness."[94] It is said again: "To benefit from advantages favours people who succeed in consolidating themselves, in order to spread and elevate virtue."[95] Speaking of gain in its highest sense, the rulership of the kingdoms under heaven has only an insignificant value. In fact, even if the lords of the state exercise a benevolent rulership, there is no certainty that everyone of them will become a king; in any case, there can only be one king; and if a state wants to enlarge, it can only do so at the expense of another. The gain obtainable in this world is not greater than this.

利所以不可言者，乃其偽，乃其悖義者耳。《易》曰：「利者，義之和也。」[96]又曰：「利用安身，以崇德也。」[97]論利之大，雖至王天下，猶為利之微。況戰國之主，雖行仁政，未必能王；雖使能王，天下一君耳，不取之此，不得予乎彼。夫世之利也，如是耳矣。[98]

Il guadagno di cui non si può parlare è quello fasullo, che disprezza la rettitudine. Nel *Libro dei Mutamenti* si dice: "Ciò che è chiamato vantaggio è la perfetta manifestazione della rettitudine"[99] Si dice ancora: "Il fruire di vantaggi favorisce le persone che riescono a consolidarsi, al fine di diffondere ed elevare la virtù"[100] Parlando del guadagno nel senso più alto, governare i regni sotto il

---

94 *Book of Changes*, Appendix IV, I, I, 1.
95 *Book of Changes*, Appendix III, II, V, 33.
96 見《周易‧乾‧文言》。
97 見《周易‧繫辭》。
98 利瑪竇要證明，孔子並不反對「利」，不過，利瑪竇還是承認，因為世間的資源有限，所以每個人要合理地鬥爭。在將來的世界，資源無限，沒有鬥爭問題。另外，如同張曉林所述，利瑪竇對「利」的強調「與明末興起的實學旨趣一致」，參見張曉林《天主實義與中國學統》（上海：學林出版社，2005年），第100頁。
99 *Libro dei Mutamenti*, Appendice IV, I, I, 1.
100 *Libro dei Mutamenti*, Appendice III, II, V, 33.

cielo ha solo un valore insignificante. Infatti, anche se i signori dello stato esercitano un governo benevolo, non vi è certezza che tutti diventino re; in ogni caso, può esserci un re soltanto; e qualora uno stato voglia espandersi, può farlo solo a spese di un altro. Il guadagno realizzabile in questo mondo non è più grande di così.

353.

The gain in the world to come, to which I refer, is supremely great and effectual, and hinders no one because everyone can obtain it; there is no need to fight each other because of it. If it were recognized as an advantage, then kings would like their states to receive it, the great officers would like to provide it for their families, and both scholars and common people would acquire it for themselves; everyone would rush to be the first, and only then peace and order would be established under heaven. Those who regard the benefits of the world to come as the most important, surely despise the benefits of this world; it has never been heard that someone despises the benefits of this world and, at the same time, opposes authority, competes for everything, murders his father and his sovereign. If one could make sure that all people seek the benefits of the life to come, what difficulties would there be in ruling the nation ?

　　吾所指來世之利也，至大也，至實也，而無相礙，縱盡人得之，莫相奪也。以此為利，王欲利其國，大夫欲利其家，士庶欲利其身，上下爭先，天下方安方治矣。[101]重來世之益者，必輕現世之利，輕現世之利而好犯上爭奪、弒父弒君，未之聞也。[102]使民皆望後世之利，為政何有？

　　Il guadagno del mondo che verrà, a cui mi riferisco, è supremamente

---

101 此段論述基本套用孟子《梁惠王上・孟子見梁惠王》表述格式：「孟子見梁惠王。王曰：『叟！不遠千里而來，亦將有以利吾國乎？』孟子對曰：『王！何必曰利？亦有仁義而已矣。王曰：『何以利吾國？』大夫曰：『何以利吾家？』士庶人曰：『何以利吾身？』上下交征利而國危矣。』」關於耶穌會士對現世之利的輕視，可參考 1640 年陽瑪諾譯，朱宗元訂正的《輕世金書》。

102 此語是對《論語》與《孟子》的揉合，《論語・學而》「其為人也孝悌，而好犯上者，鮮矣；不好犯上，而好作亂者，未之有也。」《孟子・離婁上》「失其身而能事其親者，吾未之聞也。」《孟子・梁惠王上》「未有仁而遺其親者也，未有義而後其君者也。」

grande e reale, e non ostacola nessuno perché tutti possono ottenerlo; non è necessario combattersi reciprocamente a causa sua. Qualora esso fosse riconosciuto come un vantaggio i re vorrebbero che i loro stati lo ricevessero, i grandi ufficiali vorrebbero provvederne le proprie famiglie, e sia i letterati sia le persone comuni vorrebbero ottenerlo per se stessi; tutti correrebbero per essere i primi, e solo allora si instaurerebbero la pace e l'ordine sotto il cielo. Chi considera più importante il vantaggio del mondo che verrà, sicuramente disprezza i vantaggi offerti da questo mondo; non si è mai sentito dire che qualcuno disprezzi i vantaggi di questo mondo e al tempo stesso si opponga all'autorità, competa per ogni cosa, assassini padre e sovrano. Se si potesse far sì che tutte le persone cercassero i benefici della vita che verrà, quali difficoltà ci sarebbero nel governare la nazione ?

354.

The Chinese Scholar says: I have heard it said: "Why worry about future ? The best thing is only to deal with the present." These words are realistic; why talk of the life to come ?

中士曰：嘗聞之：「何必勞神慮未來？惟管今日眼前事。」此是實語，何論後世？

Il Letterato Cinese dice: Ho sentito dire: "Perchè preoccuparsi del futuro ? La cosa migliore è occuparsi soltanto del presente" Queste parole sono realistiche; perché discorrere della vita che verrà ?

355.

The Western Scholar replies: What superficiality! If dogs and pigs could speak, there would be no difference with this speech. In ancient times, in the West, there was a founder of a school of thought who concentrated on happiness without distress; some people followed him, and he wrote this epitaph for his own tombstone: "You must eat, drink, and give yourself to frenzied joy, because there is no happiness after death." Many scholars called his followers "the disciples of the pigsty."[103] Could it be that in your noble country there is

---

103 Ricci refers to the philosopher Epicurus of Samos (341-271 BC).

someone who secretly agrees with him ? Anyone who lacks foresight, definitely suffers from immediate problems. Anyone who has a petty vision, is often ridiculed. In my perspective the wiser a person is, the more forward-looking will be his thought; while the more obtuse a person is, the more short-sighted will be his thinking.

西士曰：陋哉！使犬豕能言也，無異此矣。西域上古有一人立教，專以快樂無憂為務，彼時亦有從之者，自題其墓碑曰：「汝今當飲食懽戲，死後無樂兮。」諸儒稱其門為「豬僚門」也。[104]詎貴邦有暗契之者？夫無遠慮，必有近患。[105]猷之不遠，詩人所刺。吾視人愈智，其思愈遐；人愈愚，其思愈邇。

Il Letterato Occidentale replica: Quale superficialità! Se i cani e i maiali potessero parlare, non ci sarebbe differenza con questo discorso. Nei tempi antichi, in Occidente, c'era il fondatore di una scuola di pensiero che si concentrava sulla contentezza priva di angustie; alcune persone lo seguivano, ed egli scrisse questo epitaffio per la sua pietra tombale: "Tu devi mangiare, bere, e darti alla pazza gioia, perché non c'è felicità dopo la morte" Molti letterati chiamavano i suoi seguaci "i discepoli del porcile"[106] Possibile che nel Suo nobile paese ci sia qualcuno che concorda segretamente con lui ? Chi manca di lungimiranza, soffre sicuramente di problemi immediati. Chi ha una visione meschina, viene sovente messo in ridicolo. Nella mia prospettiva più una persona è saggia, più il suo pensiero è lungimirante; mentre più una persona è ottusa, più il suo pensiero è di corte vedute.

356.

How can man not provide against the future, and not consider occurrences before they happen ? The farmer ploughs and sows in spring, hoping for a harvest in the autumn. Pine trees grow for a hundred years before producing

---

104 利瑪竇在這裡提到的是伊壁鳩魯，不過，他墓碑的記錄（Non fui, fui, non sum, non curo）不一定有歷史根據。利瑪竇關於他的介紹不是太公正。關於他的介紹，參見第歐根尼·拉爾修《名哲言行錄》（廣西師範大學出版社，2009年），第 977～1087 頁。

105 見《論語·衛靈公》。原文稍有不同：「人無遠慮，必有近憂」。

106 Ricci si riferisce al filosofo Epicuro di Samo (341-271 a.C.).

seeds; nevertheless people plant them, as it is said: "The gardener plants trees, but the next generation will pluck their fruits." Travellers, wandering all over the world, always hope that, when old, they will be able to live happily in their native countries. Artisans practise their profession with care, hoping to make a living of it. In his youth a student must study diligently to become a scholar, so that one day he might support his king for the benefit of his country. None of these people only consider the immediate or daily matters, as if they required a more urgent attention. The unfilial son squanders the inherited possessions; the Duke of Yu lose his state; King Jie of the Xia Dynasty and King Zhou of the Yin Dynasty lose their empire.[107] Were these men not devoid of a long-term foresight, only concerning themselves about things which fell just below their eyes ?

凡民之類，豈可不預防未來，先謀未逮者乎？農夫耕稼於春，圖秋之穡。松樹百年始結子，而有藝之，所謂：「囿翁植樹，爾玄孫攀其子」者。行旅者周沿江湖，冀老之安居鄉土；百工勤習其業，期獲所賴；士髦卯勤苦博學，欲後輔國匡君。夫均不以眼前今日之事為急者也。不肖子敗其先業，虞公喪國，夏桀殷紂失天下，此非不慮悠遠、徒管今日眼前事者乎？

Come può l'uomo non prevenire il futuro, e non considerare le eventualità prima che si realizzino ? Il contadino ara e semina in primavera, sperando nel raccolto per l'autunno. Il pino cresce per cent'anni prima di produrre semi; malgrado ciò gli uomini lo piantano, come viene detto: "Il giardiniere pianta gli alberi, ma sarà la generazione successiva a coglierne i frutti" I viaggiatori, vagabondando per ogni angolo del mondo, sperano sempre che in vecchiaia potranno vivere felicemente nel paese natìo. Gli artigiani praticano con cura la loro professione, sperando di riuscire a mantenersi. In gioventù un letterato deve studiare diligentemente per diventare erudito, al fine di potere un giorno sostenere il suo re a beneficio del paese. Nessuna di tali persone considera solo le cose immediate o quotidiane, come se necessitassero di un'attenzione più

---

107 The Duke of 虞 Yú lost his state, in the winter of 655 BC, for having committed a serious imprudence.

urgente. Il figlio non pietoso sperpera i beni ereditati; il duca di Yu ha perso il proprio stato; il re Jie della dinastia Xia e il re Zhou della dinastia Yin hanno perduto il proprio impero.[108] Non erano questi uomini privi di una visione lungimirante, preoccupandosi soltanto delle cose che cadevano immediatamente sotto i loro occhi ?

357.

The Chinese Scholar says: That is so, but although I may be forward-looking in this world, I am still limited to it. To consider what may happen after death seems to be something impractical.

中士曰：然。但吾在今世則所慮雖遠，止在本世耳；死後之事，似迂也。[109]

Il Letterato Cinese dice: È così, ma sebbene io possa essere lungimirante in questo mondo, sono comunque limitato ad esso. Considerare che cosa possa accadere dopo la morte sembra qualcosa di astratto.

358.

The Western Scholar replies: Confucius has composed the *Spring and Autumn Annals*, and his grandson wrote the *Doctrine of the Mean*; they both gave thought to the following ten thousand generations. The noble man does not regard the concern for others as a lack of practicality; if I give some thought to myself, having in view my life after death, how can you accuse me of being impractical ? Children make plans for their old age, without knowing whether they will grow to maturity; yet no one says that they are being too far-sighted. When I plan something subsequent to my death – which, however, could happen tomorrow – would you consider this too distant an event ? Why, then, do you hope to have children and grandchildren when you get married ?

西士曰：仲尼作《春秋》，其孫著《中庸》，厥慮俱在萬世之後。[110]夫

---

108 Il duca di 虞 Yú perse il suo stato, nell'inverno del 655 a.C., per aver commesso una grave imprudenza.

109 參見《論語・先進》：「未知生，焉知死。」

110 前面（185 及 348 的注釋）我們已經說過，《春秋》不是孔子所寫的。另外，

慮為他人，而諸君子不以為迂；吾慮為己，惟及二世，而子以為迂乎？童子圖既老之事，未知厥能至壯否，而莫之謂遠也。吾圖死後之事，或即詰朝之事，而子以為遠乎？子之婚也，奚冀得子孫？

Il Letterato Occidentale replica: Confucio ha composto gli *Annali delle Primavere e degli Autunni*, e suo nipote ha scritto la *Dottrina del Mezzo*; entrambi hanno pensato alle diecimila generazioni successive. Gli uomini nobili non considerano la preoccupazione per gli altri come una forma di astrazione; se mi preoccupo di me stesso, in vista della vita dopo la morte, come può Lei accusarmi di essere astratto ? I bambini fanno progetti per la vecchiaia, senza sapere se giungeranno alla maturità; e nessuno sostiene che siano troppo lungimiranti. Quando pianifico qualcosa di successivo alla mia morte, che peraltro potrebbe avvenire domani, Lei forse considera tale evento troppo distante ? Per quale motivo allora spera di avere figli e nipoti quando si sposa ?

359.

The Chinese Scholar says: So that, after my death, there will be someone to organize my funeral, to provide me with a tomb, and to offer sacrifices.

中士曰：以有治喪葬、墳墓、祭祀之事也。[111]

Il Letterato Cinese dice: Affinché, dopo la mia morte, ci sia qualcuno ad organizzare il mio funerale, a procurarmi una tomba, e ad offrire sacrifici.

360.

The Western Scholar replies: All right. But these events also follow your departure. At the time of our death we will leave only two things: an incorruptible spirit, and a corpse which will rapidly become corrupt. I am worried especially of my immortal soul, but you are mainly interested in a body which speedily decomposes; how can you accuse me of being impractical ?

西士曰：然。是亦死後之事矣。吾既死，所留者二：不能朽者精神、

　　雖然傳統把《中庸》歸功於子思，不過，和整篇《禮記》一樣，《中庸》是在漢代編纂的。

111 雖然中國人忌諱談死亡，不過，利瑪竇認為，死亡是一輩子最重要的一個時刻，需要一輩子為此做準備，因為死亡對來世有決定性的影響。

速腐者髑髏。我以不能朽者為切，子尚以速腐者為慮，可謂我迂乎？

Il Letterato Occidentale replica: Va bene. Però anche questi eventi seguono la Sua dipartita. Al momento della nostra morte lasceremo soltanto due cose: uno spirito incorruttibile, e un cadavere che si corromperà rapidamente. Io mi preoccupo soprattutto della mia anima immortale, ma Lei è principalmente interessato a un corpo che si decompone velocemente; come può accusarmi di essere astratto ?

361.

The Chinese Scholar says: A noble man is not concerned to do good in order to get benefits in this life, and to avoid the disadvantages of this world. How could the question of gains and losses be worthy of discussion ?

中士曰：行善以致現世之利，遠現世之害，君子且非之；來世之利害，又何足論歟？

Il Letterato Cinese dice: Un uomo nobile non si preoccupa di fare il bene per ottenere vantaggi in questa vita, e per evitare gli svantaggi di questo mondo. Come potrebbe essere degna di discussione la questione dei guadagni e delle perdite ?

362.

The Western Scholar replies: The question of gains and losses in the life to come is very real and important, and cannot be compared to that concerning this world.[112] What I see today are nothing but shadows of the real gain and the real loss; therefore, all things of this world, both good and bad, are insignificant.

西士曰：來世之利害甚真大，非今世之可比也。吾今所見者，利害之影耳，故今世之事，或凶或吉，俱不足言也。

Il Letterato Occidentale replica: La questione dei guadagni e delle perdite nella vita che verrà è molto concreta e importante, e non può essere paragonata a quella che riguarda questo mondo.[113] Ciò che vedo oggi non sono altro che le ombre del vero guadagno e della vera perdita; perciò tutte le cose di questo

---

112 See *Mk* 8:36.
113 Cf. *Mc* 8,36.

mondo, sia buone sia cattive, sono insignificanti.

363.

I once heard my teacher relate this allegory: when a man is born he is like an actor on the stage; he is like the interpreter of a role in a play. People such as kings, ministers, mandarins, scholars, slaves, queens, imperial concubines, female slaves and lovers are nothing but actors, who are temporarily playing a part. The clothes they wear are not their clothes; the gains and losses they receive cannot really influence them. When the show ends they take off their costumes, take off their makeup, and the roles performed have no longer any relationship with the real people. So the actors are neither sad nor joyful for the difference in rank of their characters. They simply play the roles they have assumed; even if they have to play a beggar, they will do it as conscientiously as possible, thinking about how to meet the expectations of the director. A part is assigned to the actor by the director, but the realization of the role depends on the actor himself.

　　吾聞師之喻曰：人生世間，如俳優在戲場，所為俗業，如搬演雜劇。諸帝王、宰官、士人、奴隸、后妃、婢媵，皆一時粧飾之耳。則其所衣衣，非其衣；所逢利害，不及其躬。搬演既畢，解去粧飾，漫然不復相關。故俳優不以分位高卑長短為憂喜，惟扮所承腳色。雖丐子亦真切為之，以中主人之意耳已。蓋分位在他，充位在我。[114]

　　Una volta ho sentito il mio insegnante esporre questa allegoria: quando un uomo nasce è come un attore sul palcoscenico; è come l'interprete di un ruolo in un'opera teatrale. Le persone quali il re, i ministri, i mandarini, i letterati, gli schiavi, le regine, le concubine imperiali, le serve e le amanti non sono altro che attori, i quali temporaneamente recitano una parte. Gli abiti che indossano non sono i loro vestiti; i guadagni e le perdite che ricevono non possono veramente

---

114 利瑪竇的老師是古希臘斯多葛派愛比克泰德（Epictetus）。生命作為一個戲劇這個比喻在愛比克泰德《手冊》（*Encheiridion*）裏。利瑪竇把這番話列入了《二十五言》（1603 年）。如同夏伯嘉所述，戲劇的比喻在中國有很大的意義，特別是晚明崑劇發展起來的時候。參見 Po-Chia Hsia, *A Jesuit in the Forbidden City*，第 234 頁。

influenzarli. Quando la rappresentazione finisce si tolgono i costumi, si levano il trucco, e i ruoli svolti non hanno più alcun rapporto con le persone. Perciò gli attori non sono né tristi né gioiosi per la differenza di rango dei loro personaggi. Essi semplicemente recitano i ruoli assunti; anche se devono interpretare un mendicante, lo faranno più coscienziosamente possibile, pensando a come soddisfare le aspettative del regista. La parte è assegnata all'attore dal regista, ma la realizzazione del ruolo spetta all'attore stesso.

364.

Even though we may live to be a hundred years in this world, our lives are the equivalent of the shortest day in winter if compared with the eternal duration of the hereafter. The riches we accumulate are borrowed, because we can use them but we are not their true masters; why do we rejoice when they increase and we are distressed when they decrease ? Both noble and petty men come out naked from the womb, and naked return to it.[115] Even if we possessed a thousand crates of gold locked in a safe, when we are about to die we can take nothing with us; so why should we care ? The end of the vain things of this life represents the beginning of the true reality of the life to come; later each person will receive the part, whether noble or miserable, which he deserves. When considering the gains and losses of this life as real, would one not be like those fools who go to the theatre believing that the actor dressed up as an emperor is truly a patrician, or that the one dressed up as a slave is truly a servant ?

　　吾曹在於茲世，雖百歲之久，較之後世萬禩之無窮，烏足以當冬之一日乎？所得財物，假貸為用，非我為之真主，何徒以增而悅、以減而愁？不論君子小人，咸赤身空出，赤身空返，臨終而去[116]，雖遺金千笈，積在庫內，不帶一毫，何必以是為留意哉？今世偽事已終，即後世之真情起矣，而後乃各取其所宜之貴賤也。若以今世利害為真，何異乎蠢民看戲，以粧帝王者為真貴人，以粧奴隸者為真下人乎？

　　Anche se possiamo vivere fino a cent'anni in questo mondo, le nostre vite

---

115 See *Jb* 1:21.

116 參見《約伯》一 21：「我赤身脫離母胎，也要赤身歸去。」

sono paragonabili al più breve giorno invernale in confronto alla durata eterna dell'aldilà. Le ricchezze che accumuliamo sono prese in prestito, perché le possiamo utilizzare ma non ne siamo veri padroni; come mai ci rallegriamo quando aumentano e siamo angosciati quando diminuiscono ? Sia gli uomini nobili sia quelli meschini escono nudi dal seno materno, e nudi vi ritornano.[117] Se anche possedessimo mille casse d'oro chiuse in una cassaforte, quando saremo sul punto di morire non potremo portare nulla con noi; perché allora dovremmo preoccuparcene ? La fine delle cose vane della vita presente rappresenta l'inizio delle realtà vere della vita che verrà; in seguito ognuno riceverà la parte, nobile o misera, che gli spetta. Se si considerano reali i guadagni e le perdite di questa vita, non si è forse come quegli stolti che si recano a teatro credendo che l'attore vestito da imperatore sia veramente un nobile, o che quello vestito da schiavo sia veramente un servo ?

365.

Man's intentions can either be refined or coarse. Is there anyone who, having the responsibility to lead people, does not start teaching in a rough way to continue with more sophisticated speeches ? After one has learned through discussion, one has to improve one's knowledge through the hard work of further study. Only the sick need a physician, not those who say they have been healed;[118] only the petty man needs our teaching, the noble man should know it already. Therefore, teaching must be adapted to the way of thinking proper to the petty man. When Confucius went to the state of Wei and saw the local people, he wanted first to enrich them, and only then to instruct them.[119] Was he perhaps not aware that education is more important ? But petty men have to begin from the perspective of benefit; only then can they be conducted to righteousness.

---

117 Cf. *Gb* 1,21.

118 See *Mt* 9:11.

119 See *Analects*, XIII, IX, 3. The state of 衛 Wèi, along with the states of 韓 Hán, 趙 Zhào, 齊 Qí, 秦 Qín, 燕 Yān and 楚 Chǔ, was one of the Warring States (戰國 Zhànguó) during the eponymous historical period (475-221 BC).

意之為情，精粗不齊。負教世之責者，孰先布其麤，而後不闡其精？必既切琢，而後磋磨矣。[120]需醫者，惟病者，非謂瘳者也。[121]需吾教者，惟小人耳已，君子固自知之，故教宜曲就小人之意也。孔子至衛，見民眾，欲先富而後教之。[122]詎不知教為滋重乎？但小民由利而後可迪乎義耳。

Le intenzioni dell'uomo possono essere raffinate o grossolane. Chi è che, avendo la responsabilità di guidare le persone, non inizia a insegnare in modo grossolano per poi proseguire con discorsi più raffinati ? Dopo che si è imparato, tramite la discussione, si deve perfezionare la propria conoscenza attraverso la dura fatica degli studi successivi. Solo i malati hanno bisogno del medico, non quelli che dicono di essere stati curati;[123] solo gli uomini meschini hanno bisogno del nostro insegnamento, gli uomini nobili dovrebbero conoscerlo già. Pertanto, l'insegnamento dovrà essere adattato al modo di pensare proprio degli uomini meschini. Quando Confucio si recò nello stato di Wei e vide la gente del posto, volle per prima cosa arricchirli, e solo dopo istruirli.[124] Forse non sapeva che l'educazione era più importante ? Ma le persone meschine debbono iniziare dalla prospettiva del vantaggio; solo in seguito possono essere condotte alla rettitudine.

366.

There are three kinds of intention which guide good behaviour. According to the least noble intention, to act well is necessary in order to go to Heaven and to escape Hell; according to the intermediate one, to act well is necessary so that we can reciprocate the graces and gifts received from the Lord of Heaven; according to the highest, it serves to harmonize ourselves to the Lord of

---

120 《詩·衛風·淇奧》：「有匪君子，如切如磋，如琢如磨。」在此喻精益求精。

121 參見《瑪竇》九 12：「不是健康的人須要醫生，而是有病的人。」

122 見《論語·子路》：「子適衛，冉有僕。子曰：『庶矣哉！』冉有曰：『既庶矣，又何加焉？』曰：『富之。』曰：『既富矣，又何加焉？』曰：『教之。』」

123 Cf. *Mt* 9,11.

124 Cf. *Dialoghi*, XIII, IX, 3. Lo stato di 衛 Wèi era uno degli Stati Combattenti (戰國 Zhànguó) durante l'omonimo periodo storico (475-221 a.C.), insieme agli stati di 韓 Hán, 趙 Zhào, 齊 Qí, 秦 Qín, 燕 Yān e 楚 Chǔ.

Heaven's holy will. [125] A teacher always hope that his students will be successful, but he necessarily has to begin education from the first principles. The masses always yearn for gain; if one does not lead them with the promise of an advantage, or with the threat of a disadvantage, one will not be able to lead them.

凡行善者有正意三狀：下曰，因登天堂免地獄之意；中曰，因報答所重蒙天主恩德之意；上曰，因翕順天主聖旨之意也。教之所望乎學者，在其成就耳，不獲已而先指其端焉。民溺於利久矣，不以利迪之、害駭之，莫之引領也。

Esistono tre intenzioni che guidano la retta condotta. Secondo l'intenzione meno nobile, agire bene serve ad andare in paradiso e a sfuggire l'inferno; secondo quella intermedia, serve a ricambiare le grazie e i doni ricevuti dal Signore del Cielo; secondo quella più alta, serve ad armonizzarsi alla santa volontà del Signore del Cielo.[126] Chi insegna spera sempre che i propri allievi abbiano successo, ma deve necessariamente iniziare l'istruzione partendo dai primi princìpi. Le masse da sempre bramano il guadagno; se non le si guida con la promessa di un vantaggio, o con la minaccia di uno svantaggio, non si riesce a guidarle.

367.

But when nobler intentions are reached, the lower ones cannot coexist with them and have to disappear. For example: silk thread is used to embroider clothes, but if iron needles are not used, the thread cannot penetrate the fabric; once the needle has penetrated the material through which it passes what remains in the garment is only the silk thread. If we wish to lead people to virtue only by showing them its beauty, how can they perceive it, as they are obscured by base passions? Our words do not enter their hearts; because they do not want to listen, they will depart. Only by first using the sufferings of Hell to scare them, and the joys of Heaven to entice them, maybe they will be inclined to

---

125 See *STh*, I-II, 19, 10.
126 Cf. *STh*, I-II, 19, 10.

listen and gradually to approach the state of perfection, where they will delight in doing good and will despise evil. When they attain perfection their shortcomings will disappear, and only perfection will forever remain. Therefore it is said: "Evil people avoid evil because they fear punishment; the good avoid evil because they love virtue."

然上意至，則下意無所容而去矣。如縫錦繡之衣必用絲線，但無鐵鍼，線不能入，然而其鍼一進即過，所庸留於衣裳者，絲線耳已。吾欲引人歸德，若但舉其德之美，夫人已昧於私欲，何以覺之乎？言不入其心，即不願聽而去。惟先恍惕之以地獄之苦，誘導之以天堂之樂，將必傾耳欲聽，而漸就乎善善惡惡之成旨。成者至，則缺者化去，而獨其成就恒存焉。故曰：「惡者惡惡，因懼刑也；善者惡惡，因愛德也。」[127]

Quando però si arriva a intenzioni più nobili, quelle inferiori non possono coesistere con esse, e debbono scomparire. Ad esempio: il filo di seta è usato per ricamare i vestiti, ma se non si usano aghi di ferro il filo non può penetrare il tessuto; una volta che l'ago ha penetrato il tessuto passa oltre, e ciò che resta sul vestito è soltanto il filo di seta. Se vogliamo condurre gli uomini alla virtù mostrando ad essi solo la sua bellezza, come possono percepirla dal momento che sono ottenebrati dalle basse passioni ? Le nostre parole non entrano nel loro cuore; poiché non desiderano ascoltare, essi si allontanano. Solo se si utilizzano prima le sofferenze dell'inferno per spaventarli, e le gioie del paradiso per allettarli, forse saranno inclini ad ascoltare e ad avvicinarsi gradualmente allo stato di perfezione, in cui si delizieranno nel fare il bene e disprezzeranno il male. Quando raggiungeranno la perfezione le manchevolezze scompariranno, solo la perfezione rimarrà per sempre. Perciò si dice: "il cattivo evita il male perché teme la punizione; il buono evita il male perché ama la virtù"

368.

Once upon a time, in my humble country, there appeared a saint; people, today, call him Francis.[128] He founded a religious order, whose rules are very

---

127 利瑪竇強調地獄的恐懼及天堂的美好有倫理教化的作用。
128 St. Francis of Assisi (1182-1226).

strict and exalt poverty. The brothers who follow him are tens of thousands, and they are all men of great virtue. At the beginning there was a brother called Juniper, to whom no one in the Order could be compared; his learning was brilliant, and he made continuous progress every day.[129] There was also a demon who hated him, envied him and wanted to destroy him; this demon, presenting himself as an angel of light, appeared one night in the saint's cell and said: "This angel reveals to you that, although Juniper is a sincere man of great virtue, at the end of his life he will not go to Heaven but will descend to Hell. This is the command of the Lord of Heaven, and it is unchangeable."

往時敝邑出一名聖神[130]，今人稱為拂郎祭斯谷，首立一會，其規戒精密，以廉為尚，今從者有數萬友，皆成德之士也。[131]初有親炙一友，名曰如泥伯陸[132]，會中無與比者，其學翯然，日增無息。有一邪鬼憎妒，欲沮之，偽化天神，旁射輝光，夜見於聖神私居，曰：「天神論爾，如泥伯陸德誠隆也，雖然，終不得躋天堂，必墮地獄。天主嚴命已定，不可易也。」

Un tempo, nel mio umile paese, apparve un santo; la gente oggi lo chiama Francesco.[133] Egli fondò un Ordine religioso, le cui regole sono molto rigorose ed esaltano la povertà. I frati che lo seguono sono decine di migliaia, e sono tutti uomini di grande virtù. All'inizio c'era un confratello chiamato Ginepro, a cui nessuno nell'Ordine poteva essere paragonato; il suo apprendimento era brillante, e progrediva di giorno in giorno.[134] C'era anche un demonio che lo odiava, lo invidiava e voleva distruggerlo; questi, presentandosi come angelo di luce, apparve una notte nella cella del santo e disse: "L'angelo ti rivela che,

---

129 Brother Juniper (died in 1258) was one of the first disciples of St. Francis of Assisi.

130 利瑪竇創造了很多天主教的專有名詞，不過，他沒有完全統一用法，比如這裡他說「聖神」，不過，前面（54），談到奧古斯丁，他說「聖人」。其他地方的（5、342、390 等）聖人指儒家的聖人。

131 拂郎祭斯谷是 Francesco 的中文音譯，指聖方濟（1181～1226）。1210 年，他創立了方濟修會。關於修會的三個願（貞潔、服從、貧窮），他特別重視貧窮。

132 如泥伯陸是 Ginepro 的中文音譯。

133 S. Francesco d'Assisi (1182-1226).

134 Fra Ginepro (o Giunipero, morto nel 1258) è stato uno dei primi discepoli di S. Francesco d'Assisi.

sebbene Ginepro sia un uomo sincero e di grande virtù, al termine della sua vita non entrerà in paradiso ma scenderà all'inferno. Questo è l'ordine del Signore del Cielo, ed è immutabile"

369.

When he had finished speaking he disappeared. Francis was startled by what he had heard; he dared not to reveal it to anyone, but his heart was deeply grieved. Whenever he saw Juniper he could not keep himself from weeping. Juniper saw this scene repeat itself, and he began to wonder about the cause; after fasting he went to his master and said: "Every day I assiduously keep the rules, respectfully serve the Lord of Heaven, have the grace to receive your teaching. But in the last few days I have felt an unusual look in your eyes; why have you wept for me on several times ?"

言訖弗見。拂郎祭斯谷驚，秘不敢泄，而心深痛惜，每見如尼伯陸，不覺涕淚。如尼伯陸屢見而疑之，已齋宿[135]，赴師座問曰：「某也日孜孜守戒，奉敬天主，幸在憫教。邇日以來，覺先生目有異也。何以數涕淚於弟子？」

Finito di parlare, scomparve. Francesco rimase sbigottito da quanto aveva udito; non osò rivelarlo a nessuno, ma il suo cuore era profondamente afflitto. Ogni volta che vedeva Ginepro non poteva trattenersi dal piangere. Ginepro notò questa scena ripetersi, e iniziò a chiedersene la causa; dopo aver digiunato andò dal suo maestro e chiese: "Ogni giorno osservo assiduamente le regole, servo rispettosamente il Signore del Cielo, ho la grazia di poter ricevere il tuo insegnamento. Ma negli ultimi giorni ho avvertito un'espressione insolita nei tuoi occhi; perché hai pianto per me diverse volte ?"

370.

At the beginning Francis was unwilling to reveal it, but after Juniper had insistently pleaded he told him everything that he had seen and heard. Juniper said cheerfully: "What ever cause of grief is this ? The Lord of Heaven governs all

---

135 齋宿指祭祀前夕的齋戒。佛教、道教、儒家都用這個術語。

people and all things, everything is in accordance with His will; Heaven above, earth below, and all of us serve Him; it is not on account of Heaven or Hell that I love Him with veneration. He is the most honoured and the most good, He must rightly be revered and loved. Although He may now abandon me, how dare I fail in my duties ? It is fitting for me to worship Him and to serve Him; even more so now, because in Hell I could not do it even if I should want to."

拂郎祭斯谷初不肯露，再三懇請，盡述向所見聞。如尼伯陸怡然曰：「是何足憂乎？天主主宰人物，惟其旨所置之，上天下地，吾儕無不奉焉。吾所為敬愛之者，非為天堂地獄，為其至尊至善，自當敬、自當愛耳。今雖棄我，何敢毫髮懈惰，惟益加敬慎事之，恐在地獄時，即欲奉事而不可及矣。」

All'inizio Francesco non voleva rivelarlo, ma dopo che Ginepro lo ebbe pregato insistentemente gli raccontò tutto ciò che aveva visto e udito. Ginepro, allegro, disse: "Che causa di afflizione è mai questa ? Il Signore del Cielo governa ogni uomo e ogni cosa, tutto è conforme alla Sua volontà; il Cielo al di sopra, la terra al di sotto e tutti noi Lo serviamo; non è per il paradiso o per l'inferno che Lo amo con venerazione. Egli è il più onorato e il più buono, deve giustamente essere venerato ed amato. Malgrado Lui ora possa abbandonarmi, come oserei venir meno ai miei doveri ? È conveniente per me venerarLo e servirLo; ancor di più adesso, poiché all'inferno non potrei farlo anche se lo volessi"

371.

When Francis saw Juniper's face and heard his words, he suddenly realized what had happened and said with a sigh: "All that I heard before was a mistake. How could a person walk the Way like this, and receive the punishment of Hell ? The Lord of Heaven will surely want you in Heaven."

拂郎祭斯谷覩其容也，聽其語也，恍然悟而歎曰：「愒哉前者所聞。有學道如斯，而應受地獄殃者乎？天主必躋爾天堂矣。」[136]

---

136 在《聖方濟的小花》（*Fioretti di San Francesco*）中，我沒有找到關於如泥伯陸的這個故事。似乎有兩個故事被混合：（1）聖方濟夢見厄里亞修士（Elias）要下地獄，不過，通過他的祈禱，這個修士被拯救；（2）魔鬼去找魯菲努斯

Quando Francesco ebbe osservato il volto di Ginepro e ascoltato le sue parole, improvvisamente si rese conto di ciò che era successo, e con un sospiro disse: "Tutto ciò che ho udito prima era un errore. Come potrebbe una persona percorrere la Via in questo modo, e ricevere le punizioni dell'inferno ? Sicuramente il Signore del Cielo ti vorrà in paradiso"

372.

People of great virtue seldom consider the joy of Heaven or the suffering of Hell; what is more important for them is only practising benevolence and righteousness. And why ? Because Heaven is nothing but the glorious place where those of the past and present who have practised benevolence and righteousness meet; Hell is nothing but the filthy place where wrongdoers, of past and present, roam. The one who ascends to Heaven has already set his heart in doing good, and cannot change; the one who falls into Hell has turned his heart to evil at this point, and cannot vary. I want to concentrate my heart on virtue, and never to change course and turn to evil; I want to get closer and closer to noble men, who practise benevolence and righteousness, and forever distance myself from petty men, who do evil and commit sins. Who says that to distinguish between people's aspirations on the basis of gain and loss is to go astray from the right Way ? The reason why educated people attack the doctrine of Heaven and Hell is the miscomprehension of this truth.

夫此天堂地獄，其在成德之士，少藉此意以取樂而免苦也，多以修其仁義而已矣。何者？天堂非他，乃古今仁義之人所聚光明之宇；地獄亦非他，乃古今罪惡之人所流穢污之域。昇天堂者，已安其心乎善，不能易也；其落地獄者，已定其心乎惡，不克改也。吾願定心於德，勿移於不善；吾願長近仁義之君子，永[137]離罪惡之小人。誰云以利害分志，而在正道之外乎？儒者攻天堂地獄之說，是未察此理耳已。[138]

修士（Ruffinus），告訴他，他要下地獄（《聖方濟的小花》29 及 38 章）。在理性論證較多的《天主實義》中，魔鬼的出現好像很突然。不過，我們不能忘記，利瑪竇生活在中世紀與文藝復興交替的時代。

137 永，底本作「求」，BC 本、FJ 本作「永」，據 BC 本、FJ 本改。

138 這裡利瑪竇說明，天堂地獄可以作為一個手段，勸人趨善避惡。

Le persone di grande virtù raramente prendono in considerazione la gioia del paradiso o la sofferenza dell'inferno; ciò che più conta per loro è soltanto il praticare la benevolenza e la rettitudine. E perché ? Perché il paradiso non è altro che il luogo glorioso dove si incontrano gli uomini, del passato e del presente, che hanno praticato la benevolenza e la rettitudine; l'inferno non è altro che il sudicio luogo dove vagano coloro che hanno agito male, nel passato e nel presente. Chi è salito in paradiso ha già fissato il suo cuore nel bene, è immutabile; chi è sceso all'inferno ha ormai rivolto il suo cuore al male, è invariabile. Voglio concentrare il mio cuore sulla virtù, e non cambiare mai questa direzione per rivolgermi al male; voglio avvicinarmi sempre a uomini nobili, che praticano la benevolenza e la rettitudine, e allontanarmi per sempre dagli uomini meschini che compiono il male e commettono i peccati. Chi dice che sia fuori della retta Via il distinguere tra le aspirazioni degli uomini in base al guadagno e alla perdita ? Il motivo per cui persone colte attaccano la dottrina del paradiso e dell'inferno è il non aver compreso questa verità.

373.

The Chinese Scholar says: What is the difference between this teaching and the Buddhist doctrine, which uses reincarnation and rebirth in animal forms to induce people to do good ?

中士曰：茲與浮屠勸世、輪廻變禽獸之說，何殊？[139]

Il Letterato Cinese dice: Che differenza c'è tra questo insegnamento e la dottrina buddhista, che usa la reincarnazione e la rinascita in forma animale per indurre le persone ad agire bene ?

374.

The Western Scholar replies: There is a great difference. They found themselves on non-being, and therefore they express themselves with false terms; we base ourselves on being, and therefore we attain the fullness of truth. They speak of reincarnation and past lives, not going beyond the mere aspect of

---

139 中士沒有忘記前面利瑪竇的陳述，閃他臥剌發明了輪迴假說來勸告人們從善
（260）。

gain; whereas we speak of gain and loss in terms of Heaven and Hell, clearly revealing to people which is the real advantage, so as to induce them to righteousness. How could there be no difference ? Good people would not dare to refrain from the practice of virtue, even if there were no Heaven and Hell; how much more, then, will this be so, since they truly exist.

西士曰：遠矣。彼用虛無者偽詞，吾用實有者至理。[140]彼言輪迴往生，止於言利；吾言天堂地獄利害，明揭利以引人於義。豈無辯乎？且夫賢者修德，雖無天堂地獄，不敢自己，況實有之？

Il Letterato Occidentale replica: C'è una grande differenza. Loro si fondano sul non-essere, e quindi si esprimono con parole false; noi ci basiamo sull'essere, e perciò raggiungiamo la pienezza della verità. Loro parlano di reincarnazione e di vite precedenti, ma fermandosi solo all'aspetto del guadagno; noi invece parliamo di guadagno e di perdita nei termini del paradiso e dell'inferno, rivelando chiaramente agli uomini quale sia il vantaggio per indurli alla rettitudine. Come potrebbero non esserci differenze ? Gli uomini buoni non oserebbero trattenersi dal praticare la virtù, anche se non ci fossero il paradiso e l'inferno; quanto più, allora, dal momento che esistono veramente.

375.

The Chinese Scholar says: Whoever does good or evil receives a reasonable reward; it is sufficient to say that they certainly enjoy it in this world, and if not by themselves, then by their children or grandchildren. There is no need to introduce the doctrine of Heaven and Hell.

中士曰：善惡有報，但云必在本世，或不於本身，必於子孫耳，不必言天堂地獄。

Il Letterato Cinese dice: Chi fa il bene o il male riceve una ricompensa adeguata; basterebbe dire che egli ne gode certamente in questo mondo, e se non lui, i suoi figli o nipoti. Non c'è bisogno di introdurre la dottrina del paradiso e dell'inferno.

---

140 我們可以注意到，利瑪竇把「實」跟佛教的「空」對立起來。

376.

The Western Scholar replies: The rewards of this life are insignificant, because they fail to satisfy the desires of man's heart; they are inadequate to the merits of virtue sincerely practised; they are insufficient to demonstrate the Supreme Ruler's power in rewarding goodness. The office of duke or minister is a very important reward, but if it were used to remunerate the value of virtue, it would not be able to equal one ten-thousandth of that value; therefore, there is nothing under heaven which equals the value of virtue. Although good people do not long for any reward, how could the Supreme Ruler, the most honoured, not recompense them in a superabundant and satisfactory way ? Kings reward their ministers for their merits, conferring one of the three highest ranks of nobility upon them;[141] could the Supreme Ruler reward only up to this point ? Man's capacity of understanding is really limited.

　　西士曰：本世之報微矣，不足以充人心之欲，又不滿誠德之功，不足現上帝[142]賞善之力量也。公相之位，極重之酬矣，若以償德之價，萬不償一矣，天下固無可以償德之價者也。修德者雖不望報，上帝[143]之尊，豈有不報之盡滿者乎？王者酬臣之功，賞以三公[144]足矣，上帝[145]之酬而於是乎止乎？人之短，於量也如是。

Il Letterato Occidentale replica: Le ricompense di questa vita sono insignificanti, perché non riescono a soddisfare il desiderio del cuore degli uomini; sono inadeguate ai meriti di una virtù sinceramente praticata; sono insufficienti a manifestare la potenza che ha il Sovrano Supremo di ricompensare la bontà. La carica di duca o di ministro costituisce un premio importantissimo, ma se venisse usata come ricompensa per il valore della virtù, non riuscirebbe a colmare un decimillesimo di quel valore; quindi, non c'è nulla

---

141 The Five Degrees of nobility (五等爵位 wǔděng juéwèi) of the Chinese feudal order were: Duke (公 gōng), Marquis (侯 hóu), Count (伯 bó), Viscount (子 zǐ), and Baron (男 nán).

142 上帝，FJ 本作「天主」。

143 上帝，FJ 本作「天主」。

144 三公，古代中央三種最高官銜的合稱。明清沿周制，以太師、太傅、太保為三公，惟只用作大臣的最高榮銜。見《明史‧職官志一》。

145 上帝，FJ 本作「天主」。

sotto il cielo che lo eguagli. Malgrado gli uomini virtuosi non ambiscano a nessuna ricompensa, com'è possibile che il Sovrano Supremo, il più onorato, non li retribuisca in modo sovrabbondante e soddisfacente ? I re premiano i ministri per i loro meriti, conferendo uno dei tre più alti gradi di nobiltà;[146] il Sovrano Supremo può premiare solo fino a questo punto ? La capacità di comprensione dell'uomo è veramente limitata.

377.

In this world, both those who practise benevolence and those who do not are frequently without offspring. How are they to be rewarded for the good and evil they have done ? I am myself, my children and grandchildren are themselves; is it fair that the consequences of the good or evil I have personally done should fall completely on my children and grandchildren ? You wonder whether the Lord of Heaven is able to repay people for the good or evil they have done; why should He only remunerate the children and grandchildren, and not the people themselves ? And if He can repay them why does He not do it, and wait, instead, until their children and grandchildren come along ? Moreover, the children and grandchildren, in turn, perform good and bad deeds; how should they be remunerated ? Should the Lord of Heaven wait for the arrival of grandchildren and great-grandchildren to repay them ?

夫世之仁者不仁者，皆屢有無嗣者，其善惡何如報也？我自為我，子孫自為子孫。夫我所親行善惡，盡以還之子孫，其可為公乎？且問天主既能報人善惡，何有能報其子孫，而不能報及其躬？苟能報及其躬，何以捨此而遠俟其子孫乎？且其子孫又有子孫之善惡，何以為報？亦將俟其子孫之子孫，以酬之歟？

Nel mondo sia coloro che praticano la benevolenza, sia coloro che non la praticano, di frequente non hanno figli. Come potranno essere retribuiti per il bene e per il male che hanno fatto ? Io sono me stesso, i miei figli e i miei nipoti sono se stessi; è giusto che le conseguenze del bene o del male che ho compiuto

---

146 I cinque gradi di nobiltà (五等爵位 wǔděng juéwèi) dell'ordine feudale cinese erano: duca (公 gōng), marchese (侯 hóu), conte (伯 bó), visconte (子 zǐ) e barone (男 nán).

personalmente ricadano del tutto sui miei figli e sui miei nipoti? Lei si domanda se il Signore del Cielo possa ripagare le persone per il bene o per il male che hanno fatto; perché dovrebbe remunerare soltanto i figli e i nipoti, e non loro stessi? E se può retribuirli perché non lo fa, e attende invece l'arrivo dei figli e dei nipoti? Inoltre, i figli e i nipoti compiono a loro volta buone e cattive azioni; in che modo andrebbero remunerati? Il Signore del Cielo dovrebbe attendere l'arrivo dei nipoti e dei pronipoti per ripagarli?

378.

You are good, but your children and grandchildren are evil, would it be fair if the reward you have earned were given to your evil children and grandchildren? You are evil, and your children and grandchildren are good, would it be a sign of benevolence if the punishment due to you were to fall on your children and grandchildren? Not only the laws of kings, but even those of tyrants do not put the blame on later generations; how is it possible that the Lord of Heaven lets a person go unpunished, and chastises his descendants only? Besides, to allow the recompense for good or evil to fall on someone else would introduce confusion into the universal principles, and would cause people to doubt the benevolence and righteousness of the Supreme Ruler.[147] This would bring no benefit to the administration of your government; it is better that each man should receive his own reward.

爾為善，子孫為惡，則將舉爾所當享之賞，而盡加諸其為惡之身乎？可謂義乎？爾為惡，子孫為善，則將舉爾所當受之刑，而盡置諸其為善之躬乎？可為仁乎？非但王者，即霸者之法，罪不及胄；天主捨其本身，而惟胄是報耶？更善惡之報於他人之身，紊宇內之恆理，而俾民疑上帝[148]之仁義，無所益於為政，不如各任其報耳。[149]

Se Lei agisse bene, ma i Suoi figli e i Suoi nipoti fossero cattivi, sarebbe

---

147 See *Jr* 31:29.

148 上帝，FJ 本作「天主」。

149 利瑪竇反對後輩要對前輩負擔責任，強調個人的責任。參見《耶肋米亞》三十一 29～30：「在那時日裏，人必不再說：『祖先吃了酸葡萄，子孫的牙齒也要酸軟』。不，各人只因自己的罪惡而死；只有吃酸葡萄的人，自己的牙齒才酸軟。」

giusto che la ricompensa da Lei meritata andasse ai figli e ai nipoti cattivi ? Se Lei agisse male, e i Suoi figli e i Suoi nipoti fossero buoni, sarebbe segno di benevolenza se la punizione spettante a Lei ricadesse sui figli e sui nipoti ? Non solo le leggi dei re, neanche quelle dei tiranni incolpano le generazioni successive; com'è possibile che il Signore del Cielo lasci l'uomo impunito, e colpisca esclusivamente i discendenti ? Inoltre, permettere che la retribuzione del bene o del male ricada su qualcun altro introdurrebbe confusione nei princìpi universali, e farebbe sì che gli uomini dubitino della benevolenza e della rettitudine del Sovrano Supremo.[150] Ciò non porterebbe alcun vantaggio all'amministrazione del Suo governo; è meglio che ciascuno riceva la propria ricompensa.

379.

The Chinese Scholar says: Have you seen Heaven and Hell that you should assert their existence as a certainty ?

中士曰：先生曾見有天堂地獄，而決曰有？

Il Letterato Cinese dice: Lei ha visto il paradiso e l'inferno, in modo da poterne affermare con certezza l'esistenza ?

380.

The Western Scholar replies: Have you seen that there are no Heaven or Hell that you should absolutely deny their existence ? Why have you already forgotten what I said earlier about it ? The wise person need not postpone his knowledge of something until he has perceived it physically, because all that reason sees is more real than what is seen with the eyes of the body. What ears and eyes hear and see may be wrong, but what reason recognizes cannot be false.

西士曰：吾子已見無天堂地獄，而決曰無？何不記前所云乎？智者不必以肉眼所見之事，方信其有。理之所見者，真於肉眼。夫耳目之覺，或常有差；理之所是，必無謬也。

---

150 Cf. *Ger* 31,29.

Il Letterato Occidentale replica: E Lei, ha visto che non ci sono né il paradiso né l'inferno per poterne negare assolutamente l'esistenza ? Perché ha già dimenticato ciò che ho detto prima in proposito ? L'uomo saggio non ha bisogno di rimandare la propria conoscenza di qualcosa al momento in cui la percepisce fisicamente, perché tutto quello che la ragione vede è più reale di ciò che si vede con gli occhi del corpo. Ciò che le orecchie e gli occhi sentono e vedono può essere sbagliato, ma ciò che la ragione riconosce non può essere falso.

381.

The Chinese Scholar says: I am listening with pleasure to this argument.

中士曰：願聞此理。[151]

Il Letterato Cinese dice: Ascolto volentieri questo ragionamento.

382.

The Western Scholar replies: First. Beings have an end, towards which they are directed by their own nature; until they reach it they will find no peace, and never stay put.[152] When they have reached it, they no longer have other desires. Certainly man also has an end; nevertheless, when he observes his common existence, he finds that nothing in this world can fully satisfy him. Consequently, what might satisfy him does not belong to the present life. If it does not belong to the present life, then will it not be in Heaven, in the future life ? Actually, what is coveted by the heart can only be found in perfect bliss; and the place where all bliss is attained is called "Heaven." Thus, as long as man has not reached Heaven, inevitably his aspirations will remain unsatisfied.[153] Perfect bliss includes eternal life; even if someone believed that a longevity like the one of the Emperor of Heaven, Earth and Man were possible, or like that of the Mingling Tree in the state of Chu, or like that of the Dachun Tree of ancient

---

151 在前面幾卷，利瑪竇介紹了以理性論證為主的認識論，特別是在第三卷關於靈魂，和第四卷關於鬼神的部分。利瑪竇要使用這個認識論來談人生的終極目的。

152 See *STh*, I-II, 1, 2.

153 See *STh*, I-II, 3, 8.

times, existence on this earth would always be limited. Today's world is full of imperfections; therefore it is said that no perfect bliss is to be found here, even though some things are better than others. Heaven, however, is a state of perfection to which nothing can be added, and in which human nature is entirely satisfied.

　　西士曰：一曰：凡物類各有本性所向，必至是而定止焉[154]；得此，則無復他望矣。人類亦必有止。然觀人之常情，未有以本世之事為足者，則其心之所止不在本世，明也。不在本世，非在後世天堂歟？蓋人心之所向，惟在全福，眾福備處，乃謂天堂。是以人情未迄於是，未免有冀焉。全福之內含壽無疆，人世之壽——雖欲信天、地、人三皇及楚之冥靈、上古大椿[155]——其壽終有界限，則現世悉有缺也。所謂世間無全福，彼善於此則有之；至於天堂，則止弗可尚，人性於是止耳。[156]

Il Letterato Occidentale replica: Primo. Ogni essere ha un fine, verso il quale la propria natura lo dirige; finché non lo raggiunge non trova quiete, e mai si ferma.[157] Quando l'ha raggiunto, non ha più altri desideri. Certamente anche gli uomini hanno un fine; osservando però l'esistenza comune dell'uomo troviamo che nessuna cosa di questo mondo è in grado di soddisfarlo pienamente. Di conseguenza, ciò che potrebbe appagarlo non appartiene alla vita presente. Se non appartiene alla vita presente, non si troverà allora nel paradiso della vita futura ? Infatti, ciò che è bramato dal cuore si può trovare soltanto nella perfetta beatitudine; e il luogo in cui ogni beatitudine si realizza è chiamato

---

154 見《大學》：「知止而後有定，定而後能靜，靜而後能安，安而後能慮，慮而後能得。」利瑪竇要描述亞里士多德及阿奎那的這樣一種世界觀，其中秩序良好，每個部分完成它自己，並為了整體服務。

155 見《莊子‧逍遙遊》：「楚之南有冥靈者，以五百歲為春，五百歲為秋；上古有大椿者，以八千歲為春，八千歲為秋。」在此喻長壽者。

156 關於靈魂追求最終的安居，參見上面第三篇（159）。參見《神學大全》第一集第二部3題2節（第四冊，第34～35頁）：「在現世生活情況下，人不能有完美的幸福。所以哲學家在《倫理學》卷一第十章講人在現世的幸福，說是不完美的，然後結論說：『我們稱他們為幸福的人』。但是天主許給我們完美的幸福，聖經《瑪竇福音》第二十二章30節說那時我們『好像在天上的天使一樣。』」在天堂的「全福」翻譯阿奎那的 *perfecta beatitudo*，相對於在世間上的「不完全的幸福」（*imperfecta beatitudo*）。

157 Cf. *STh*, I-II, 1, 2.

"paradiso". Così, sino a quando l'uomo non avrà raggiunto il paradiso, inevitabilmente le sue aspirazioni rimarranno insoddisfatte.[158] La perfetta beatitudine include la vita eterna; anche se qualcuno credesse possibile una longevità come quella dell'Imperatore celeste, terreno ed umano, o dell'albero Mingling dello stato di Chu, o dell'albero Dachun dei tempi antichi, l'esistenza su questa terra ha sempre un limite. Il mondo attuale è pieno di imperfezioni; perciò si dice che non esiste qui la perfetta beatitudine, anche se alcune cose sono migliori di altre. Il paradiso, invece, è uno stato di perfezione a cui nulla può essere aggiunto, e nel quale la natura umana è pienamente appagata.

383.

Second. Man wishes to know unlimited truth, and to enjoy infinite goodness. But the truth in this world is limited, and goodness is finite; therefore, the desires of human nature cannot be satisfied. However, man has received his own nature from the Lord of Heaven; how could this gift be useless ? It will certainly be satisfied, and will be fully so in the life to come.[159]

二曰：人之所願，乃知無窮之真，乃好無量之好。今之世也，真有窮，好有量矣，則於是不得盡其性矣。夫性是天主所賦，豈徒然賦之？必將充之，亦必於來世盡充之。

Secondo. L'uomo desidera conoscere una verità illimitata, e godere di una bontà infinita. Ma la verità di questo mondo è limitata, e la bontà finita; perciò, i desideri della natura umana non possono essere soddisfatti. Ma l'uomo ha ricevuto la propria natura dal Signore del Cielo, come potrebbe questo dono essere inutile ? Essa sarà certamente soddisfatta, e lo sarà completamente nella vita che verrà.[160]

384.

Third. Virtue is a priceless treasure, to sell the ten thousand nations under heaven would not be sufficient to buy its value; if one did not offer them Heaven

---

158 Cf. *STh*, I-II, 3, 8.
159 See *STh*, I-II, 3, 2.
160 Cf. *STh*, I-II, 3, 2.

as a recompense, then virtuous people would never be properly rewarded. To offend the Supreme Ruler is the greatest sin, to execute the wicked with the severest punishment under heaven would not be a sufficient sanction; if sinners were not striken by the eternal sorrows of Hell, they would never be adequately punished. All the actions of people under heaven are in the hands of the Lord of Heaven;[161] it could never happen that virtue or sin should not be retributed in a proportionate manner.

三曰：德於此無價也，雖舉天下萬國而市之，未足以還德之所值，苟不以天堂報之，則有德者不得其報稱矣。得罪上帝[162]，其罪不勝重，雖以天下之極刑誅之，不滿其咎；苟不以地獄永永殃之，則有罪者不得其報稱矣。天主掌握天下人所行，而德罪無報稱，未之有也。

Terzo. La virtù è un tesoro senza prezzo, vendere le diecimila nazioni sotto il cielo non sarebbe sufficiente a comprarne il valore; se non si offrisse loro il paradiso come ricompensa, le persone virtuose non verrebbero mai adeguatamente premiate. Offendere il Signore Supremo è il peccato più grave, giustiziare i malvagi con le più severe punizioni sotto il cielo non sarebbe un castigo sufficiente; se non fossero colpiti dalle disgrazie eterne dell'inferno, i peccatori non verrebbero mai adeguatamente puniti. Tutte le azioni degli uomini sotto il cielo sono nelle mani del Signore del Cielo;[163] non potrebbe mai accadere che la virtù o il peccato non siano retribuiti in modo proporzionato.

385.

Fourth. The Supreme Ruler is without prejudice in His recompense: those who do good are certainly rewarded, those who do evil are certainly punished. Sometimes in this world evildoers enjoy wealth, honour, peace, and joy; and those who do good suffer from poverty, loneliness, pain, and tribulation. This is because the Supreme Ruler awaits the moment of death to welcome the souls of the good in Heaven, so that they may enjoy bliss, and to judge the souls of the wicked, so that they may receive the punishments of Hell. Otherwise, how could

---

161 See *Ps* 96.

162 上帝，FJ 本做「上主」。

163 Cf. *Sal* 96.

He manifest His supreme justice and His absolute impartiality？

四曰：上帝[164]報應無私，善者必賞，惡者必罰。如今世之人，亦有為惡而富貴安樂，為善而貧賤苦難者。上帝[165]固待其人之既死，然後取其善者之魂而天堂福之，審其惡者之魂而地獄刑之。不然，何以明至公、至審乎？[166]

Quarto. Il Sovrano Supremo non fa preferenze nel retribuire: chi fa il bene viene certamente premiato, chi fa il male viene certamente punito. Talvolta in questo mondo chi fa il male gode di ricchezza, nobiltà, pace e gioia; e chi fa il bene soffre di povertà, emarginazione, sofferenza e tribolazione. Ciò accade poiché il Sovrano Supremo attende il momento della morte per accogliere le anime dei buoni in paradiso, affinché godano della beatitudine, e per giudicare le anime dei malvagi, affinché ricevano le punizioni dell'inferno. Altrimenti, come potrebbe manifestare la Sua somma giustizia e la Sua assoluta imparzialità？

386.

The Chinese Scholar says: Occasionally the retribution of good and evil deeds is also received in this life; how do you explain this？

中士曰：善惡之報，亦有現世，何如？

Il Letterato Cinese dice: A volte la retribuzione del bene o del male compiuto è ricevuta anche in questa vita; in che modo lo si spiega？

387.

The Western Scholar replies: If the recompense for good and evil were completely postponed to future life, how would it be possible to prove the existence of the Lord of Heaven to fools, who ignore the rewards of the afterlife？ They would make even more room for evil, and would fear nothing. Thus, sometimes offenders suffer the tragedy of famine, as a warning before they act, or as a punishment after their guilt; and those who act in accordance with reason enjoy blessings, both as a reward for past good deeds and as an

---

164 上帝，FJ 本做「天主」。

165 上帝，FJ 本做「天主」。

166 當利瑪竇證明靈魂永恆（161）的時候，他提出了這個論據。

encouragement for future ones. But the Lord of Heaven is supremely fair: there is no good which is not fully rewarded, there is no evil which is not fully punished. So, those who do good and persevere throughout their life without changing attitude will justly be rewarded with Heaven, and will enjoy great bliss; those who obstinately do evil and do not repent, even before death, will justly receive great punishments and sorrows.

西士曰：設令善惡之報，咸待於來世，則愚人不知來世之應者，何以驗天上之有主者？將益放恣無忌。故犯彝者，時遇饑荒之災，以懲其前而戒其後；順理者，時蒙吉福之降，以酬於往而勸其來也。然天主至公，無不盡賞之善，無不盡罰之惡。故終身為善，不易其心，則應登天堂，享大福樂而賞之；終身為惡，至死不悛，則宜墮地獄，受重禍災而罰之。

Il Letterato Occidentale replica: Se la retribuzione per il bene e per il male fosse completamente rimandata alla vita futura, come sarebbe possibile provare l'esistenza del Signore del Cielo agli stolti, che ignorano le ricompense dell'aldilà ? Essi darebbero ancor più spazio al male, e non avrebbero timore di nulla. Così, talvolta i trasgressori soffrono il dramma della carestia, come monito prima che agiscano, o come punizione dopo la loro colpa; e coloro che agiscono in conformità alla ragione godono di benedizioni, sia come ricompensa per le buone azioni passate, sia come incoraggiamento per quelle future. Ma il Signore del Cielo è sommamente giusto: non c'è bene che non sia totalmente premiato, non c'è male che non sia totalmente punito. Quindi, chi fa il bene e persevera tutta la vita senza cambiare atteggiamento sarà giustamente ricompensato con il paradiso, e godrà di una grande beatitudine; chi fa il male insistentemente e non si pente neanche prima di morire scenderà giustamente all'inferno, e riceverà grandi punizioni e disgrazie.

388.

There are people who do good but are poor and miserable, perhaps because of small transgressions; the Supreme Ruler punishes them on this earth so that after death they will have no further debts to pay, and will be able to enjoy eternal happiness in the place of perfect bliss. There are also those who do evil but are wealthy and honoured, because there are some good deeds in the midst of all the evil they do; the Supreme Ruler rewards them now so that after death there will be nothing to remunerate, and they will descend into the depths of Hell to suffer eternal sorrows. Do bad and good fortune, both within and without the universe, come from the Lord of Heaven？Or are they due to fate？Apart from the commands of the Lord of Heaven, there can definitely be no fate.

其有為善而貧賤者，或因為善之中有小過惡焉，故上帝[167]以是現報之，至於歿後，既無所欠，則入全福之域，永享常樂矣。亦有為惡而富貴者，乃行惡之際並有微善存焉，故上帝[168]以是償之，及其死後，既無可舉，則陷深陰之獄，永受罪苦矣。夫宇宙內外，灾祥由天主歟？由命歟？天主令外，固無他命也。[169]

Ci sono persone che agiscono bene ma sono povere e misere, forse perché hanno commesso un po' di male nelle loro azioni; il Sovrano Supremo le punisce su questa terra in modo che dopo la morte non abbiano più debiti da pagare, e possano godere della felicità eterna nel luogo della perfetta beatitudine. Ci sono anche coloro che fanno il male ma sono ricchi e onorati, perché c'è un po' di bene tra tutto il male che fanno; il Sovrano Supremo li ricompensa in modo che dopo la morte non ci sia più nulla a remunerarli, e scendano nelle profondità dell'inferno per subire le eterne sofferenze. La disgrazia e la buona sorte, dentro e fuori l'universo, provengono dal Signore del Cielo？O sono forse dovute al fato？Oltre ai comandi del Signore del Cielo non può esserci assolutamente alcun destino.

389.

The Chinese Scholar says: Confucians regard the sages as authoritative

---

167 上帝，FJ 本作「天主」。

168 上帝，FJ 本作「天主」。

169 整個段落可以在《天主實錄》中找到：「善惡而見報者，其事固少。至於死後，善者魂靈陞於天堂而受福快樂，悠久無疆。惡者魂靈墜於地獄受刑，苦楚萬狀，永遠不脫。此其事甚大也。然其間亦有為惡而富貴者，行惡之中，亦有小善者存，故天主以錢財見報之，若死後則必加之以刑矣。亦有為善而貧賤，為善之中，亦有小惡犯焉，故天主以貧賤見報之。至於死後，必加之以福矣。故吾曰：『萬事皆由天主，而不出於命也』。」（《天主實錄》，第 24～25 頁）

examples who have used the classic books and their commentaries as a means of education. However, I looked up in all the classic books and their commentaries: they do not even mention the doctrine of Heaven and Hell. How is it possible that the sages were ignorant of this truth ? Why did they hide it, and not write it out ?

中士曰：儒者以聖人為宗，聖人以經傳示教。遍察吾經傳，通無天堂地獄之說，豈聖人有未達此理乎？何以隱而未著？

Il Letterato Cinese dice: I confuciani considerano i saggi come esempi autorevoli, i quali hanno utilizzato i libri classici e i loro commenti come mezzi di istruzione. Tuttavia, ho cercato in tutti i libri classici e nei loro commenti: non nominano nemmeno la dottrina del paradiso e dell'inferno. Com'è possibile che i saggi abbiano ignorato questa verità ? Perché l'hanno nascosta, e non l'hanno trascritta ?

390.

The Western Scholar replies: When the sages taught, they certainly took into account the learning capability of their listeners; therefore sometimes their explanations were incomplete. It may well be that the oral teachings were not fully transcribed; or that they were transcribed, but were eventually lost; or that later, perhaps, perverse historians who did not believe in them removed some parts. Besides, written records are frequently subject to alterations; one cannot say that, in the absence of written records, something does not exist.

西士曰：聖人傳教，視世之能載，故有數傳不盡者。又或有面語，而未悉錄於冊者。或已錄，而後失者。或後頑史不信，因削去之者。況事物之文，時有換易，不可以無其文，即云無其事也。

Il Letterato Occidentale replica: Quando i saggi insegnavano, certamente tenevano conto delle capacità di apprendimento dei loro ascoltatori; perciò a volta spiegavano in modo parziale. Può anche darsi che gli insegnamenti orali non siano stati completamente trascritti; oppure sono stati trascritti, ma in seguito sono stati perduti; o forse, più tardi, storici perversi che non credevano in essi ne hanno rimosso alcune parti. Inoltre, i resoconti scritti sono frequentemente soggetti ad alterazioni; non si può dire che, in mancanza di resoconti scritti, qualcosa non esista.

391.

Countless times today's Confucians misinterpret the ancient books: they place more emphasis on words than on contents, and then, although the reading of the texts flourish, the interpretation of their content has declined. The *Book of Odes* says: "King Wen is up there, in bright heaven ... King Wen ascends and descends, he is always by the side of the Supreme Ruler."[170] It says again: "For generations there had been wise kings, the three ancient wise kings are in heaven."[171] In the *Letter of the Duke of Shao* it is says: "Heaven has already refused to confirm the mandate of the great state of Yin, putting an end to it despite the many wise kings of Yin who are in heaven."[172] To what do expressions such as "up there," "in heaven", and "always by the side of the Supreme Ruler" refer, if not to Heaven ?

今儒之謬攻古書，不可勝言焉。急乎文，緩乎意，故今之文雖隆，今之行實衰。《詩》曰：「文王在上，於昭於天」；「文王陟降，在帝左右。」[173]又曰：「世有哲王，三后在天。」[174]《召誥》曰：「天既遐終大邦殷之命。茲殷多先哲王在天。」[175]夫在上、在天、在帝左右，非天堂之謂，其何歟？

Innumerevoli volte i confuciani odierni interpretano male i libri antichi: essi pongono più enfasi sulle parole che sui contenuti, quindi, malgrado fiorisca la lettura dei testi, l'interpretazione dei loro contenuti è decaduta. Il *Libro delle Odi* dice: "Il re Wen è lassù, luminoso nel cielo... Il re Wen ascende e discende, sta sempre al fianco del Sovrano Supremo"[176] Dice ancora: "Per generazioni ci sono stati re saggi, i tre antichi re saggi sono in cielo"[177] Nella *Lettera del duca*

170 *Book of Odes*, III, I, I, 1.
171 *Book of Odes*, III, I, IX, 1.
172 *Book of History*, V, XII, 10.
173 見《詩・大雅・文王》。前面（174）引用過。
174 見《詩・大雅・下武》。前面（174）引用過。
175 見《尚書・召誥》。
176 *Libro delle Odi*, III, I, I, 1.
177 *Libro delle Odi*, III, I, IX, 1.

di Shao si dice: "Il Cielo ha già rifiutato di confermare il mandato al grande stato di Yin, ponendo fine ad esso malgrado i molti sapienti re di Yin che sono in cielo"[178] Espressioni come "lassù", "in cielo" e "sta sempre al fianco del Sovrano Supremo", a che cosa si riferiscono se non al paradiso ?

392.

The Chinese Scholar says: Attentively reading these texts, we know that the sages of ancient times believed in the existence of a place of joy reserved after death for the good. But one definitely cannot find any reference to Hell in the classic writings.

中士曰：察此經語，古之聖人，已信死後固有樂地，為善者所居矣。然地獄之說，決無可徵於經者。

Il Letterato Cinese dice: Leggendo attentamente questi testi, sappiamo che i saggi dei tempi antichi credevano nell'esistenza di un luogo di gioia riservato ai buoni dopo la morte. Però nei classici non si può assolutamente trovare alcun riferimento all'inferno.

393.

The Western Scholar replies: If there is Heaven there must also be Hell; the one cannot exist without the other, because the reason for their existence is the same. If King Wen, King Yin and the Duke of Zhou are really up there in Heaven, then King Jie, King Zhou and the bandit Zhi must be down there in Hell. Since each behaves in a different way, each is recompensed differently; that is it, according to the universal reason which does not allow doubts. Consequently, when people are about to die, the more virtuous they have been the more serene will they appear, showing no sign of fear; the more unworthy they have been the more distressed will they appear, regarding death as a great suffering and as the greatest of sorrows.

西士曰：有天堂自有地獄，二者不能相無，其理一耳。如真文王、殷王、周公在天堂上，則桀、紂、盜跖必在地獄下矣。行異則受不同，理之

---

178 *Libro della Storia*, V, XII, 10.

常，固不容疑也。緣此，人之臨終，滋賢者則滋舒泰，而略無駭色焉；滋
不肖則滋逼迫，而以死為痛苦不幸之極焉。

Il Letterato Occidentale replica: Se c'è il paradiso ci dev'essere anche
l'inferno; l'uno non può stare senza l'altro, perché la ragione della loro esistenza
è unica. Se il re Wen, il re Yin e il duca di Zhou sono realmente lassù in
paradiso, allora il re Jie, il re Zhou e il brigante Zhi devono essere laggiù
all'inferno. Poiché ciascuno si comporta in modo diverso, ciascuno viene
ricompensato diversamente; così è secondo la ragione universale, che non
consente dubbi. Di conseguenza, quando le persone sono in punto di morte, più
sono state buone più appaiono serene, non mostrando alcun segno di timore; più
sono state indegne più appaiono angosciate, considerando la morte come una
grande sofferenza e come la massima delle disgrazie.

394.

If one claims that Hell does not exist because it is not mentioned in any
classic book, one makes a serious mistake. According to the method used for
demonstration in the academies of the West, "an orthodox text can prove the
existence of a fact, but it cannot prove the non-existence of a fact."[179] In the
classic texts of Western nations it is written that in the beginning the Lord of
Heaven created heaven and earth; that He created a man called Adam and a
woman called Eve, the progenitors of all people on earth; [180] but there is no
mention of the emperors Fuxi and Shennong.[181] From this we can deduce that
there were actually two people called Adam and Eve, but we cannot deduce that
there were no emperors Fuxi and Shennong.

　　若以經書之未載為非真，且悮甚矣。西庠論之訣曰：「正書可證其
有，不可證其無。」[182]吾西國古經載，昔天主開闢天地，即生一男，名曰

---

179 See *STh*, I, 16, 6.

180 See *Gn* 2:7; 3:20.

181 伏義 Fúxī (between 2800 and 2700 BC), the mythical inventor of fishing, hunting,
　　and writing, and 神農 Shénnóng (around 2000 BC), the legendary inventor of
　　agriculture, are commonly listed among the Three Kings.

182 利瑪竇提出很重要的原則：凡聖經中所述全部是對的，不過，並不是所有對
　　的事情都在聖經中。

亞黨；一女，名曰阨襪，是為世人之祖。[183]而不書伏羲，神農二帝。吾以此觀之，可證當時果有亞黨、阨襪二人，然而不可證其後之無伏羲、神農二帝也。

Se si sostiene che l'inferno non esiste perché non è menzionato in nessun libro classico, si commette un grave errore. Secondo il metodo dimostrativo usato nelle accademie d'Occidente, "un testo ortodosso può provare l'esistenza di un fatto, ma non può provarne la non esistenza"[184] Nei testi classici delle nazioni occidentali è scritto che in principio il Signore del Cielo creò il cielo e la terra; creò un uomo chiamato Adamo e una donna chiamata Eva, progenitori di tutti gli uomini sulla terra;[185] però non si fa menzione degli imperatori Fuxi e Shennong.[186] Da ciò possiamo dedurre che realmente ci furono due persone chiamate Adamo ed Eva, ma non possiamo dedurne che dopo non ci furono gli imperatori Fuxi e Shennong.

395.

Reading Chinese classic books we can find that in ancient times Fuxi and Shennong existed in China, but we cannot find that our progenitors, Adam and Eve, never existed. Since in the records of Yu the Great's deeds the many nations of the West are not mentioned,[187] could one say that those nations do not exist under heaven ? Therefore, although the Confucian books do not explicitly speak of the doctrine of Heaven and Hell, one must not refuse to believe in it.

若自中國之書觀之，可證古有伏羲、神農於中國，而不可證無亞黨、

---

183 利瑪竇所述涉及《創世紀》的第二章。羅明堅曾經把亞當作為人類的「祖公」。羅明堅譯做「亞當」及「也襪」，利瑪竇改為「亞黨」及「阨襪」。羅明堅敘述了原罪，人類被趕出天堂，原罪的傳播等聖經故事（《天主實錄》，第30～37頁），利瑪竇則未述及這些。

184 Cf. *STh*, I, 16, 6.

185 Cf. *Gn* 2,7; 3,20.

186 伏羲 Fúxī (tra il 2800 e il 2700 a.C.), mitico inventore della pesca, della caccia e della scrittura, e 神農 Shénnóng (intorno al 2000 a.C.), leggendario inventore dell'agricoltura, sono comunemente annoverati tra i Tre Sovrani.

187 Ricci refers to 禹 Yǔ the Great (who lived between 2200 and 2100 BC), founder of the 夏 Xià dynasty.

阨襪二祖也。不然，禹蹟不寫大西諸國，可謂天下無大西諸國哉？故儒書雖未明辯天堂地獄之理，然不宜因而不信也。[188]

Leggendo i libri cinesi possiamo trovare che nella Cina anticamente esistettero Fuxi e Shennong, ma non possiamo trovare che i nostri progenitori, Adamo ed Eva, non siano mai esistiti. Dal momento che nei documenti delle opere di Yu il Grande non sono menzionate le numerose nazioni dell'Occidente, [189] si potrebbe dire che quelle nazioni sotto il cielo non esistono ? Perciò, anche se i libri confuciani non parlano esplicitamente della dottrina del paradiso e dell'inferno, non si può non credere in essa.

396.

The Chinese Scholar says: The good ascend to Heaven and the evil descend to Hell; if there were people who are neither good nor evil, where would they go after death ?

中士曰：善者登天堂，惡者墮地獄。設有不善不惡之輩，死後當往何處？

Il Letterato Cinese dice: I buoni salgono in paradiso e i cattivi scendono all'inferno; se ci fossero persone che non sono né buone né cattive, dove andrebbero dopo la morte ?

397.

The Western Scholar replies: There is no middle ground between good and evil: if something is not good, then it is evil, and if it is not evil, then it is good.[190] Between good and evil there is no room for distinctions. Good and evil are like life and death, if a man is not alive he is dead, if he not dead he is alive; there has never been anyone who was neither alive nor dead.

西士曰：善惡無間，非善即惡，非惡即善，惟善惡之中，有巨微之別

---

188 利瑪竇很漂亮地證明，某種文化的經典不能包含全世界的知識，而是需要與其他文化互相補充。不過，利瑪竇無法證明天堂、地獄的存在：也許他可以把亞當、伏義、神農看作一些歷史人物，不過，天堂及地獄則超越了現世的世界。

189 Ricci si riferisce a 禹 Yǔ il Grande (vissuto tra il 2200 e il 2100 a.C.), fondatore della dinastia 夏 Xià.

190 See *STh*, I-II, 18, 1.

耳。善惡譬若生死，人不生則死，未死則生，固無弗生弗死者也。

Il Letterato Occidentale replica: Non c'è via di mezzo tra il bene e il male: se qualcosa non è bene, è male, e se non è male, è bene.[191] Tra il bene e il male c'è solo distinzione di grado. Il bene e il male sono come la vita e la morte, se un uomo non è vivo è morto, se non è morto è vivo; non c'è mai stato nessuno che non fosse né vivo né morto.

398.

The Chinese Scholar says: One was initially good, then became wicked; another was evil at the beginning, and later became good. What happens after death to these two people ?

中士曰：使有人先為善，後變而為惡；有先為惡，後改而為善。茲二人身後何如？

Il Letterato Cinese dice: Una persona inizialmente era buona, poi è divenuta malvagia; un'altra era cattiva all'inizio, ed è diventata buona in seguito. Che cosa accade dopo la morte di queste due persone ?

399.

The Western Scholar replies: The Lord of Heaven is the father of all people; He sets certain limits to this life in order to exhort us to practice virtue until the moment of death, and then He finally decides our destiny. So, if a person does good throughout his life, but dies soon after having turned his heart to evil, he becomes evil and will suffer the eternal torments of Hell; however, because of his good deeds, his punishment might be lightened. On the contrary, if a person does evil throughout his life, but dies after having turned his heart to good, he is supported and pardoned by the Lord of Heaven; his previous sins are forgiven, and he will be granted Heaven so as to enjoy eternal happiness.[192]

西士曰：天主乃萬靈之父，限本世之界，以勸吾儕於德，必以瀕死之候為定。故平[193]生為善，須臾變心向惡而死，便為犯人，則受地獄常永之

---

191 Cf. *STh*, I-II, 18, 1.
192 See *Ezk* 33:19.
193 平，BC 本作「干」。

殃，其前善惟未滅耳；平生為惡，今日改心歸善而死，則天主必扶而宥
之，免前罪而授天堂，萬年永常受福也。

Il Letterato Occidentale replica: Il Signore del Cielo è il padre di tutti gli
uomini; pone limiti a questa vita per esortarci a praticare la virtù fino al
momento della morte, e poi decidere definitivamente la nostra sorte. Così, se
qualcuno agisce bene durante tutta la sua vita, ma muore subito dopo aver
mutato il cuore verso il male, è diventato malvagio e subirà le eterne pene
dell'inferno; però, grazie al bene compiuto, la sua punizione potrebbe essere
alleggerita. Invece se qualcuno agisce male durante tutta la sua vita, ma muore
dopo aver mutato il cuore verso il bene, è sostenuto e perdonato dal Signore del
Cielo; le sue precedenti colpe sono perdonate e gli sarà donato il paradiso per
godere della felicità eterna.[194]

400.

The Chinese Scholar says: In that case, how could the evil done in his
entire life receive an adequate retribution ?

中士曰：如此，則平生之惡無報焉？

Il Letterato Cinese dice: In tal caso, come potrebbe ricevere una
ricompensa adeguata il male compiuto in tutta la sua vita ?

401.

The Western Scholar replies: In the classic books of the Lord of Heaven it
is said: "If a man turns from evil to good, or deeply repents of his wickedness,
or strives to atone for the wrongdoings of the past, and so he seeks forgiveness
from the Lord of Heaven, the Lord of Heaven will certainly forgive him; he will
go to Heaven after death. If his repentance is insufficiently profound, and the
atonement for his previous wrongdoings is inadequate, in the netherworld there
is another place where such a person can be placed and given punishment lasting
several days or several years in order to chastise adequately the sins he
committed on earth. After having expiated completely, he will be able to go to

---

194 Cf. *Ez* 33,19.

Heaven." This is the doctrine.

　　西士曰：天主經云：人改惡之後，或自悔之深，或以苦勞本身自懲，於以求天主之宥，天主必且赦之，而死後即可昇天也。倘悔不深，自苦不及前罪，則地獄之內另有一處以寘此等人，或受數日數年之殃，以補在世不滿之罪報也，補之盡則亦躋天。其理如此。[195]

Il Letterato Occidentale replica: Nei libri classici del Signore del Cielo è detto: "Se un uomo muta interiormente dal male in bene, o si pente profondamente della sua malvagità, o si sforza di espiare le colpe del passato, e in questo modo cerca il perdono del Signore del Cielo, il Signore del Cielo lo perdonerà certamente; egli salirà in paradiso dopo la morte. Se il suo pentimento non fosse sufficientemente profondo, e l'espiazione per le colpe precedenti non fosse adeguata, negli inferi c'è un altro luogo in cui mettere tali persone, infliggendo loro punizioni della durata di alcuni giorni o alcuni anni al fine di castigare adeguatamente i peccati compiuti sulla terra. Dopo aver espiato totalmente, costui potrà andare in paradiso" Questa è la dottrina.

402.

The Chinese Scholar says: Now I understand this doctrine, but in the writings of the ancient sages it is said: "Why should one believe in Heaven or Hell ? If there is a Heaven the noble man is bound to go there, and if there is a Hell the petty man is bound to go there. We must simply be noble men." Can this statement be wrong ?

　　中士曰：心悟此理之是，第先賢之書云：何必信天堂地獄？如有天堂，君子必登之；如有地獄，小人必入之。吾當為君子則已。此語庶幾得之。[196]

---

195 利瑪竇描述煉獄中的靈魂。見《神學大全》第二集第一部 70 題，在《天主實錄》中，羅明堅有這樣的描述：「上一層者，天主教門之人或有微罪未去，則在此處贖罪，及其罪惡既除，則陞於天庭受福矣。亦猶低銀不能成器，必須付與匠人煎傾，去其鉛銅，然後得以成器。人之魂靈穢濁，亦不得昇天，見於天主，須居於布革多略，消除其穢濁罪積，然後得以昇天。」（第 48 頁）

196 在 1595 年 8 月 20 日及 1595 年 11 月 4 日，利瑪竇提出了章潢的這句話。參見夏伯嘉，《利瑪竇與章潢》，《文化與歷史的追索》，臺北：聯經出版社，2009，第 739～740 頁。夏伯嘉也提出，這個說法來源於宋朝俞文豹的《吹劍

Il Letterato Cinese dice: Ora comprendo bene tale dottrina, ma nei libri degli antichi saggi si dice: "Perché si dovrebbe credere nel paradiso o nell'inferno ? Se c'è un paradiso l'uomo nobile ci andrà sicuramente, e se c'è un inferno l'uomo meschino ci entrerà certamente. Dobbiamo semplicemente essere uomini nobili" Può essere sbagliata questa affermazione ?

403.

The Western Scholar replies: Something is missing in it. Why ? If there is a Heaven, the noble man is bound to go there; but whoever does not believe in the truth of Heaven and Hell is certainly not a noble man.

西士曰：此語固失之。何以知其然乎？有天堂，君子登之，必也。但弗信天堂地獄之理，決非君子。

Il Letterato Occidentale replica: In essa manca qualcosa. E perché ? Se c'è un paradiso, l'uomo nobile ci andrà sicuramente; ma chi non crede nella verità del paradiso e dell'inferno non è certamente un uomo nobile.

404.

The Chinese Scholar says: For what reason ?

中士曰：何也？

Il Letterato Cinese dice: Per quale ragione ?

405.

The Western Scholar replies: Let me ask you, Sir: can someone who does not believe in the existence of the Supreme Ruler be a noble man ?

西士曰：且問乎子，不信有上帝[197]，其君子人歟？否歟？

Il Letterato Occidentale replica: Mi permetta di chiederLe: qualcuno che non crede nell'esistenza del Sovrano Supremo può essere un uomo nobile ?

錄》。參見夏伯嘉 Ronnie Po-Chia Hsia, *A Jesuit in the Forbidden City*, p.159。不過，我個人認為，更可能來源於朱熹《家禮》：「以唐廬州刺史李丹與妹書曰：『天堂無則已，有則君子登；地獄無則已，有則小人入。』」唐朝李丹用這個說法來排斥佛教，即使天堂和地獄存在，它們的存在也沒什麼意義。這個引用的意思並不是要肯定天堂和地獄，而是展示它們的無意義。

197 上帝，FJ 本做「天主」。

406.

The Chinese Scholar says: In the *Book of Odes* it is said: "This King Wen, very watchfully and reverently, faithfully served the Supreme Ruler."[198] How could someone who does not believe in the Supreme Ruler be considered a noble man ?

中士曰：否。《詩》曰：「維此文王，小心翼翼，昭事上帝。」[199]孰謂君子而弗信上帝[200]者？

Il Letterato Cinese dice: Nel *Libro delle Odi* si dice: "Questo re Wen, con molta attenzione e reverenza, serviva fedelmente il Sovrano Supremo"[201] Come potrebbe chi non crede nel Sovrano Supremo essere considerato un uomo nobile ?

407.

The Western Scholar replies: Can someone who does not believe that the Supreme Ruler is supremely benevolent and just be a noble man ?

西士曰：不信上帝[202]至仁至公，其君子人歟？否歟？

Il Letterato Occidentale replica: Qualcuno che non crede che il Sovrano Supremo è sommamente benevolo e giusto, può essere un uomo nobile ?

408.

The Chinese Scholar says: No, because the Supreme Ruler is the source of benevolence and the lord of justice of the thousand beings. How could a person be considered a noble man if he does not believe that He is supremely benevolent and just ?

中士曰：否。上帝[203]為仁之原也，萬物公主也，孰謂君子而弗信其至仁至公者耶？[204]

---

198 *Book of Odes*, III, I, II, 3.

199 見《詩·大雅·大明》。曾經被引用（105）。

200 上帝，FJ 本做「天主」。

201 *Libro delle Odi*, III, I, II, 3.

202 上帝，FJ 本做「天主」。

203 上帝，FJ 本做「天主」。

204 通過這個反問句，中士表明，相信上帝是倫理生活的必需基礎。通過對話的

Il Letterato Cinese dice: No, perché il Sovrano Supremo è l'origine della benevolenza e il signore della giustizia dei diecimila esseri. Come si potrebbe essere considerati uomini nobili se non si crede che Egli sia sommamente benevolo e giusto ?

409.

The Western Scholar replies: The benevolent man can both love people and hate them. If the Supreme Ruler did not let the good enter Heaven, how could one say that He loves mankind ? If He did not send the evil to Hell, how could one say that He abhors them ? Rewards and punishments in this world are approximate, and may be not entirely just; if Heaven and Hell were not assigned to people after death, rewarding or punishing them adequately for all that they did, it would not be possible to avoid partiality. If one did not believe in this, how could one believe that the Supreme Ruler is benevolent and just ?

西士曰：仁者為能愛人，能惡人。[205]苟上帝[206]不予善人昇天堂，何足云能愛人？不逬惡人於地獄，何足云能惡人乎？夫世之賞罰大略，未能盡公，若不待身後以天堂地獄，還各行之當然，則不免乎私焉。弗信此，烏信上帝[207]為仁、為公哉？

Il Letterato Occidentale replica: L'uomo benevolo può sia amare le persone, sia aborrirle. Se il Sovrano Supremo non facesse entrare i buoni in paradiso, come si potrebbe dire che ama gli uomini ? Se Egli non respingesse i cattivi all'inferno, come si potrebbe dire che li aborrisce ? I premi e le punizioni in questo mondo sono approssimativi, e possono non essere totalmente giusti; se paradiso e inferno non fossero assegnati agli uomini dopo la morte, ricompensandoli adeguatamente per ciò che hanno fatto, non sarebbe possibile evitare la parzialità. Se qualcuno non credesse in questo, come potrebbe credere che il Sovrano Supremo è benevolo e giusto ?

　　虛構，利瑪竇一步一步引導讀者接受信仰。
205 語出《大學》「此謂唯仁人為能愛人，能惡人。」
206 上帝，FJ 本做「天主」。
207 上帝，FJ 本做「天主」。

410.

Moreover, both Buddhists and Daoists in China believe in the rewards of Heaven and Hell; the wise among the Confucians also follow this doctrine. From the far East to the far West it is not put into doubt. It is also written in the Sacred Scripture of the Lord of Heaven; formerly, I clarified it and proved its truth. He who obstinately opposes it can definitely not be a noble man.

且夫天堂地獄之報，中華佛老二氏信之，儒之智者亦從之，太東太西諸大邦無疑之，天主聖經載之，吾前者揭明理而顯之，則拗逆者必非君子也。[208]

Inoltre, sia i buddhisti sia i daoisti in Cina credono nella retribuzione del paradiso e dell'inferno; anche i sapienti tra i confuciani seguono questa dottrina. Dall'estremo Oriente all'estremo Occidente non la si mette in dubbio. È anche scritta nella sacra Scrittura del Signore del Cielo; precedentemente l'ho messa in chiaro, provandone la verità. Chi vi si oppone con ostinazione non può certamente essere un uomo nobile.

411.

The Chinese Scholar says: If so, I firmly believe in it. But I would like to hear more about this doctrine.

中士曰：如此，則固信之矣，然尚願聞其說。

Il Letterato Cinese dice: Se è così, ci credo fermamente. Però vorrei sentire di più su ciò che riguarda tale dottrina.

412.

The Western Scholar replies: It is a very difficult subject to explain. The Scripture of the Lord of Heaven only provides a summary of it, and does not treat it in detail. In a sense, natural disasters in this life approximate the punishments of Hell and can be compared to them; but how could one describe the joy of Heaven ? The tribulations of this life cease, and always come to an end; the sufferings of Hell are continuous and inexhaustible.

---

208 利瑪竇提出關於天堂、地獄的普遍共識，不過，即使他花了那麼多的篇幅，天堂、地獄的存在對很多人還是成問題，特別是對儒教徒。

西士曰：難言也。天主經中特舉其槩，不詳傳之。然夫地獄之刑，於今世之殃略近，吾可借而比焉；彼天堂之快樂，何能言乎？夫本世之患有息有終，地獄之苦無間無窮。

Il Letterato Occidentale replica: È un tema molto difficile da spiegare. La Scrittura del Signore del Cielo ne dà solo una sintesi, e non lo tratta in dettaglio. In un certo senso, i disastri naturali in questa vita si avvicinano alle punizioni dell'inferno e possiamo paragonarli ad esse; ma come si potrebbe descrivere la gioia del paradiso? Le tribolazioni di questa vita cessano, e giungono sempre alla fine; le sofferenze dell'inferno sono continue e inesauribili.

413.

When the sages speak of Hell they divide its sufferings into two kinds: internal sufferings and external ones. For example, external sufferings are unbearable cold and hot, intolerable odours, extreme hunger and thirst; internal sufferings include shuddering from fear at the sight of the arrogance of the Devil, envy at seeing the bliss of the angels, deep remorse in remembering all one's former evil deeds. Even so, what hurts sinners most is their loss of great bliss; they therefore incessantly mourn and cry filled with regret, saying: "Alas! During my life I gave up infinite bliss for the foolishness of sinful pleasures, and I fell into the deep abyss where the ten thousand sufferings are accumulated. Even if I now wanted to change and to escape these travails, it would be too late. Even if I wanted to commit suicide to escape from here I could not do it, since the time of conversion is long gone."

聖賢論地獄分其苦勞二般：或責其內中，或責其表外。若凍熱之不勝，臭穢之難當，饑渴之至極，是外患也。若戰慄視厲鬼魔威，恨妬瞻天神福樂，愧悔無及憶己前行，乃內禍也。雖然，罪人所傷痛，莫深乎所失之巨福也，故常哀哭自悔曰：「悲哉！吾生前為淫樂之微，失無窮之福，而溺於此萬苦之聚谷乎。今欲改過免此，而已遲；欲死而畢命以脫此，而不得，蓋此非改過之時。」

Quando i saggi parlano dell'inferno dividono le sofferenze in due tipi: quelle interiori e quelle esteriori. Ad esempio, le sofferenze esteriori sono un freddo e un caldo insostenibili, odori insopportabili, una fame e una sete estreme; le sofferenze interiori comprendono il tremare di paura alla vista della prepotenza del diavolo, l'invidia nel vedere la beatitudine degli angeli, il rimorso profondissimo nel ricordare tutte le cattive azioni compiute. Anche così, ciò che colpisce più duramente i peccatori è la perdita della grande beatitudine; perciò si lamentano e piangono incessantemente colmi di rimpianto, dicendo: "Ahimé! Quando ero in vita ho rinunciato alla beatitudine infinita per la stoltezza dei piaceri peccaminosi, e sono caduto nel baratro profondo dove si accumulano le diecimila sofferenze. Anche se ora volessi cambiare e scappare da queste tribolazioni, sarebbe troppo tardi. Anche se volessi suicidarmi per fuggire di qui non potrei farlo, perché il tempo della conversione è ormai passato"

414.

The just laws of the Lord of Heaven are the following: He punishes people so that they suffer, but He does not allow them to destroy their bodies, which are destined to endure eternal punishment. If a person does not wish to be damned after death, it all depends on how he lives: if he meditates on the sufferings, the hardships, the tribulations of Hell he is careful, and so he does not sink into vice and avoids falling into Hell.

天主公法所使,以刑具苦痛其人,不令毀滅其體,而以悠久受殃也。夫不欲死後落地獄,全在生時思省,思其苦,思其勞。思則戒,戒則不為陷溺之事,而地獄可免焉。[209]

---

209 佛教認為可以脫離地獄,基督宗教則認為,地獄是永恆的懲罰。參見《路加福音》十六 19～31。也參見《神學大全》補篇 70 題 3 節(第十七冊,第 36 頁):「除非天主許可——或者為教訓世人、成苦為考驗被選者,否則惡人的靈魂絕不會離開地獄。可是,無論他們是在地獄以外的任何地方,總是看見地獄的烈火,這是為懲罰他們所準備的。因此,這種視覺是他們受苦的直接原因。」關於地獄的描述,與利瑪竇不同,羅明堅更詳細,他列舉了 14 種不同的懲罰:「此中之刑共有十四樣:第一不得見其天主;第二人燒於火,連綿而不息;第三受其極寒極凍;第四受其苦痛而悲聲悽慘;第五受其硫黃火煙衝觸,而氣不得出;第六受其臭穢難當;第七被其長牙高角惡鬼,吐火衝燒,而身體戰慄不勝;第八受其甚飢甚渴;第九男女無衣,貽之羞辱;第十受其惡鬼踐踏舂捱;第十一心中甚痛,如蟲穿食,亦常悔曰:『平生若不作惡

Le giuste leggi del Signore del Cielo sono queste: Egli punisce gli uomini affinché soffrano, ma non permette loro di distruggere i propri corpi, destinati a subire la pena eterna. Se una persona non vuol dannarsi dopo la morte, tutto dipende da come vive: se medita sulle sofferenze, sulle fatiche, sulle tribolazioni dell'inferno ella si premunisce, e così non sprofonda nei vizi ed evita di precipitare nell'inferno.

415.

If the harsh punishments of Hell cannot move his heart, he should hope for the bliss of Heaven. Scripture says: "The joy of Heaven which the Lord of Heaven has prepared for benevolent people no eye has ever seen, no ear has ever heard, nor has it ever entered the heart of man."[210] From this it is proved that in Heaven everything good is gathered together, and all evil is removed.

設地獄之嚴刑，不足以動爾心，天堂之福當必望之。經曰：「天堂之樂，天主所備以待仁人者，目所未見，耳所未聞，人心所未及忖度者也。」[211]從是可徵其處為眾吉所歸，諸凶之所遠焉。

Se le dure punizioni dell'inferno non riescono a smuovere il Suo cuore, dovrebbe sperare nella beatitudine del paradiso. La Scrittura dice: "La gioia del paradiso che il Signore del Cielo ha preparato per gli uomini benevoli nessun occhio l'ha mai vista, nessun orecchio l'ha mai udita, né è mai entrata nel cuore dell'uomo"[212] Da ciò si prova che in paradiso tutti i beni confluiscono insieme, ed ogni male viene allontanato.

416.

If one wishes to represent Heaven one should observe heaven, earth, the ten thousand beings, and all the beautiful things that arouse admiration, thinking: if

---

為非，焉能到此受十刑』；十二者憎妒得道神仙；十三者怨恨其用刑之鬼，亦知其自己受刑無窮；十四者無斯須離刑，而悲苦不止。」（《天主實錄》，第49～50頁）

210 See *1 Co* 2:9.

211 參見《格林多前書》二 9：「經上這樣記載說：『天主為愛祂的人所準備的，是眼所未見，耳所未聞，心所未想到的。』」

212 Cf. *1Cor* 2,9.

all that was donated by the Supreme Ruler for the common use of man and animals and as the home of the good and evil is so perfect, how much better must the place of absolute bliss be, prepared for the good alone ? It will certainly provide constant, mild spring weather, without the problems of winter and summer; there it will always be day, without the alternation of night; people will be happy and will not suffer anguish, anger, moaning, and tears; they will enjoy permanent comfort, without danger; their youthful and beautiful looks will never fade; the years will come and go, but their life will not be shortened, because everyone will be immortal and will live eternally by the side of the Supreme Ruler. How can worldly people imagine it ? And how can human language describe it ?

　　夫欲度天堂光景，且當縱目觀茲天地萬物，現在奇麗之景，多有令人歎息無已者。而即復推思，此乃上帝[213]設之，以為人民鳥獸共用之具。為善與作惡同寓之所，猶且製作成就如此；若其獨為善人造作全福之處，更當何如哉？必也常為暄春，無寒暑之迭累；常見光明，無暮夜之屢更；其人常快樂，無憂怒哀哭之苦；常舒泰，無危險；韶華之容，常駐不變；歲年來往，大壽無減；常生不滅，周旋左右於上帝[214]。世俗之人烏能達之，烏能言釋之哉？[215]

Se ci si vuole raffigurare il paradiso si dovrebbero osservare il cielo, la terra, i diecimila esseri e tutte le cose belle che suscitano ammirazione, pensando: se tutto ciò che è stato donato dal Sovrano Supremo per l'uso comune degli uomini e degli animali e come domicilio dei buoni e dei cattivi è così perfetto, quanto sarò migliore un luogo di assoluta beatitudine, preparato esclusivamente per i buoni ? Esso godrà sicuramente di un costante tepore primaverile, senza i problemi dell'inverno e dell'estate; sarà sempre giorno, senza l'alternanza della notte; le persone saranno felici e non soffriranno

---

213 上帝，FJ 本做「天主」。

214 上帝，FJ 本做「天主」。

215 羅明堅對天堂（巴喇以所）的描述如下：「並無刑具，其處甚妙。人魂到此，與天人為侶，和順相愛，眼見天主，口則歌唱喧樂，晝夜光輝，無寒無暑，無饑無渴，無病無苦，甚是快樂，而悠久受福矣，此乃天主賞善之處也。」（《天主實錄》，第50～51頁）

l'angoscia, la rabbia, i lamenti e il pianto; godranno di un benessere permanente, senza pericoli; il loro aspetto giovanile e splendido non svanirà mai; gli anni potranno venire e andarsene, ma la loro vita non si accorcerà, perché tutti saranno immortali e vivranno eternamente al fianco del Sovrano Supremo. Come possono immaginarlo gli uomini mondani ? E come può il linguaggio umano descriverlo ?

417.

Saints always desire the abundant source of all happiness and benefits, and drink from it without ever being satiated. Thanks to the merits obtained during their life, each of them relishes it differently. The bliss they enjoy is proportional to the merits obtained, and no one complains of the other. Why is this so ? Because each one has obtained a satisfaction according to his capacities. It is like what happens to a human body which, if tall, wears long clothes, and if short, wears short clothes; each receives what is appropriate, either long or short; how could they feel mutual resentment ? All the good enjoy companionship, harmony, prosperity, love and intimacy; when they look down at the sufferings of Hell, how could their gratitude not increase ? White is even whiter compared with black; and light is even brighter when compared with darkness.

夫眾福吉之溶泉，聖神所常嗜、所常食，嗜而未始乏，食而未始饜也。此其所享不等，僉由生時所為之善。功有多寡，而享福隨之，無有胥憎。何者？各滿其量也。譬長身者長衣，短身者短衣，長短各得其所，欲何憎之有？眾善為侶，和順親愛，俯視地獄之苦，豈不更增快樂也乎？白者比黑而彌白，光者比暗而彌光也。

I santi sempre desiderano l'abbondante fonte di ogni beatitudine e beneficio, e si abbeverano ad essa senza mai esserne sazi. Grazie ai meriti ottenuti durante la vita, ognuno di loro ne fruisce in modo diverso. La beatitudine di cui essi godono è proporzionale ai meriti ottenuti, e nessuno si lamenta di nessun altro. Questo perché ? Perché ciascuno ha ottenuto soddisfazione rispetto alle proprie capacità. È come ciò che avviene con un corpo umano il quale, se alto, indossa vesti lunghe, e se basso, indossa vesti corte; ognuno riceve ciò che è appropriato, che sia lungo o che sia corto; come si potrebbe provare risentimento reciproco ? Tutti i buoni godono di compagnia, armonia, prosperità, intimità ed amore; quando guardano dall'alto le sofferenze dell'inferno, come non potrebbero accrescere la loro gratitudine ? Il bianco è ancora più bianco se paragonato al nero; e la luce è ancora più luminosa se paragonata all'oscurità.

418.

The orthodox religion of the Lord of Heaven employs this doctrine to guide people and teach them; we, who are related to what we see, do not understand this truth which we do not see. It is like a pregnant woman, incarcerated in prison, who gives birth to a child in the dark cell; the child, once grown, would not know anything of the light of sun and moon, or of the beauty of mountains, rivers, and human beings. For him, a big candle would be like the sun, a small candle like the moon, prisoners and ordinary people would be worthy of esteem; he would not notice the sufferings of prison, and perhaps would confuse them with joy, never thinking of leaving the prison. If his mother should speak to him of the light of sun and moon, of the clothes and ornaments of the nobles, of the boundless dimensions of heaven and earth, of their width which extends for tens of thousands of *li*,[216] and of their height which measures billions of *zhang*, then he might understand how small the lights in the cell are, how painful the shackles on hands and feet, how cramped and dirty the prison; in that case, he would no longer be willing to accept it as his home. So he would begin, night and day, to work out how to free his hands and feet from the shackles, and to leave and look for the joy of friends and relatives.[217] Among the people of this world who do not believe in Heaven and Hell, some are sceptical and others scornful. Are they not to be pitied ?

　　天主正教以此頒訓於世，而吾輩拘於目所恒觀，不明未見之理。比如

---

216 The 里 lǐ has a standardized length of 500 m.
217 See the myth of the cave in Plato, *Republic*, VII, 514 b-520 a.

囚婦懷胎，產子暗獄，其子至長而未知日月之光，山水人物之嘉，只以大
燭為日，小燭為月，以獄內人物為齊整，無以尚也，則不覺獄中之苦，殆
以為樂，不思出矣。若其母語之以日月之光輝、貴顯之粧飾、天地境界之
文章——廣大數萬里，高億萬丈，而後知容光之細、桎梏之苦、囹圄之窄
穢，則不肯復[218]安為家矣。乃始晝夜圖脫其手足之桎梏，而出尋朋友親戚
之樂矣。世人不信天堂地獄，或疑或誚，豈不悲哉？[219]

　　La religione ortodossa del signore del Cielo usa questa dottrina per guidare
gli uomini e insegnare loro; noi che siamo legati a ciò che vediamo, non
comprendiamo questa verità che non vediamo. È come se una donna incinta, che
si trova in carcere, partorisse un bambino nella buia cella; il bambino, una volta
cresciuto, non saprebbe nulla della luce del sole e della luna, o della bellezza
delle montagne, dei fiumi, e degli esseri umani. Per lui una grande candela
sarebbe come il sole, una candela piccola come la luna, i carcerati persone
normali e degne di stima; non avvertirebbe le sofferenze del carcere, e forse le
confonderebbe con la gioia, quindi non penserebbe mai di abbandonare la
prigione. Se sua madre gli parlasse della luce del sole e della luna, dei vestiti e
degli ornamenti dei nobili, delle dimensioni smisurate del cielo e della terra,
della loro ampiezza che si estende per decine di migliaia di *li*,[220] e della loro
altezza che misura miliardi di *zhang*, allora potrebbe comprendere quanto siano
piccole le luci nella cella, dolorosi i ceppi alle mani e ai piedi, angusta e sporca
la prigione; in tal caso, non vorrebbe più accettarla come casa. Perciò
inizierebbe, notte e giorno, a cercare di liberarsi dai ceppi delle mani e dei piedi,
e di andarsene a cercare la gioia degli amici e dei parenti.[221] Gli uomini di
questo mondo non credono nel paradiso e nell'inferno, alcuni sono scettici e altri
li deridono. Non sono forse da compatire ?

---

218 復，BC 本作「而」。

219 這個故事讓人想到柏拉圖的《理想國》。另外，利瑪竇也許想到聖約沙法特
　　（saint Josaphat），為使其不皈依基督，這位印度王子被囚禁在皇宮中。這個
　　故事是被基督教化的釋迦牟尼的故事，被列入中世紀的《黃金傳奇》（*Legenda
　　aurea*）中。當然，利瑪竇不知道，約沙法特就是釋迦牟尼的別名。參見李奭
　　學，第102～106頁。

220 Il 里 lǐ equivale a 500 m.

221 Cf. il mito della caverna in Platone, *Repubblica*, VII, 514 b-520 a.

419.

The Chinese Scholar says: They are to be pitied indeed! People of this world who do not accept the oddities of Buddha and Laozi, wander anyway like sheep without a shepherd, and regard the world of suffering as a paradise or a place of happiness. Your words, on the contrary, are the exhortations of a merciful mother; I now know that I have a real fatherland, and I would like to learn the way back home.

中士曰：悲哉！世人不為二氏所誕，則蕩蕩如無牧之群，[222]以苦世為樂地天堂耳。茲語也，慈母之訓也。吾已知有本家，尚願習回家之路。[223]

Il Letterato Cinese dice: Sono proprio da compatire! Gli uomini di questo mondo che non accettano le stravaganze di Buddha e Laozi, vagano comunque come pecore senza pastore, e considerano il mondo di sofferenze come un paradiso o come un luogo di felicità. Le Sue parole, invece, sono le esortazioni di una madre misericordiosa; ora so che ho una vera patria, e vorrei conoscere la via di ritorno a casa.

420.

The Western Scholar replies: The right way is full of obstacles, whereas the wrong one is open and broad.[224] Then, there are some people who do not know the Way, but carelessly want to be guides to others. The true Way seems false, and the false one seems true; so one must not be mistaken in choosing it. If one walks in the direction of the ten thousand happinesses, and suddenly arrives at the ten thousand sufferings, the blame must be laid on the path chosen. How could one not be cautious ?

西士曰：正路茅塞，邪路反闢，固有不知其路，而妄為引者。[225]真似

---

222 參見《瑪竇福音》九 36：「祂一見到群眾，就對他們動了慈心，因為他們困苦流離，像沒有牧人的羊。」

223 中士似乎承認他是這個在監獄裏的少年，利瑪竇則是一個慈母。

224 See *Mt* 7:13-14.

225 參見《瑪竇福音》七 13～15：「你們要從窄門進去，因為寬門和大路導入喪亡；但有許多的人從那裡進去。那導入生命的門是多麼窄，路是多麼狹！找到它的人的確不多。你們要提防假先知！他們來到你們跟前，外披羊毛，內裏卻是兇殘的豺狼。」

偽也，偽近真也，不可錯認也。向萬福而卒至萬苦皐，彼行路，慎之哉！

Il Letterato Occidentale replica: La retta via è piena di ostacoli, mentre quella sbagliata è aperta e ampia.[226] Ci sono dunque alcune persone che non conoscono la Via, ma imprudentemente vogliono farsi guida degli altri. La vera Via sembra quella falsa, e la falsa sembra quella vera; così non ci si deve sbagliare nello sceglierla. Se si cammina in direzione delle diecimila felicità, e improvvisamente si giunge alle diecimila sofferenze, la colpa è del percorso che si è scelto. Come si potrebbe non essere cauti ?

---

226 Cf. *Mt* 7,13-14.